Mein erstes Mal.

Was Coaching alles verändern kann.
Coaches und Klienten erzählen.

Oliver Bartels
Kerstin Wundsam

Herausgeber und Bestelladresse:
literatur-vsm
PF 008P, 1050 Wien, Österreich
E-Mail: office@literatur-vsm.at, Homepage: www.literatur-vsm.at

1. Auflage 2011
ISBN 978-3-902155-13-9
Umschlaggestaltung: Bruno Bastardy
Gestaltung des Innenteils: MarS
Abbildungen und Zeichnungen im Innenteil: Bruno Bastardy

Inhaltsverzeichnis

Vorwort

Das erste Mal. Wer könnte das je vergessen? Für das erste Mal braucht es ein wenig Mut. Vielleicht auch etwas Selbstüberschätzung und Neugier. Wenn´s dann vorbei ist, war es vielleicht noch nicht perfekt. Aber es hat in jedem Fall Spuren hinterlassen: Wir werden uns ein Leben lang daran erinnern.

What´s new pussycat. (Woody Allen)

Wir glauben nicht, dass wir Coaching erfunden haben und wir werden deshalb auch in diesem Buch Coaching nicht neu erfinden. Denn jedes Wort ist bereits gesprochen und auch geschrieben worden (siehe Literaturverzeichnis am Ende jedes Kapitels). Und es wurde bereits jeder mögliche und unmögliche Ansatz auf die eine oder andere Art und Weise formuliert. Natürlich können wir neue Wörter kreieren und neue Namen vergeben und doch bleibt es was es ist: Coaching bleibt Coaching, und wenn Sie wollen, nennen Sie es auch so.

„Es ist schon alles gesagt, nur noch nicht von jedem." (Karl Valentin)

Sicher hätten wir Coaching gerne selbst erfunden – haben wir aber nicht. Coaching müsste erfunden werden, wenn es das nicht gäbe –

gibt es aber schon. In zahlreichen Seminaren und im Kontakt mit Klienten und Kunden kamen wir jedoch zu dem Schluss, dass es ein Buch braucht, das Coaching von bestimmten Mysterien befreit und von gewissen geheimnisumwobenen Geschichten entstaubt.

Für das erste Mal braucht es ein wenig Mut.

Wir glauben, Entmystifizierung geschieht am einfachsten im direkten Kontakt, und aus diesem Grund haben wir uns für ein Buchformat entschieden, in dem viele Coaches und auch Coaching-Klienten zu Wort kommen, um aus ihrer Sicht zu berichten. Sie beschreiben ihre Erfahrungen und berichten von Ein- und Ansichten vor, während und nach einem Coaching-Prozess.

An dieser Stelle möchten wir uns ausdrücklich und sehr herzlich bei den Autoren für ihr Engagement und ihre Mitarbeit bedanken. Durch ihre Beiträge lassen Sie die Buchleser an ihren Erfahrungen und ihrem Wissen auf eine höchst persönliche Art teilhaben, was wir als wahres Geschenk und eine tiefe Bereicherung für dieses Buch empfinden.

Kann man mit unserem Buch Coaching erlernen?
Sicher nicht.
Kann man überhaupt mit einem Buch Coaching erlernen?
Wir denken: Sicher nicht.
Aber man kann mit einem Buch ein Verständnis für Coaching entwickeln und (oder) die eigene Coaching-Kompetenz erweitern. Und genau das wollen wir mit unserem Buch erreichen.

Wir bieten einen praxisorientierten Überblick, in dem wir tragende Theoriebausteine mit Erlebnissen und Erfahrungswissen aus Coaching-Gesprächen verknüpfen. Dazu haben wir Menschen gebeten, uns von ihrem ersten Mal zu erzählen: Entweder das allererste Mal als Coach bzw. als Coaching-Klient oder ein erstes Mal, an dem irgendetwas anders war (oder auch, nachdem nichts mehr so war, wie zuvor). Diese Erlebnisse und Erfahrungen sind die O-Töne von Praktikern. In unserem Text verweisen wir auf die entsprechenden Praxisbeiträge am Ende jedes Kapitels.

Wir als Herausgeber wollen aufzeigen, dass Profi-Coach sein und Coaching-Techniken professionell anwenden können, zweierlei ist.

Und obwohl wir beide leidenschaftliche Coaches sind, ist dieses Buch ein Plädoyer für „das kunstgerechte Anwenden von Coaching-Techniken".

Wir sind der Meinung: um zu coachen, bedarf es einer bestimmten Haltung und gewisser Techniken. Die Coaching-Haltung ist einnehmbar und Techniken sind erlernbar.
Menschen, die eine Coaching-Ausbildung absolviert haben, bereichern das Leben ihrer Mitmenschen und ihr eigenes um eine wunderbare Kommunikationskompetenz. Auch dann, wenn sie niemals den „Beruf eines Coaches" ausüben wollen.

Ähnlich ist die Frage: „Bin ich ein Sportler oder betreibe ich (nur) Sport?" Sie werden vielleicht sagen: An manchen Tagen betreibe ich Sport und an anderen nicht. Manchmal macht es Spaß und manchmal nicht und manchmal etwas ganz anderes. Möglicherweise tun Sie´s, um gesund zu bleiben oder Sie tun es, um schlank zu bleiben. Aber mit Sicherheit ist es sinnvoll.

Und genauso ist es mit dem Coaching. Es ist egal, ob Sie sich als „Profi-Coach" fühlen oder Coaching-Techniken beispielsweise als Führungskraft oder Personalentwickler anwenden. Es ist mit Sicherheit sinnvoll.

Am Anfang steht die Entscheidung, nicht die Handlung. Sie können sich entscheiden, Profi-Coach zu sein oder z.B. als Führungskraft professionell zu coachen. Egal, wie Sie sich entscheiden: Mit Sicherheit profitieren Sie und die Menschen, die Sie um Hilfe bitten, davon.
Die Entscheidung zur Handlung wird geformt von der Antwort auf die Frage: Wer will ich sein? Auf die Antwort folgen Entscheidungen und darauf Handlungen. Oder anders formuliert: Sie wollen ein guter Vater sein? Dann benehmen Sie sich wie einer.

Coachen ist erlernbar – und
niemand wird zum Coach geboren.

Dass Coaching erlernbar ist und welche Erfahrungen sie bei ihrem „ersten Mal“ gemacht haben, schildern im Anschluss Peter Schmieder in „Mein erstes Mal“ (auf der nächsten Seite) und Matthias Hansen in „Coaching im Projektalltag (beginnend auf Seite 15).

Mein erstes Mal…

von Peter Schmieder

Hier stehe ich nun, es ist tatsächlich mein erstes Mal, mit knapp 40 Jahren. Ich bin aufgeregt, richtig nervös, schaue ständig auf die Uhr. Ich überspiele meine Unsicherheit mit einer Krawatte, Windsor-Knoten, versteht sich. Manschettenknöpfe, versteht sich auch. Schwarzer Anzug, versteht sich erst recht. Ich möchte einen guten ersten Eindruck machen. Als Zeichen meiner überlegenen Souveränität habe ich den obersten Hemdknopf offen gelassen. Ha, der kann mich gar nicht beeindrucken. Ich bin schließlich Profi. Die Zigarette danach wird zur Zigarette davor.

Hier stehe ich nun, mein erstes Mal. Aber ich bin doch der Profi. Ich mache das seit vielen Jahren: Coaching, Supervision, Krisen- und Konfliktintervention, Wirtschaftsmediation. Ich habe Existenzen begleitet, Ehen gerettet, Firmen saniert. Fundiert ausgebildet, international, an den besten Instituten und Universitäten. Halte Vorträge auch darüber vor Firmen, Verbänden und Konzernen. Seminare, Veröffentlichungen, Bücher, eigenes Institut, sogar eine Professur. Ja, ich unterrichte das seit Jahren an der Universität. Ja, ich bin der Profi. Aber nicht heute. Heute ist mein erstes Mal, heute bin ich Amateur, ein blutiger Laie und Anfänger. Noch eine Zigarette davor.

Heute ist mein erstes Mal und ich werde dazu nicht gezwungen. Ich bin freiwillig hier. Auf ärztlichen Rat. Vor einigen Wochen wurde Erschöpfung, Burnout diagnostiziert. Langsam, schleichend, Raubbau. Dann geht es schnell. Jemand lässt die Luft raus.

Äußerer Zusammenbruch. Hab es mir nicht eingestanden. Habe mir nicht helfen lassen. Ich bin doch Profi... „Manchmal sagt die Seele zum Körper: Sag Du es Ihm, auf mich hört er nicht..." sagt meine Frau. Die größte Erkenntnis: Ich brauche Hilfe, professionelle Hilfe. Die Entscheidung, in der ich ganz klein werde, winzig, war wohl eine der Größten. Ich brauche Coaching, eine Therapie. Es ist meine Entscheidung. Verordnetes Coaching geht nicht gut...

Hier stehe ich nun, mein erstes Mal. Heute das erste Mal auf der anderen Seite, vertauschte Rollen, vertauschte Stühle: Die Couch ist für mich. Die Couch für den Coach. Ich muss lachen. Nur innerlich. Also Contenance, Zusammennehmen, Haltung und den Rest an Würde bewahren. Ich werde gecoacht...

Hier stehe ich nun. Es war gar nicht so einfach, den richtigen Coach zu finden. Eigentlich: Den richtigen Coach zu finden, mit dem man überhaupt einen ersten Termin machen möchte. Ich habe eine Liste durchtelefoniert, Kollegen und Freunde kommen nicht in Frage. Vielleicht wäre es einfacher gewesen, aber hier geht es nicht um Einfachheit. Es ist ernst, es ist wichtig, es ist notwendig. Außerdem ist da das Nähe-Distanz Problem. Also die Liste.

Der erste Anruf – der Coach lag geografisch günstig – ließ mich auf dem Anrufbeantworter wissen, dass er telefonisch nur am Mittwoch zwischen 17.00 und 17.30 Uhr zu erreichen ist. Für einen „Burnouter" ist so eine Ansage bewundernswert, aber unerträglich. Da ballt sich die Faust in der Seele. Außerdem spiele ich Mittwoch Fußball – verordnete Selbsttherapie. Der nächste bitte...

Dieser lässt mich gleich wissen, wie beschäftigt er ist, dass es ja so viele Anfragen gäbe. Ja einen richtigen „Hype" gäbe es um ihn. Aber irgendwo würde ich schon dazwischen passen. Ich lege auf. „Dazwischen passen, dazwischen quetschen, einer geht noch...". Das ist, wie wenn Sie einem Alkoholkranken ein Glas Wein anbieten. Ich frage mich, wie er seinen Klienten hilft: Ein Coaching-Informations-System. Durchlotsen, durchschleusen. Mit einer Aneinanderreihung von Techniken. Das Subjekt wird zum Objekt. Nein, Coaching ist kein Geschäft, es ist eine Haltung. Jedes Mal ist das erste Mal... ich bin da für dich, ganz! Dieses Gefühl brauche ich jetzt.

Coaching ist kein Geschäft, es ist eine Haltung.

Dieses Gefühl, nicht dass es mir jemand nur sagt und gedanklich schon bei Kuhlenkampfs´ Nachtgedanken ist. Exakt das passiert beim dritten Telefonat. Näselnde Männerstimme, ein einziges Klischee. Sätze, die klingen wie abgelesen aus dem „Handbuch für den einfühlsamen Coach", Seite 3–5. Mir hilft niemand, der es gelernt hat. Ich brauche jemanden, der es kann. Ich bin keine Versuchsanstalt. Es ist mein Leben und ich brauche Hilfe. Ich brauche Kongruenz, Echtheit, Authentizität, Wertschätzung, jemanden an MEINER Seite. Ja, ich bin kritisch, ich finde, zu Recht. Ein Coach ist keine Modeerscheinung. Ein Coach hat eine große Verantwortung, seine Aufgabe ist der Mensch. Nicht Menschen. Es ist der Mensch, der sich mir anvertraut. Das kann nicht jeder. Das können nur wenige, ganz wenige. Ich frage mich, ob ich es kann? Jemals wirklich konnte?
Nach weiteren Telefonaten, deren Inhalt ich Ihnen gerne erspare, hatte ich Glück. Ich bekam eine Empfehlung. Mit einer Telefonnummer. Ich rufe an. Einfache, freundliche, echte Stimme. Keine großen Reden. Ich springe an. Frage nach einem ersten Termin. „Selbstverständlich". Dass der Termin erst in 4 Wochen ist, stört mich nicht. Heute weiß ich, dass er nicht mal einen Anrufbeantworter hat, dass es auch um ihn einen richtigen Hype gibt und dass er alles gelernt hat. Es ist mir nicht wichtig. Er kann es, er kann es für mich. Coach zu Coachee ist eine Beziehung, nicht herkömmlicher Natur. Die Beziehung speist sich durch Nähe und Vertrauen als Bedingung einerseits, durch Distanz und „über den Dingen" andererseits. Es muss passen. Anders kann der Coach nicht. Das ist seine Zielrolle. Da muss er erst mal hin.
Hier stehe ich nun. Vor einem Mehrfamilienhaus, direkt an der Donau. An der Klingel steht nicht sein Name, darauf wurde ich hingewiesen. Nicht die Tür geht auf, sondern ein Fenster im Erdgeschoss. Ein echtes Lachen, freundlicher Blick, nichts anderes: *„Kommen Sie rein"*. Es ist eine echte Einladung. Das Zimmer ist einfach, fast karg, aber sehr wohnlich, atmosphärisch. Nichts persönliches, ein kleiner Tisch in der Ecke, ein Klavier, ein Sessel, eine Couch. Meine Couch? Schreckliches Klischee, sagt der Coach, setzen Sie sich. Der Raum sei ihm vor einiger Zeit von einem Freund zur Verfügung gestellt worden.
Was für ein Rapport, vom ersten Moment an: Wir beide sind nur zu Gast hier. Ich dringe nicht ein in sein Reich, er hat nicht den

Heimvorteil. Gleichzeitig ist es eine Wohnung. Hier findet Leben statt. Kein Hotel. Keine dieser feinmöblierten Coaching-Räume oder Therapeutenzimmer. Kein Schreibtisch, das hier ist keine Arbeit, das ist Leben. Aber es lenkt nichts ab. Nur ein kleines Bild, ohne Rahmen, schwarz-weiß: Der Coach, (s)eine Frau, Kinder, um einen Esstisch mit einer überquellenden Schüssel Spaghetti. Das ist gut: ein Mensch, nichts Gestelltes, nichts Gestelztes, keine Prothetik, keine verlängerten Persönlichkeiten. Das Klavier und das Bild sind in der Sitzung nicht in meinem Blickfeld.

Nur der Coach und die Tür. Ich könnte jederzeit gehen. Diese architektonische Zufälligkeit (?) gibt mir jede Freiheit. In jedem Moment meine Entscheidung. Aber nichts wirkt geplant. Das „Leben" hat das Zimmer wohl so geschrieben.

Ich weiß, ich bin hier bei meinem ersten Mal viel zu kognitiv. Eine doppelte Metaebene: Ich beobachte den Beobachter aus einer vermeintlichen Expertenebene. Mir kommt ein Bild in den Kopf: Es ist, als ob eine Hebamme, die selbst ein Kind gebären soll, die Hebamme, die ihr dabei hilft, auf ihre Qualität hin beobachtet und beurteilt. Das Bild passt: der Coach als Hebamme, der das Kind niemals selbst gebiert. Er hilft, dass ein gutes und gesundes Kind zur Welt kommt. Er achtet darauf, dass es die „Mutter" selbst schafft, denn es ist „ihr" Kind, sie wird es lieben, achten, ehren und groß ziehen. Der Coach hilft nur, das, was schon da ist, zur Welt zu bringen. Und er versucht, es mit dem zur Welt zu bringen, was ebenfalls schon da ist. Bei der Mutter, nicht bei der Hebamme. Manchmal hilft die Hebamme deutlicher, direkter: Sie legt Hand an (mani-pulare), ohne jemals manipulativ zu sein. Sie wendet an, aus dem tiefen Schatz ihrer Erfahrung und der langen, intensiven Ausbildung. Die Griffe sitzen, müssen sitzen. Die Mutter braucht dieses Gefühl. Das erzeugt Vertrauen und Selbstsicherheit. Beide tun es aus Liebe zum Kind. Hebamme ist eine Haltung.

Das Bild passt: der Coach als Hebamme.

Diese Rolle klingt einfach, ist für einen Coach aber unwahrscheinlich schwer. Denn er hat es ungleich schwerer als eine Hebamme. Der Coachee (werdende Mutter) kommt mit einem Problem, einem Symptom. Der Coach bestimmt nicht die eigentliche Ursache (wie ein Arzt), sondern er hilft bereits hier, die Ursache (das eigentliche Thema, das eigentliche Problem) zu erkennen. Der Coach hilft, dass der Coachee die guten Gründe für sein Verhalten findet. Nicht er muss finden, sondern der Coachee. Es geht um Identifikation. Nicht mit der Lösung, sondern mit der Ursache, mit dem eigentlichen Problem. Dann kann er helfen, das „Kind" zu gebären.

Da sitze ich nun bei meinem Coach, das erste Mal. An den Rest der ersten Sitzung (niemals länger als 45 Minuten) erinnere ich mich nur schemenhaft. Wir unterhalten uns. Keine Coaching-Floskeln, kein Skalieren (nur Blickkontakt, keine Hände, Füße, Schultern, oder Augen, Lippen, Wangen oder Stirn – wir beide haben wohl Paul Ekmann studiert), ich habe das Gefühl: es geht ihm um mich. Kein wissendes Nicken (wie könnte er auch – wir kennen uns 10 Minuten), keine Empathie-heuchelnden Laute. Es ist eine Unterhaltung – Augenhöhe – und er hat echtes Interesse. Woher ich das weiß? Tucholski sagt: „Der Mensch weiß nicht alles, aber erspürt vieles". So ist es, und ich bin mir in diesem Moment sicher. Nach Martin Buber: Eine Ich-Du Beziehung, keine Ich-Es Beziehung. Im zweiten Fall sollte das Coaching gar nicht begonnen werden.

In dieser Stimmung beginne ich zu reden (das ist wohl nicht nur dem Coach zuzuschreiben, es ist meine Natur). Er hört zu. Keine Intervention, keine Interpunktion, auch keine Nachfragen. Er ist bei mir und reagiert auf meine Erzählungen. Seine Körperhaltung bleibt mir in Erinnerung: Er „lümmelt" in seinem Sessel, eine Hand baumelt über dem Sesselrand, die andere Hand hält einen „Eimer" mit einer undefinierbaren Flüssigkeit (Kaffee? Kakao? Cola?). Keine Anstrengung. Er fühlt sich wohl. Es ist „seine" Haltung. Mir fällt die Anweisung der Stewardessen in Flugzeugen ein: „Wenn die Sauerstoffmasken herunter fallen, legen sie immer zuerst sich selbst die Masken an, erst dann helfen sie anderen". Ich kann nur ganz bei ihnen sein, wenn ich ganz bei mir bin. Er repräsentiert Ruhe, Gelassenheit, Offenheit, Zufriedenheit und Konzentration. Dieses Bild tut mir gut. Er visualisiert damit meinen Zielzustand. Ich bin ein visueller Mensch. Kann er nicht wissen! Macht er das bewusst? Egal, es tut mir gut. Für alle NLP-ler: Rapport hatte er über architektonisches Pacing und die Unterhaltung. Seine Haltung war Leading.

Ich saß die letzten mindestens 10 Minuten genauso. Und: wie Außen, so Innen. Ich war gelassen, entspannt, offen und verlor zeitweilig meine doppelte Metaebene. Ich spürte mich selbst, nahm

mich wahr. Das letzte Mal war dies – mit wunderbaren Ausnahmen, die ich Frau und Kindern verdanke – Monate her.
Am Ende sagt er: *„Ich würde mich gerne wieder treffen, das passt."* So banal. Nicht. „wenn es Ihnen Recht wäre, dann könnten wir…" (doppelter Konjunktiv), oder „ich könnte mir durchaus vorstellen, dass wir uns wohl…" (die Schnecke an der Wand: drei Meter vor, zwei zurück), oder gar „welches Gefühl haben Sie nun am Ende der ersten Sitzung. Könnten Sie sich künftig eine weitere Zusammenarbeit…" (Loriot: zweites Futur bei Sonnenaufgang).
Nein, nur der Satz und eine non-verbale Kommunikation, die mir alle Freiheit lässt. Diese fasst alles „Was meinen Sie, welches Gefühl haben Sie, wie denken Sie?" zusammen. Coaching ist Kommunikation. Auch und vor allem non-verbal. Wir sehen so viel, was der andere nicht sagt. Und danach beurteilen wir Echtheit und Kongruenz. Das ist Erfahrungswissen, nicht erst seit der Mehrabian-Studie von 1971.
Ich fahre nach Hause und weiß, ich werde beginnen. Ich lasse diesen Coach an mein „Wöchner-Bett". Ich beginne den Prozess, er ist meine Hebamme. Dabei ist jede Sitzung wie beim ersten Mal. Das Leben zwischen den Sitzungen wird nicht ausgeblendet, es ist Thema. Wir arbeiten nicht über Wochen bewusst am gleichen Thema, weil es einmal gewählt wurde. Wenn es Dein Thema ist, kommt es wieder, wenn nicht, war es nie Deins.
Ich „gebäre" in den folgenden Wochen und Monaten: Selbstwahrnehmung, eine echte Katharsis, Gelassenheit, Selbstbewusstheit, Versöhnung, die Möglichkeit zur Glücksfähigkeit,… Ich gebäre unter Geburtsschmerzen, oft schweren Schmerzen.
Hier stehe ich nun wieder. Mit über 40 Jahren. Keine Krawatte, kein Windsor-Knoten, keine Manschetten, das passt hier nicht. Aber die Zigarette davor ist geblieben. Ich klingle an dem Türschild mit falschem Namen. Ich nehme immer wieder gerne Coaching-Stunden: nicht weil ich krank bin, sondern weil ich gesund bin.

P.S.: Professor, Supervisor, Coach, Mediator, Trainer, NLPler, Unternehmer, Ehemann, Vater und Amateur!!!

Coaching im Projektalltag

von Matthias Hansen

Die Anwendung von Coaching als Führungskraft ist ganz einfach: Man stelle ein paar Fragen, folge einem Prozess, und am Ende kommt der Mitarbeiter genau auf das, worauf ich ihn aufmerksam machen wollte. „Unerhört!" könnten Sie jetzt denken, das ist doch kein Coaching! Stimmt. Aber damals war es immerhin ein Anfang und heute weiß ich es natürlich besser. Damals, das war 1999, als ich als Unternehmensberater und frisch ernannter Teilprojektleiter zum ersten Mal offiziell Führungsverantwortung übernahm. Offiziell deshalb, weil ich schon immer Menschen geführt hatte (ohne es immer zu merken), und Spaß daran hatte, Entscheidungen zu treffen, um Dinge damit zu beeinflussen. Eine hilfreiche Eigenschaft als Führungskraft – eine weniger hilfreiche, wenn es ums Coaching geht. Dazu aber später mehr.

Das Beratungsunternehmen, für das ich arbeitete, war eines der großen Sechs (Big Six): Price Waterhouse Management Consulting Services, kurz PW MCS. Und PW MCS hatte sich in einem langen Prozess unter Beteiligung von Mitarbeitern Werte gegeben, die ihnen wichtig erschienen, um erfolgreich arbeiten zu können. Diese Werte waren „Client", „People", „Firm", frei übersetzt also Kunde, Mitarbeiter, Unternehmen: Mitarbeiter sollten exzellente Leistung beim Kunden erbringen und gleichzeitig hatte jeder Mitarbeiter ein Anrecht darauf, dass seine Vorgesetzten (im Projekt als auch der zugeordnete Linienmanager) sich um ihn „kümmerten“ (caring), ihn mit einbezogen und Informations- und Wissensaustausch (sharing) förderten und ihn führten (leading). Erst danach kam das Unternehmen selbst. Sehr ungewöhnlich für ein extrem leistungsorientiertes Unternehmen. Vielleicht hatte PW MCS schon damals erkannt, dass in einer wissen-basierten Unternehmung das eine nicht ohne das andere funktioniert.

Das Unternehmen hatte es sich also zur ernsthaften Aufgabe gemacht, den Wert „Mitarbeiter“ zu untermauern und führte dafür eine Vielzahl an verschiedenartigen Maßnahmen durch. Und eine dieser Maßnahmen war: Alle Mitarbeiter, die Führungsverantwortung in Projekten haben, nehmen an einem Coaching-Skills-Training teil.
Das Besondere in unserem Projekt war nun, dass tatsächlich alle Projektmitarbeiter – sowohl die von unserem Unternehmen als auch die des Kunden – an dem Training teilnehmen konnten. Diese Vorgehensweise hatte in der Praxis den enormen Vorteil, dass das Prozedere eines Coachings nicht mehr geklärt werden musste. Jeder (Coach und Coaching-Klient) kannte Sinn, Ziel, Prozedere und Ablauf, was gerade bei informellen Coachings enorm wichtig war. Der Vorwurf, „Du kommst wohl gerade von einem Soft-Skill-Training, oder warum verhältst Du Dich so komisch?“, blieb damit den beteiligten Personen erspart. Eine ideale Ausgangssituation, um Coaching einfach mal auszuprobieren.

Das Training wurde von der Firma „Performance Consultants“ in England organisiert und durchgeführt. Dabei handelt es sich um eines der ältesten Coaching-Unternehmen, das in den 70er Jahren von einigen Coaching-Pionieren in Europa gegründet worden war: Sir John Whitmore (dem wohl bekanntesten unter ihnen), John Whitaker und David Hemery. Jeder von Ihnen ist ein ehemaliger Spitzensportler: David zum Beispiel, von dem ich unterrichtet und trainiert wurde, erlief sich 1968 bei den Olympischen Spielen in Mexico die Goldmedaille. 400m Hürden in 48,1 Sekunden: neuer Weltrekord. Zusammen mit seinen beiden Gründungspartnern wollte er der Geschäftswelt zeigen, wie man das volle Potenzial von Mitarbeitern entfalten kann. Mit dem

Unternehmen „Performance Consultants" verfolgte er das Ziel, sein Erfahrungswissen (das er durch seine eigenen Sport-Coaches sammeln konnte und das ihn so erfolgreich gemacht hat) weiterzugeben. Eindrucksvoll konnte David uns im zweitägigen Training verdeutlichen, wie einfach es in der Theorie war, seinem Gegenüber dieses Potenzial zu entlocken, und wie schwierig sich dann die Praxis gestaltete.

Was mich am meisten faszinierte: In einer nur 15 minütigen Übung hatte ich selbst erfahren, wie durch Coaching die eigenen Kräfte, das eigene Selbstvertrauen und der eigene Antrieb mobilisiert werden konnten. David schaffte es, auf gleicher Augenhöhe mit mir zu interagieren, indem er prinzipiell daran glaubte, dass ich die Lösung selbst erarbeiten kann. Dazu wandte er das GROW-Phasenmodell an und half mir durch Fragenstellen, dass ich mir meines Ziels (Goal), meiner Situation (Reality) und meiner Handlungsalternativen (Options) bewusst wurde und dass ich mich zu konkreten Schritten frei entscheiden konnte (Will).

Was mir damals weniger klar war: nicht das Phasenmodell und die Fragen stehen im Vordergrund, sondern die Prinzipien und das Wirken effektiven Coachings: Nämlich dass jede Intervention mit dem Coachee das Ziel haben sollte, dass er sich eben seiner Ziele, seiner individuellen Situation und Handlungsoptionen SELBST bewusst wird (Self-Awareness); damit er SELBST-Verantwortung für sein Leben und somit Handeln übernimmt (Responsibility) und sich dabei auf sich SELBST vertrauen kann (Self-Belief).

Wenn David mich coachen kann, ohne auch nur einen Funken Ahnung über die Umstände zu haben, wie muss dann wohl der Effekt sein, wenn *ich* erst meine Projektkollegen und -mitarbeiter coache?

Dieses „Defizit" in meinem Selbstverständnis über Coaching ließ mich folgendes denken: „Wenn David mich zu einer Lösung eines Problems coachen kann, ohne auch nur einen Funken Ahnung über die Umstände zu haben und ohne jegliches Fachwissen, wie muss dann wohl der Effekt sein, wenn *ich* erst meine Projektkollegen und -mitarbeiter coache?

Und so kam es dann auch: Ich konnte zum Beispiel meine Projektmitarbeiter durch bloßes Fragenstellen und dem Nachfolgen des GROW-Modells dazu bewegen, Vor- und Nachteile von Lösungsalternativen zu bewerten und sich dann für die beste Variante zu entscheiden. Und freilich waren meine Fragen durch die Verfolgung eigener Ziele und Interessen beeinflusst und somit die Ergebnisse meiner Mitarbeiter durch mein Fachwissen und meine Gedankengänge limitiert.

Doch es ging auch anders: Einmal kam meine britische Kollegin zu mir und wollte mit mir über Ihre Arbeitsbeziehung zu einem ihrer Mitarbeiter sprechen. Sie sagte „you know, between one of my team members and me there are a lot of tensions." Da ich in diesem Moment mangels meiner Englischkenntnisse nicht wusste, was das Wort „tension" bedeutete, sagte ich einfach nur: „Tell me more about the tensions that exist between you and your team member", woraufhin sie mir ausführlich erzählte, worin diese Spannungen (so schloss ich aus ihren Erzählungen, was „tension" bedeutete) bestünden.
Ohne jedes Detail aus ihren Ausführungen zu verstehen, fragte ich sie ganz offen über die Dinge, die sie gerade angab und benutzte dabei oft (auch weil mir damals im Englischen ein alternativer Wortschatz fehlte) ihre eigenen Worte. Das führte dazu, dass sie in „ihrer Welt" blieb und sich dort schließlich auch eine Lösung konstruierte, mit der sie am Ende zufrieden schien. Schließlich kam sie nämlich darauf, dass es nichts bringt zu hoffen, der andere müsse sich ändern, sondern dass auch sie etwas zur Verbesserung der Arbeitsbeziehung beitragen kann und nicht darauf warten muss, dass der andere etwas tut, sondern selbst anfängt.

Sie bedankte sich für dieses Gespräch und erzählte mir ein paar Wochen später, wie sich aufgrund weniger Änderungen in der Art und Weise der Zusammenarbeit das Arbeitsverhältnis mit ihrem Projektmitarbeiter stetig verbesserte. Aus meiner heutigen Erfahrung weiß ich, dass das Ergebnis nicht immer so positiv ausgehen muss, aber der Punkt, den ich hier machen will, ist folgender: Durch wesentlich weniger Gehirnleistung meinerseits konnte ich gerade durch das nicht vorhandene Wissen einen Coaching-Effekt erzielen. Das Ergebnis der Kollegin (und damals Coaching-Klientin) ging ganz klar über mein „Fachwissen" oder

auch meine persönliche Meinung bezüglich einer möglichen Lösung hinaus.
Aber eben das ist etwas, was mir erst SELBST-bewusst wurde, als ich 2006 eine weitere Coaching-Ausbildung machte. Erst dann verstand ich wirklich, dass es in erster Linie nicht auf clevere Fragen ankommt und auch nicht darauf, dass ich im Coaching einem „schlauen" Prozessablauf folge. Ich verstand in dieser folgenden Ausbildung, dass es darauf ankommt, meinem Gegenüber zu helfen, sich seiner Ziele, Situation und Handlungsalternativen SELBST bewusst zu werden, um dann auch SELBST dahinter zu stehen und konkrete Handlungsschritte zu unternehmen (oder auch zu unterlassen).

Erst dann verstand ich wirklich, dass es in erster Linie nicht auf clevere Fragen ankommt und auch nicht darauf, dass ich im Coaching einem „schlauen" Prozessablauf folge.

Ich war damals sicher nicht der einzige, der nicht alles aus diesem zweitägigen Training mit David Hemery mitnahm, was ein professioneller Coach können sollte, bevor er auf seine Kunden losgeht. Und: in diesem Training ging es ja auch hauptsächlich darum, sich Coaching-Fähigkeiten anzueignen und zu üben, die speziell für die Zusammenarbeit zwischen Führungskraft und Mitarbeitern sowie Projektmitarbeitern im alltäglichen Projektgeschäft wichtig waren. Und letztendlich war es auch das Anwenden und „Nutzen" dieser Fertigkeiten und Fähigkeiten, das uns ja auch besser werden ließ. Und da wir alle auf diesem Training waren, konnten wir uns auch gegenseitig sagen, was beim nächsten Mal besser laufen könnte. Eines steht auf jeden Fall fest: im Coaching gilt einmal mehr: Übung macht den Meister!

In jedem Fall war der Effekt im gesamten Projekt einzigartig und in meiner langjährigen Karriere als Managementberater habe ich dies leider nicht wieder in solcher Intensität erlebt: Der Respekt zwischen den, aus allen Erdteilen stammenden, Projektmitarbeitern war riesengroß, die Zusammenarbeit wurde stetig hinterfragt und verbessert, aus Fehlern wurde tatsächlich die Chance gesehen, etwas zu lernen. Was blieb, war ein sagenhafter Projekterfolg unter sehr engen zeitlichen Vorgaben und bis heute andauernde Freundschaften: mit den damaligen Mitarbeitern meines Teams treffe ich mich heute noch mindes-

tens einmal im Jahr irgendwo zwischen den Niederlanden, der Schweiz und Deutschland.
Rückblickend und zusammenfassend kann ich aus diesem ersten Coaching-Erlebnis folgende Lehre ziehen:

- Coaching ist nicht nur als externer und unabhängiger Coach möglich, sondern auch als Führungskraft und durchaus auch informell.
- Wir können es gerne anders als „Coaching" nennen, aber wenn eine Führungskraft bestimmte mit Coaching assoziierbare Verhaltensweisen demonstriert, dann erhält sie einfach bessere Ergebnisse.
- Die Anwendung von Coaching-Skills als Führungskraft erfordert nicht nur Mut, sondern auch die Einbindung der Mitarbeiter in Bezug auf das, was gerade passiert, nämlich managen oder coachen. Seien Sie dabei erwachsen genug, dass das nicht immer in Reinkultur ausgeübt werden kann und machen Sie auch das Ihren Mitarbeitern klar. Wenn Ihre Mitarbeiter auch eine Coaching-Ausbildung bekommen haben, wird dies sehr viel einfacher für alle Beteiligten.
- Achten Sie während eines Coachings einzig und allein auf den Prozess (und nicht auf den Inhalt). Und achten Sie noch mehr auf Ihre innere Haltung: Wem soll hier geholfen werden: Ihnen in der Verfolgung Ihrer Ziele oder Ihrem Mitarbeiter in der selbständigen Findung einer Lösung?

Einleitung

Das wirklich beeindruckende an Coaching-Gesprächen ist, dass sie tatsächlich in jeder Situation und Lage funktionieren. Dies beschreibt auch das Praxisbeispiel von Marco Rasper „Lethologische Coaching-Haltung: Praktische Auswirkungen auf Coaching" (auf Seite 29). (Wie wir systemisches Coaching genau definieren, lesen Sie im nächsten Kapitel, Seite 47.)

Es gibt vielfältige Gründe, andere Menschen um Unterstützung zu bitten (und anderen Unterstützung anzubieten). Ob Sie einer Freundin bei der Entscheidung helfen, einen Schleier zum Brautkleid zu tragen, oder mit einem CEO arbeiten, der sich in einer unternehmerischen oder persönlichen Krise befindet. Es funktioniert und macht einen bedeutenden Unterschied.

Gelungene Coaching-Gespräche sind hilfreich in Umbruchzeiten, am Ende einer Krise oder an deren Anfang. Sie können bei Entscheidungsfragen, in Konfliktsituationen und bei der Veränderung individueller Persönlichkeitsmerkmale und Verhaltensmuster coachen. Systemisches Coaching kann bei der Festlegung von kleinen oder großen Zielen unterstützen sowie bei der Erfüllung langersehnter Träume. Ob es um das Aufwärtsstreben in der Karriere geht, den Kampf um eine Position im Team oder die Klärung von Konflikten. Egal, um welches Thema es sich handelt und in

welcher Zwickmühle oder Sackgasse der Klient steckt: Sie können es in jeder Lebenslage mit Coaching versuchen. Insofern ist Coaching eine Einstellung und keine Mode. Eine gelungene Form des Coachings ruht auf wenigen, leicht verstehbaren Eckpfeilern, und diese werden wir Ihnen hier im Buch aufzeigen.
Coaching heißt: modern Kommunizieren!

Vorteile Systemischen Coachings
In unzähligen Gesprächen mit Coaches und Klienten haben wir uns über die vielschichtigen Vorteile des Coaching-Prozesses und der dazugehörigen Coaching-Haltung ausgetauscht. Meist werden Coaching-Erlebnisse in Anekdoten und persönlichen Geschichten erzählt, und der Nutzen dieser Arbeit wird dann in verschiedenen Lebensfacetten spürbar.
Für dieses Buch haben wir uns deshalb kompetente Unterstützung von Klienten und Coaches geholt, die aus ihrem Alltag und ihrer Praxis erzählen. Sie berichten sehr persönlich von ihren Erlebnissen und aus ihrem Erfahrungsschatz. Wir wollen so der Perspektivenvielfalt gerecht werden und beide Seiten der (Coaching-) Medaille beleuchten. Denn Coaching ist für beide Beteiligten lehrreich, angenehm, aufregend, bereichernd, … und vieles mehr. Sowohl für den Coaching-Klienten als auch für den Coach. Wir erleben Coaching als eine besonders elegante Kommunikationsart, die unendlich große Chancen auf erfolgreiche und nachhaltige Ergebnisse birgt. Und: modernes Coaching kann außerdem mit sehr einfachen und unkomplizierten Mitteln umgesetzt werden.

Coaching heißt: modern Kommunizieren!

Spannenderweise ist es dabei egal, ob Sie als professioneller Coach arbeiten oder als „Coaching-Anwender" die entsprechende innere Haltung annehmen und bewährte Methoden nutzen. Denn die entscheidenden Zusammenhänge gelten für jeden Anwender. Deshalb ist dieses Buch auch gleichermaßen für Profi-Coaches als auch Coaching-Anwender gedacht.

Sie können als Coaching-Anwender auf vielfältige Weise profitieren:
- Sie werden zu einem allseits geschätzten Gesprächspartner. Im Privat- und Berufsleben.

- Sie sind in der Lage, Menschen, die Sie schätzen, zu fördern und in ihrer Selbstverantwortung zu unterstützen. (Das natürlich nur, nachdem diese Sie aktiv dazu eingeladen haben.)
- Sie werden Beziehungen gestalten, Vertrauen herstellen und Dankbarkeit Ihrer Klienten erfahren.

Schauen wir nun bewusst in das berufliche Umfeld, so haben dort der Coaching-Prozess und die entsprechende innere Haltung einen enormen positiven Einfluss auf verschiedenste Ebenen. Denn systemisches Coaching zu praktizieren, ist weitreichend, und es berührt sowohl persönliche Aspekte als auch Aspekte sozialer Interaktion. Innerhalb gelungener Coaching-Prozesse geschieht an mehreren Punkten zeitgleich eine Veränderung:

- innerhalb der Beziehung zwischen zwei Menschen (zwischen Coaching-Klient und Coach)
- im Coaching-Klienten selbst (bezüglich seiner Ansichten, Einstellungen, seiner Pläne, Perspektiven, Ziele, nächsten Schritte, der Wahrnehmung seiner selbst und seiner Umwelt, u.v.m.)
- innerhalb des gesamten Systems, in dem sich der Coaching-Klient befindet (Familie, Verein, Team, Unternehmen)
- im Coach selbst (seiner Art mit der Coaching-Technik umzugehen, seiner Position im Beziehungsgeflecht mit dem Coaching-Klienten, der Wahrnehmung seiner selbst, seiner Ansichten, Einsichten, Perspektiven, u.v.m.)
- innerhalb der Organisation bzw. des Systems (z.B. eines Teams), wo Coaching angewendet wird.

Dieses Buch zeigt also nicht nur, „was" Sie als Coaching-Anwender im Detail tun können, sondern auch „wie". Und das, ohne Sie mit technischen Tools zu erschlagen und ohne Sie auf den Philosophen-Olymp zu scheuchen.

Coaching, so wie wir es heute verstehen, hat eine tiefe Reife erreicht. Es ist nicht mehr vergleichbar mit der „Werkzeugkisten-artigen" Technik von früher, deren Zugang das „Reparieren" war. Repariert wurde mit Coaching immer dort, wo ein Defizit entstanden war und an Stellen, an denen jemand Fehler gemacht oder versagt hatte. Und es ist auch nicht mehr vergleichbar mit einer „Gurutreuen" Beratungsform, die ohne transparente Technik arbeitete. In welcher der Coach plötzlichen Eingebungen und „Gespüren" folgte, was am ehesten noch an wahrsagerische Glaskugel-Taktiken erinnerte. Wir sind davon überzeugt, dass Coaching sich schon längst aus der Schmuddel-Ecke befreit hat und mit ihr auch die praktizierenden Coaches. Wenngleich es eine irritierende Vielfalt an Angeboten und Coaches gibt (Lindner, 2011, 11): Von Ernährungs-, (Buch-)Schreibe- und Mediencoaching über Vocal- oder Stylecoaching bis hin zu Anti-Cellulite-Coaching (googeln lohnt sich) oder Body-Coaching. Autorenkollegen sprechen treffenderweise von „Bindestrich-Coaching" (Lindner, 2011, 68).

Wir glauben, dass es heute in gelungenen Coachings nicht um die Entscheidung geht, ob „Hammer oder Meisel" in einer Fragestellung ausgepackt werden sollen (vgl. Fischer-Epe, 2010, 29).
Der Coach von heute arbeitet viel mehr an seinem Selbstverständnis, an seinem Menschenbild und flirtet in dieser Individualisierung gerne mit alten Philosophen und Denkern. Und da dies ein so zentraler Anteil ist, beschäftigen unsere Mitautoren und wir uns ebenfalls im Buch mit dem Thema Ethik und Haltung. Und das tun wir weniger in der Theorie, denn das haben schon viele andere Autorenkollegen erarbeitet, sondern wir fokussieren auf das „wie" und eine mögliche Umsetzung dieser Theorie: Wie führen wir Coaching-Gespräche und wie leben wir die Haltung.

Der moderne Coaching-Zugang hat sich also verändert: er wurde allgemeiner, reifer und emanzipierter. Wahrscheinlich ist dies auch ein Grund, weshalb individuelles Coaching immer stärker nachgefragt wird. Diese Entwicklung ist möglicherweise den Effekten der Individualisierung und Globalisierung unserer Gesellschaft zu verdanken oder auch in den verschiedenen Tretmühlen des Alltags zu suchen (vgl. Binswanger, 2006, 47). Jedenfalls wird Begleitung und Orientierungshilfe sichtbar vermehrt gesucht. Dass es eine verstärkte Nachfrage für Coaching-Kompetenzen gibt, ist eine Tatsache an sich, deren Ursachen und Gründe wir hier nicht beleuchten. Viel mehr interessieren uns Wege im Coaching und Menschen, die als Coaching-Anwender ihre Kommunikation veredeln.
Denn es ist ein Unterschied, ob sich ein Hilfesuchender an einen willigen Zuhörer wendet oder an eine Person, die Coaching-Kompetenzen besitzt. Willige Zuhörer für Problemsituationen finden Sie in unserer reflektierten Gesellschaft sehr zügig. Da jeder

Mensch über eine Psyche und eine Persönlichkeit verfügt, gehen die meisten Menschen auch davon aus, dass sie bei „psychischen" oder „persönlichen" Fragestellungen weiterhelfen können. Natürlich kann jeder bei einem Freund, einem Arzt oder Seelsorger, einem Kollegen oder Vorgesetzten, innerhalb seiner Beziehung oder bei anderen nahe stehenden Menschen einen aufmerksamen Zuhörer finden. Und doch macht es entgegen der allgemeinen Annahmen einen bemerkenswert dramatischen Unterschied, ob der Zuhörer sich an gewisse Kommunikationsregeln hält und sich eine gewisse innere Haltung angeeignet hat (oder eben nicht). Unser langjähriger Freund und Kollege Christian Neumann bringt dies im Gespräch mit uns auf den Punkt. (Das Interview finden Sie am Kapitelende, Seite 39.)

Unsere Kernbotschaft ist: jeder, der das möchte, kann sich die Fertigkeiten, sowie die innere Haltung und Überzeugung für professionelle Coaching-Begleitung aneignen. Sowohl die Fragetechniken, als auch die Fähigkeit, sich selbst inhaltlich aus dem Problem des Coaching-Klienten herauszuhalten, ist erlernbar. Denn betrachtet man Coaching auf diese Weise, dann handelt es sich in erster Linie um eine Haltung und eine Technik. Es ist die Möglichkeit, anderen zu helfen, ihre Lösungen selbst zu erarbeiten.
Im Umkehrschluss ist jedoch die Unkenntnis dieser Eckpfeiler bei vielen Zuhörern die Grundlage für scheiternde Beratungsgespräche oder Missverständnisse. Manchmal versperren Hilfsbedürftigkeit und persönliche Erfahrungen des Beratenden eine „unterstützende" Kommunikation mit dem Hilfesuchenden. Und dann entstehen vielleicht Lösungsvorschläge, die mehr Bezug zum Ratgeber haben als zum Hilfesuchenden: „Ich an Deiner Stelle, würde es so machen (…)!" oder „Als ich mal in einer ganz ähnlichen Situation wie Du war, hat mir Folgendes geholfen (…)!". Diese oder ähnliche Ratschläge kennen Sie sicher auch aus Ihrem persönlichen Alltag.

Unsere Kernbotschaft ist: jeder, der das möchte kann sich die Fertigkeiten, sowie die innere Haltung und Überzeugung für professionelle Coaching-Begleitung aneignen.

Natürlich kann es durchaus einen Unterschied machen, ob der Coach eine jahrelange Erfahrung in der Coaching-Technik hat oder ob jemand gerade erst frisch mit dem Coaching begonnen hat. Dennoch sind wir fest davon überzeugt, dass auch ein „Neuling", der sein Coaching-Handwerkszeug beherrscht, einem Klienten helfen und einen positiven Unterschied machen kann. (In jedem Fall bewirken Coaching-Fragen etwas anderes als Ratschläge.)

Wenn Sie sich in das Buch vertiefen, werden Sie in den Erzählungen der Coaches und Coaching-Klienten lesen, dass es in vielen Fällen vordergründig um das persönliche Vertrauensverhältnis innerhalb der Arbeitsbeziehung geht. Und Sie werden sehen, dass und „wie" Coaching-Anwender zu ihrer eigenen inneren Haltung finden. Unserer Erfahrung nach bettet genau diese Haltung das moderne Coaching in eine privilegierte Beziehung ein.

Es wird deutlich, dass sich ein Hauptteil der Arbeit um die Erkenntnis dreht, dass die größten Erfolge im Dialog und in der Arbeit an (und mit) sich selbst geschafft werden können. Menschen gehen heute weniger zu einem Coaching, weil sie etwas falsch gemacht haben oder etwas tun müssen, um besser zu werden. Sie leisten sich vielmehr ein Coaching, weil sie persönlich weiter vorwärts kommen wollen: in und mit sich selbst. Und vorwärts kommen bedeutet nicht in allen Fällen „weiter, schneller, höher" sondern vielleicht auch „stehen bleiben, abwarten, etwas sein lassen".

Es wird deutlich, dass die größten Erfolge im Dialog und in der Arbeit an (und mit) sich selbst geschafft werden können.

Unsere Wortwahl

Aus unserem konstruktivistischen Grundverständnis heraus liegt uns nichts ferner, als hier in diesem Buch Ratschläge zu geben. Wenn wir also folgende Formulierungen benutzen,

- Was es braucht (…)
- Worum es geht (…)
- Worauf es ankommt (…)
- Was wichtig ist (…)
- Was Sie tun sollten (…)
- Wie es funktioniert (…)
- Was den Unterschied ausmacht (…)
- etc.

(…), dann gehen wir grundsätzlich davon aus, dass wir nicht die „einzige" oder die „objektive" oder „richtige" Sichtweise oder gar

die Wahrheit gefunden haben. Wir bitten Sie, in Gedanken immer den Satz mit „aus unserer Sicht", „in unserer Welt des Coachings" oder „aus unserer Erfahrung" zu vervollständigen.
Beispielsweise: Was es (aus unserer Sicht/aus unserer Erfahrung) braucht, ist …

In den wenigen Fällen, in denen wir davon überzeugt sind, dass wir die absolute Wahrheit gefunden haben oder die Gewissheit besitzen, die einzig wahre Realität zu kennen, so werden wir dies im Text mit folgendem Hinweis kenntlich machen:

„Das ist jetzt ganz sicher die Wahrheit.
Wirklich. Wir schwören es!"

Und weiter ist uns noch wichtig: Wenn wir im Text (und hier sprechen wir auch für unsere Co-Autoren) von Teilnehmern, Coaches, Klienten, Menschen und Personen schreiben, so meinen wir hier jeweils Frauen und Männer gleichermaßen. Auf die Unterscheidung einer weiblichen und einer männlichen Schreibweise möchten wir aus Gründen des Textflusses und der Lesbarkeit verzichten. In den wenigen Fällen, in denen wir davon ausgehen, dass tatsächlich nur Männer oder eben nur Frauen angesprochen oder betroffen sind, werden wir dies im Text mit folgendem Hinweis kenntlich machen:

„TYPISCH MANN!" beziehungsweise „TYPISCH FRAU!"

Und um die Worterklärungen abzuschließen: Wir nutzen häufig anstatt des Begriffes Coaching-Klient auch „Coachee", „Klient", „Hilfesuchender" oder „Gecoachter". Zu Ihrer Information: hier meinen wir jeweils dasselbe. Auch beim Begriff Coach variieren wir Alternativen, wie beispielsweise „Coaching-Anwender", „Coachender" oder „Systemischer Berater".

Wir unterscheiden hier im Buch grundsätzlich einen „Coaching-Anwender" von einem „Profi-Coach". Als Profi-Coach (oder auch „professioneller Coach") verstehen wir Menschen, die mit Coaching ihren Lebensunterhalt verdienen (und eben nicht Coaching neben oder während ihres Berufsalltages anwenden).

Zum Buchaufbau

Bevor Sie sich mit diesem Buch auf die Reise machen, liefern wir Ihnen hier eine Skizze als Reiseführer, sodass Sie wissen, auf was Sie sich einlassen. Der Aufbau des Buches orientiert sich von A–Z an einem gelungenen Coaching-Gespräch, so wie wir es üblicherweise durchführen:

Sie kreisen eine kleine (oder auch größere) Weile im Problem, und mit der Zielfrage (vgl. Kapitel „Lösungsfokus“, Seite 99) orientiert sich das Gespräch plötzlich an der Lösung. Wurde die Zielsuche abgeschlossen und ist also klar, was der Klient erreichen will, so braucht es eine Auftragsklärung (vgl. Kapitel „Auftrag“, Seite 107). Der Auftrag bahnt den weiteren Verlauf des Gespräches und ist das Tor zu den Lösungswegen (vgl. Kapitel „Wege zur Lösung“, Seite 141), die es dann zu erarbeiten gilt. Das Gespräch wird von Maßnahmen (vgl. Kapitel „Maßnahmen“, Seite 175) und den nächsten Zukunftsschritten abgeschlossen.

Literatur

Binswanger, M.: Tretmühlen des Glücks. Verlag Herder Freiburg im Breisgau, 2006

Fischer-Epe, M.: Coaching: Miteinander Ziele erreichen. Hamburg, 2010

Lindner, E.: Coachingwahn: Wie wir uns hemmungslos optimieren lassen. Berlin, 2011

Lethologische Coaching-Haltung: Praktische Auswirkungen auf Coaching

von Marco Rasper

Meiner Meinung nach hält die Coaching-Haltung einige Zumutungen für angehende Coaches bereit. Scheinbar widersprechen zahlreiche Grundannahmen im Coaching allen bisherigen Erfahrungen und zeitweise sogar dem „gesunden Menschenverstand“. Die lethologische Coaching-Haltung (als systemischer Coach nicht der Experte für das Problem des Coachees sein zu müssen – ja, es nicht zu dürfen und auch nicht zu können) ist eine dieser Zumutungen.

Der Kern der Zumutung liegt also darin, dass ich weiß, dass ich nichts weiß. Dass ich anerkenne, selbst nicht der Experte für das Problem und die Problemlösung des Anderen zu sein. Im Coaching soll ich demnach nur der Experte für den Prozess sein und der Experte für die richtigen Fragen. Leichter gesagt als getan.

Während meines ersten Coaching-Lehrgangs war ich mir weder sicher, ob diese reine Prozessexpertise wirklich sinnvoll ist, noch ob ich das hinbekommen würde. Was ich schnell gelernt habe, war, dass jeder angehende Coach massiv die lethologische Haltungsfrage bearbeiten und lösen sollte. Um sich auch ganz auf das „Fragen fragen“ (die Tools) zu konzentrieren, musste meiner Meinung nach dieser Punkt absolut klar sein.

Aber wie löst man Haltungsfragen? Wie kläre ich, welche innere Einstellung und Position ich zu einem bestimmten Thema habe? Beschließen kann man – also ich – das nicht so einfach. Wie kann ich also eine Grundannahme aufgeben und durch eine andere ersetzen?

Was mir für das Thema „Coaching-Haltung" geholfen hat, war eine plausible Story, und die kam in diesem Fall von der Trainerin.
Sie erzählte anschaulich von einem Coaching, in dessen Verlauf der Coachee mehr denn je den Teufelskreis erkannte, in dem er steckte. Ein Teufelskreis von enormer Gewichtszunahme, den damit einhergehenden zunehmenden Bewegungseinschränkungen (zunächst körperlich und daraufhin auch immer mehr mental) und seinen zunehmenden unternehmerischen Misserfolgen. Das Coaching endete damit, dass der Coachee eine ordentliche Gewichtsreduzierung vornehmen wollte und die dafür notwendigen Schritte in „mehr Sport" und „weniger Kalorien" sah.
Nach einigen Wochen fand ein neuer Termin für ein neues Coaching statt: der Coachee war auffällig schlanker, motiviert und in bester Stimmung. Der Coach wiederum positiv überrascht, ja sogar erfreut ob des Ergebnisses. Die Lösung, die der Coachee gewählt hatte, um sein Ziel zu erreichen, war jedoch noch viel überraschender: er hatte sich mittels eines Bandes den Magen operativ verkleinern lassen. Er hatte eine Operation mit all ihren Risiken auf sich genommen. Freudig berichtete der Coaching-Klient, was er entschieden und erlebt hatte seit dem letzten Treffen. Ihm war das Erreichen seines persönlichen Ziels extrem wichtig, gleichzeitig war ihm klar, dass er als Genussmensch kaum das Schlemmen lassen und mit Sicherheit – gefühlt in der Lebensmitte angekommen – nicht mit sportlichen Leibesübungen anfangen wird. „Stellen Sie sich vor, Sie hätten ihm als Coach im Verlauf des Coachings Ratschläge gegeben (…)", so die Trainerin. Sie musste nichts weiter ausführen.

Schlagartig wurde mir bewusst: Coaching muss konsequent als Beratung ohne Ratschlag gelebt werden.

Schlagartig wurde mir bewusst: Coaching, wie ich es künftig verstehen will, muss konsequent als Beratung ohne Ratschlag gelebt werden. Nur die persönliche Lösung ist eine tatsächlich tragfähige Lösung und wird mit all ihren möglichen Konsequenzen (beispielsweise auch den Konsequenzen einer Operation) dann auch getragen. Und die Verantwortung für den Weg zur Lösung trägt der, der diese Lösung auch gefunden hat.

Ich glaube, man kann Grundannahmen schwerlich durch bewusste Entscheidungen einfach aufgeben. Aber manchmal helfen die Erfahrung und die Schilderung eines anderen Menschen, Dinge plötzlich ganz und gar anders zu sehen. Durch obige Story verstand ich in meinem ersten Coaching-Seminar die lethologische Haltung als etwas sehr Sinnvolles. Aber gibt es so etwas wie loslassen und wissen, „nicht zu wissen", (in der Praxis) wirklich?
Für diese Frage half mir eine Übung, die „Blindcoaching" hieß. Die Trainerin war sozusagen „verblindet" und coachte zeitgleich die ganze Gruppe mit vorformulierten Fragen. Jeder einzelne in der Gruppe behielt die jeweils persönliche Antwort für sich (bzw. notierte sie lediglich auf seiner Karte). Ich war während der gesamten Übung ganz bei mir und die Fragen unterstützten mich, meine persönlichen Lösungen für mein damals auserwähltes Thema zu finden. Lösungen, die ich vorher tatsächlich so nicht sah. Das war beeindruckend. Alle anderen Teilnehmer in der Gruppe taten das Gleiche zur gleichen Zeit. Die Trainerin konnte demnach gar nicht anders, als lethologisch zu arbeiten. Sie stellte nur Fragen, ohne einzelne Antworten zu kennen. Gänzlich unterschiedliche Antworten in verschiedenen Köpfen zu verschiedenen Problemen und verschiedenen Zielen. Das war für mich der Beweis, dass es tatsächlich möglich ist, als Berater und Coach „Nicht-Wissen" zu praktizieren und dennoch mittels Fragen zu helfen.

Wie soll und kann ich mich selbst daran hindern, in einem Coaching Ratschläge zu geben?

Die drängendste Frage blieb jedoch, ob ich das jemals auch können könnte: lethologisch arbeiten. Wie soll und kann ich mich selbst daran hindern, in einem Coaching Ratschläge zu geben? Wie sollte und könnte ich mich selbst hindern, diese besonders fiesen Suggestivfragen zu stellen, in denen sich Ratschläge verstecken? Und wie soll es möglich sein, dass ich „meinen Mann" stehe, wenn ich in der Phase der Lösungsfindung nur Fragen stelle?

Hier brauche ich Alternativen. Ich muss etwas „anderes" fragen können als Suggestivfragen und mich sicher fühlen im Prozess, um hier meiner Rolle gerecht werden zu können. Die Alternativen zum Ratschlag und die Sicherheit in den Instrumenten und Tools helfen mir, lethologisch zu bleiben, auch wenn es brenzlig wird. Denn als Coach bin ich für den Prozess, also für die „richtigen" Fragen an der „richtigen" Stelle zuständig.
Und das ist, neben der lethologischen Coaching-Haltung, die zweite große Herausforderung: das passende Instrument für den Prozess parat haben (um den Coachee in der sensiblen Phase der Lösungssuche gut unterstützen zu können).

Als „Inhouse-Coach" sowie für meine Arbeit als Coach im Führungskontext bin ich zugegeben nicht jeden Tag als Coach unterwegs. Das liegt in der Natur der Sache, wenn man als Personalentwickler in einem mittelständischen Handelsunternehmen arbeitet und damit die gesamte Bandbreite abdecken muss. Somit fehlt mir etwas die Coaching-Routine.
Mein persönlicher Zugang, den Umstand der „fehlenden Routine" zu bewältigen, sind „Coaching-Patentrezepte" (meine kleine persönliche überschaubare Toolbox). Damit nehme ich Komplexität heraus. Der Fokus auf wenige Instrumente, die ich aus Erfahrung beherrsche, gibt mir Sicherheit. Sicherheit, nicht in Ratschläge zu verfallen, und Sicherheit, meiner Verantwortung als Coach für den Prozess gerecht zu werden. In der Lösungsarbeit stehen mir dann, entsprechend der Fallstellung, passende und einfach zu handhabende Prozesse zur Verfügung. Die Herausforderung besteht dann darin, innerhalb der Coaching-Haltung diese Prozess-Tools methodisch sauber anzuwenden.
Und das kann ich. Das traue ich mir zu.

Kurz nach meinem Coaching-Lehrgang durfte ich vier Coaching-Klienten begleiten, die für mich alle ein „erstes Mal" waren. Denn jeder Coachee hatte eine spezielle Konstellation bzw. Fragestellung. Diese Fragestellungen meiner „ersten vier Male" begegnen mir in meinem Berufsalltag immer wieder und die jeweils dafür passende Toolbox unterstützt mich in meiner Rolle als Coach.
Zum Beispiel Herr U. – mein allererster Coaching-Klient: eine Führungskraft und eingebunden in einen Changeprozess. Er

kam im Grunde bereits mit einer vorgedachten Lösung für sein Thema in unser Gespräch. Er wünschte sich Struktur für die weiteren Schritte, wollte alles gut durchdenken und reflektieren und dann richtig Gas geben. Mit der Skalenfrage machte ich hier (und seither regelmäßig) sehr gute Erfahrungen. Die Skalenfrage ist einfach in der Handhabung, gibt schon an sich Struktur vor und sie liegt mir schlicht und ergreifend.

Zum Start eichte ich ganz konkret die Skala durch eine kurze, bildhafte Beschreibung, wofür die Null und wofür im Unterschied dazu die Zehn (das Ziel) stand. Herr U. bestätigte meine Zusammenfassungen, ergänzte diese bildhafte Eichung, und ich notierte Stichpunkte dazu auf einer Flipchart. Dann fragte ich Herrn U., wo er seiner Einschätzung nach gerade jetzt steht. Seine Aussage und erste Einordnung (*„Ich stehe bei einer vier."*) bewertete ich nicht, sondern ließ sie einfach im Raum stehen. (*„Aha. Auf einer vier."*). Die wertfreie Reaktion auf diese erste Einschätzung des Klienten erscheint mir auch grundsätzlich besonders wichtig zu sein. Wo auch immer der Coachee sich auf der Skala gerade einsortiert: es ist in Ordnung. Die Skala dient der Ermöglichung und Erarbeitung von Lösungswegen, und wo subjektiv der Startpunkt liegt, ist egal. Als nächstes ging ich ganz „kleinschrittig" vor und arbeitete von Skalenpunkt zu Skalenpunkt. Dabei fragte ich – wie im Lehrgang gelernt – nach dem Tun des Coachees (*„Was tun Sie oder machen Sie anders bei fünf als bei vier?"*). Ich fragte also bewusst nicht danach, was bei fünf anders „sein wird" als bei vier, um das „tun" vom „sein" zu trennen. Weil der Coachee absolut in der Verantwortung für die Zielerreichung steht, kann sein Erfolg nur unmittelbar von seinem künftigen Handeln abhängen. Herr U. arbeitete sich Punkt für Punkt die Skala hoch und hatte am Ende unseres Gesprächs einen Handlungsplan erarbeitet. Damals war ich von der Effektivität dieses Instruments sehr begeistert und bin es heute noch.
Ergänzung zur Skalenfrage: Dieses Tool eignet sich ebenfalls gut in Coachings, in denen schnelle Zwischenlösungen gefragt sind. Und zwar immer dann, wenn ich selbst als Führungskraft gefragt bin und einer meiner Mitarbeiter mit einem Problem zu mir kommt, dessen Lösung (und die damit verbundene Verantwortung) in seinem Handlungs- und Verantwortungsraum liegen.

Als coachende Führungskraft habe ich wenig Zeit, will aber auch keine Antwort vorgeben, sondern den anderen bei der Findung einer eigenen Lösung unterstützen. Auch hier eignet sich die Skalenfrage ganz ausgezeichnet. Und Achtung: die Skala dient nicht dazu, dass ich als interner Coach eine Lageeinschätzung über ein Projekt oder den „Stand der Dinge" erhalte. Wieso betone ich das so sehr? Es kann sein, dass der Coaching-Klient einen niedrigen Skalenwert angibt, was im internen Coaching-Kontext eine große Herausforderung an die oben beschriebene lethologische Haltung bedeutet. Hier braucht es innere Klarheit! Besonders als coachende Führungskraft!

Wenige Wochen nach meiner ersten Coaching-Erfahrung kam eine Kollegin zu mir, die einen Rat wollte, weil sie (wie sie selber sagte) „den Wald vor lauter Bäumen nicht mehr sah". Ich fragte Sie, ob Sie mit einem Coaching-Gespräch einverstanden wäre, da ich ihr in einer so verzwickten Lage keinen Ratschlag geben wolle.
Sie willigte ein und begann zu erzählen. Sehr schnell spürte ich in meiner Coach-Rolle, dass sich der Druck – der auf ihr lastete – förmlich im Raum ausbreitete. Ich hatte das Gefühl, meine Kollegin stand mit ihrer Nase direkt an der Wand und ich wusste, ich musste stark an meiner lethologischen Haltung „festhalten". Und zwar in diesem Falle „nicht zu wissen" und auch „nichts zu wissen". Die Sackgasse und Ratlosigkeit meiner Klientin engten sie gedanklich sehr ein, und sie sah keine Auswege aus ihrer verzwickten Lage.
An dieser Stelle konnte ich das erste Mal mit paradoxen Interventionen arbeiten.
„Das ist vielleicht eine etwas komische Frage, aber ich möchte sie Dir trotzdem stellen: Was konkret müssest Du tun, um noch mehr Probleme zu haben?" Das sorgte erst mal für ein verwundertes Gesicht und eine längere Gesprächspause. Diese Frage packte sie bei dem, was sie im Gespräch bereits beschrieb: der genauen Kenntnis ihrer Selbst und dessen, was sie alles angeblich nicht könne. Der Effekt war großartig: nach einer Weile fiel es ihr sehr leicht, diese Frage zu beantworten. Und so konnte ich als Coach weiter offene Fragen stellen und einige Male „gnadenlos" meine Lieblingsfrage nachschieben: *„Und was noch?"*

Waren erst einmal alle „Un-Taten" gefunden, fokussierte ich auf all das, was im Umkehrschluss denn nun stattdessen getan werden konnte. Meine Kollegin reflektierte nun aus einer anderen Perspektive und sammelte Schritt für Schritt Punkte, um wieder einen klaren „Blick auf den gesamten Wald" zu bekommen. Sie bedankte sich damals für diese ungewöhnliche Hilfestellung und ich war froh, dass ich mich nicht auf „Ratschlagen" eingelassen hatte. Paradoxe Fragestellungen gehören seither zu meinen Tool-Favoriten.

Meine dritte Coaching-Erfahrung begegnete mir in meiner Funktion als Führungskraft. Eine neue Coaching-Konstellation, die mich seit damals stetig begleitet: Einer meiner Mitarbeiter hat „Ressourcenprobleme".
Herr L. kam zu mir, weil er mit einer allseits bekannten knappen Ressource kämpfte: der fehlenden Zeit (mittlerweile konnte ich dieses Thema auch mit anderen Mitarbeitern bearbeiten und da ging es häufig um die Ressourcen „Geld" oder „Manpower"). Es stand einzig und allein die begrenzte Ressource „Zeit" zwischen ihm und seinem Glück (dem erfolgreichen Projektabschluss). Was hier passierte, hatte ich in der Theorie gelernt: der „Lösungsraum" im Kopf des Coachees wurde durch die Ressourcenknappheit sofort auf ein Minimum reduziert. Da ich mich während der Coaching-Ausbildung selbst mit diesem Thema auseinandergesetzt hatte (als ich innerhalb eines Übungscoachings im Seminar Klient war), fiel mir die für diesen Fall hilfreiche Frage sofort ein: *„Was würden Sie denn ganz konkret tun, wenn Zeit keine Rolle spielen würde?"*
Herr L. fing an, Maßnahmen aufzuzählen, was er dann alles tun würde, und ich unterstützte ihn dabei mit meiner Lieblingsfrage – Sie wissen schon – „Und was noch?". Ich habe es anfangs nicht glauben wollen, doch es funktionierte problemlos: das „ausschalten dürfen" des „Realitätssinns" erweiterte sofort seinen Denk- und Handlungsspielraum und es wurden auch einige überraschende Lösungen möglich. Nach einer Priorisierung der Maßnahmenideen drehte ich eine „Realitätsschleife" mit der Frage: *„Was davon können Sie jetzt konkret in dieser Situation tun, sodass Sie Ihrem Projektziel zumindest einen kleinen Schritt näher kommen?"*
Und in seiner Antwort entwickelte er zwei bis drei kleine Schritte,

die nun sofort getan werden mussten und konnten. Dass es sich um kleine und wenige Schritte handelte, war auch in Ordnung so, denn Herr L. hatte nach dieser Sammlung in jedem Fall mehr Optionen parat (als vorher). Und genau das empfinde ich in der Rolle als Verantwortlicher für den Coaching-Prozess als meine Aufgabe: dabei zu helfen, den Gestaltungsspielraum zu erweitern (auch wenn es sich manchmal nur um einen kleinen Spielraum handelt).

Mein vierter Coachee war wieder ein „erstes Mal" für mich. Das erste Mal, dass mich jemand aus meinem Bekanntenkreis ansprach und um ein Coching bat. Mein Bekannter befand sich in einem Dilemma, das ihm unlösbar schien. Dilemma haben das so an sich und wir alle kennen diese Situation, vermute ich. Wir stehen zwischen zwei Alternativen (griechisch „di", wie Dilemma) und keine der Alternativen scheint gangbar. Die Wahl eröffnet nur „Cholera oder Pest" und wir hören von anderen dann manchmal die Lebensweisheit: „Tja, irgendeinen Tod musst Du wohl sterben!". Und das ist nicht wirklich hilfreich.

Mein Bekannter arbeitet (immer noch) als Führungskraft in einem Industrieunternehmen. Er kam zu mir, weil er wusste, dass ich Personalentwickler bin und eine Coachingausbildung absolviert habe. Seine Abteilung wurde aufgelöst und mit einer Schwesterabteilung zusammengelegt. Einerseits wurde ihm eine neue, gleichberechtige Position in einer für ihn *uninteressanten* Abteilung angeboten und andererseits könnte er in einem spannenden Feld, allerdings unter einer ihm *unsympathischen* Führungskraft, arbeiten. Um mit ihm alle Optionen zu beleuchten, nutzte ich damals erstmalig das „Tetralemma" (beschrieben beispielsweise bei Varga von Kibéd), das sich seither für mich als hilfreiches Tool entpuppt hat (siehe auch „Tetralemma", Kapitel „Wege zur Lösung", Seite 147). Ich begann damit, dass ich meinen Bekannten beschreiben ließ, was genau „Das Eine" und was „Das Andere" wäre. Nachdem diese Positionen klar beschrieben waren, fragte ich weitere Positionen ab mit den Fragen:
„Was ist wohl die Mischung aus Beidem?"
„Was ist etwas völlig Anderes?"
„Was wäre nichts von Allem?"

Aus den zunächst zwei Alternativen entstanden neue (teils ungeahnte aber in jedem Fall bis dahin „un-gedachte") Denkspielräume und Denkalternativen. Abschließend fragte ich nach der Bedeutung dessen, was er sich gerade erarbeitet hatte. Dieser letzte Punkt brachte die verschiedenartigen Ideen und Überlegungen miteinander in Kontakt und ermöglichte es ihm als Führungskraft, ein momentanes Fazit zu ziehen. Mein Bekannter hatte am Ende unseres Gesprächs noch keine Entscheidung gefällt – aber das war bei dessen Tragweite auch keine Überraschung. Dass er sich letztlich auf Basis des Reflexionsgespräches entscheiden konnte, erzählte er mir wenige Wochen nach unserem Treffen, als er sich für meine Unterstützung bedankte. Seither ist auch das Tetralemma in meine Favoriten-Toolbox gewandert.

Abschließend möchte ich sagen, dass es mich als Coach am meisten überrascht und begeistert, welche verschiedenartigen Ideen und Möglichkeiten Menschen innerhalb eines Coaching-Gespräches erarbeiten können. Oft spielen sich die Lösungen in Lösungsräumen ab, die es „in meiner Welt" nie gegeben hätte. Mit dieser Erkenntnis fällt mir die lethologische Haltung plötzlich gar nicht mehr so schwer. Nach wie vor halte ich den Zugang zur lethologischen Coaching-Haltung für die größte Herausforderung bei dieser Arbeit. Die meisten Menschen sind in einer ganz anderen (gegensätzlichen) Haltung aufgewachsen und erzogen worden. Wie schnell bitten wir um Ratschläge oder geben solche? Wie oft glauben wir zu wissen, was richtig für den anderen ist?

Abschließend möchte ich sagen, dass es mich als Coach am meisten überrascht und begeistert, welche verschiedenartigen Ideen und Möglichkeiten Menschen innerhalb eines Coaching-Gespräches erarbeiten können.

Für mich war es zunächst schwer, dies in meiner Rolle als Coach loszulassen. Im Alter von vierzig schüttelt man eingeübte Handlungsmuster nicht mehr so leicht ab (auch wieder nur ein Glaubenssatz). Aber mit der Entscheidung und dem Bekenntnis zur systemischen und somit zur lethologischen Coaching-Haltung ist es wie mit der Entscheidung, Vegetarier sein zu wollen: Ein bisschen geht nicht.

Coaching und Lethologie ist ein faszinierendes Erlebnis. Stellt es doch vieles – und manchmal alles – in Frage, was man bisher als richtig angenommen hat. Als coachende Führungskraft profitie-

re ich sehr von der großen Chance, mich von den persönlichen Lösungen der Mitarbeiter regelrecht überraschen zu lassen (und selbst daraus zu lernen). Hilfreich ist und bleibt für mich, dass ich es immer wieder angehe und ausprobiere, anstatt darüber zu philosophieren. Nach den „ersten Malen“ und einigen tollen Erfahrungen mit den Instrumenten, bestätigt allein das bloße Tun die eigene (neue) Haltung. Weil Coaching funktioniert.
Also: einfach machen, lautet meine Devise! Über Erfolgserlebnisse gewinnt man als Coach zunehmend an Souveränität und es entsteht eine echte Wechselwirkung, die einen zum „Überzeugungstäter“ macht. Und mittlerweile gelingt es mir schon problemlos: das Zurücklehnen und das Genießen des „Nicht-wissens“.

„Selbstverantwortung“ und „Eigen-Macht“

Christian Neumann
im Interview mit den Herausgebern

Hrsg.: Herr Neumann, was würden Sie sagen, war das Wichtigste, das Sie bei Ihrem „allerersten Mal“ in einer Rolle als Coach gelernt haben?

C. N.: Zusammengefasst habe ich etwas über zwei Prinzipien und Grundhaltungen gelernt: über die Selbst-Verantwortung des Coaching-Klienten und die Wahrnehmung der „Eigen-Macht“ (Begriff entnommen bei Jens Corssen, „Der Selbst-Entwickler“).

Hrsg.: Können Sie uns davon ein bisschen mehr berichten?

C. N.: Ja, sehr gerne. Selbst-Verantwortung und Eigen-Macht hängen mit meinem grundsätzlichen Bild vom Coaching eng zusammen: Stellen Sie sich einmal vor, Sie haben ein Problem und befinden sich in einem abgeschlossenen Raum. Die Lösung für Ihr Problem befindet sich in einem Nebenraum, welcher durch eine einfache Tür abgetrennt ist. Leider haben Sie nur die Möglichkeit, zumindest gehen sie davon aus, durch das Schlüsselloch zu gucken. Leider ist die Lösung für Ihr Problem sehr klein, von daher ist die Wahrscheinlichkeit, dass Sie die Lösung durch das Schlüsselloch erkennen, minimal.

Was ist, wenn die Lösung aus dem Winkel des Schlüssellochs gar nicht zu sehen ist?

Hrsg.: OK, soweit verstanden – aber wie kommt Coaching jetzt hier ins „Spiel"?

C. N.: Was ist, wenn die Tür gar nicht abgeschlossen ist? Sie könnten einfach durchgehen. Der Winkel würde sich erweitern. Sie haben Einfluss darauf, wo sie suchen. Sie haben die Annahme „Die Tür ist verschlossen." kritisch hinterfragt. Und dadurch haben Sie den Weg zur Lösung frei gemacht. Die von mir genutzte Analogie verdeutlicht, was ich in Coaching sehe. Wir haben über die Jahre viele verschiedene Annahmen und Sichtweisen über die Welt gesammelt. Entweder durch eigene Erfahrungen oder die von anderen. Oft nehmen wir diese aber ohne kritische Prüfung auf. Wir machen uns etwas zu Eigen, was nicht wir sind. Diese Annahmen werden dann über die Zeit zu Blockaden und Widerständen und führen in Folge zu einer Kontaktstörung oder Verwirrung. Coaching hilft, eigene, neue Erfahrungen zu machen, die die alten (oft auch fremden) Annahmen aufheben, und durch eigene, kritisch geprüfte und aktuelle Annahmen ersetzen. In dem Sinne ist Coaching in meinen Augen eine Art Nachreifeprozess, der den Klienten befähigt, gestaltend auf seine Umwelt durch Veränderung, die bei ihm selbst ansetzt, einzuwirken. Probleme von heute sind die Lösungen von gestern, nur in einem neuen Umfeld mit geänderten Parametern. Vergleichbar mit einem Schuh, der früher passte und heute zwickt.

Hrsg.: Und Selbst-Verantwortung und Eigen-Macht, wie passen die Begriffe nun zu Ihrer ersten Erfahrung im Coaching?

C. N.: Ich verstehe Selbst-Verantwortung als das Selbstverständnis, dass ich Situationen, in denen ich mich befinde, als subjektiv erlebt wahrnehme. Wie ich etwas sehe, benenne und bewerte, bin ganz ich. Jemand anderes an meiner Stelle nimmt Situationen anders wahr, benennt sie anders und wird sie auch in der Regel anders bewerten. Daher trage ich die Verantwortung, wie ich Situationen erlebe. Wenn ich das erkannt habe, ergibt sich daraus ein neues Machtgefüge. Wenn ich erkenne, dass ich Situationen individuell wahrnehme, bewerte und erlebe, dann kann ich auch darauf einwirken, wie ich dies alles tue. Das heißt, ich kann es auch anders tun. Und da beginnt das Prinzip „Eigen-Macht“. Ich verlasse die Opferrolle, werde selber aktiv und nehme Einfluss.

Hrsg.: Und wie gingen Sie nun mit beiden Prinzipien in ihrem ersten Coaching um?

C. N.: Üblicherweise fängt ein Coaching ja mit der Schilderung eines Klienten an, dass er ein Problem hat und ob ich ihm bei der Lösung behilflich sein könnte. Ich sage zum Beispiel den Satz: Aha, Sie nehmen die Situation also als problematisch wahr. Damit provoziere ich sozusagen schon die Selbst-Verantwortung des Klienten, denn er ist ja davon überzeugt, dass er ein Problem hat! Und dann frage ich hier direkt weiter: Wo ist das Problem? Wer hat es noch? Kann ich es sehen? Wie kam es dazu? Woran kann ich das Problem von außen erkennen.

Hrsg.: Und was hat ein Coachee davon, wenn er das so sieht?

C. N.: Zum Beispiel mein erster Coaching-Klient. Herr L. war eine Führungskraft der mittleren Hierarchieebene. Er steckte tief im Problem und sein Fokus war völlig auf das Problem ausgerichtet. Seine perfekte „Traumstelle“ im Unternehmen war an den Konkurrenten gegangen und er sah seine Karriere als unwiderruflich verbaut. Herr L. hat bildlich ein Fernrohr genommen und guckte nur noch auf die eine vertane Chance und alles, was ihm damit verloren gegangen war. Der Fokus verlor sich förmlich völlig im Problem.

Der Mensch im Mittelpunkt.

Ich fragte ihn also: Um was geht's? Simpler könnte ein Einstieg nicht sein. Hier war mir bereits während der Coaching-Ausbildung klar und wichtig geworden, dass es nicht reicht, darauf zu achten, WAS ich sage, sondern vor allem, WIE ich es sage.

Hrsg.: Was meinen Sie mit *„wie“* Sie etwas sagen?

C. N.: Der Mensch im Mittelpunkt. So platt das klingen mag. Aber hier in der Anfangsphase ist schon einer der wichtigsten Punkte, die ich bei meinem ersten Coaching gelernt habe: Zentral ist der Moment, in dem Coach und

Coachee Kontakt aufnehmen und aufbauen. Es geht um die Haltung als Coach.

Hrsg.: Könnten Sie den Begriff der „Haltung“ näher erläutern?

C. N.: Unter Haltung verstehe ich, dass ich als Coach zu Hundertprozent für den Coachee da bin. Meine Wahrnehmung, meine Gedanken, meine Äußerungen. Alles steht sozusagen im Dienste des Coachee und ich bin nur dafür da, ihn zu einer für ihn günstigen Lösung zu verhelfen. Was *ich* möchte, muss im Hintergrund stehen.

Wenn ich mich an die Situation mit Herrn L. zurückerinnere, war es genau das, was er mir am Ende immer wieder zurückgespielt hat. Er kannte diese Art der Gesprächsform gar nicht. Üblicherweise befand er sich immer in Gesprächen, wo es darum ging, gemeinsame Interessen unter einen Hut zu bringen. Beim Coaching geht es aber nur um die Interessen und Anliegen des Klienten. Für ihn eine wichtige und „an-reichernde“ Erfahrung.

Hrsg.: Was glauben Sie, wie würde Herr L. aus heutiger Sicht den damaligen Start ins Coaching beschreiben?

C. N.: Ich glaube, er würde sagen, dass er an einem Punkt erkannt hat, dass er sich selbst zu lange als Opfer gesehen hat. Und das anders zu sehen, hat ihm damals geholfen, aus der für ihn schwierigen Situation wieder herauszukommen.

Hrsg.: Wie ging es dann weiter, welche weiteren Erfahrungen haben Sie dann im Coaching-Prozess gemacht?

C. N.: Die Kraft der Zielbilder ist etwas, was mich bis heute stark geprägt hat. Angenommen, das Problem wäre nicht mehr da. Was wäre dann? Was würde an die Stelle des Problems treten? Was würden Sie dann heute anders tun? Was würden die anderen heute anderes tun?

Angenommen, das Problem hätte es nie gegeben, was wäre heute anders?

Angenommen, Ihr Kollege würde auch ein Coaching zu diesem Problem durchführen, wie würde dieser das Problem beschreiben?

Die Fragen, die sich nur um das Ziel bemühen, sind in meinen Augen die kraftvollsten. Sie verlangen vom Coachee einiges ab, denn er ist energisch im Problem gefangen und möchte meist darin verweilen. Und dann kommt da jemand und fragt: Angenommen, das Problem hätte es nie gegeben, was wäre dann?

Hrsg.: Das hört sich nach harter Arbeit an. Wie hat denn Herr L. an seinem Ziel „gearbeitet"?

C. N.: In der Tat. An dem Punkt beginnt die eigentliche Arbeit an der Lösung. Die emotionale Phase ist an dieser Stelle abgeschlossen und nun beginnt die kreative Phase im Coaching. Von der Emotion zur Kognition. Der Coachee hat nun die Gelegenheit, die Geschichte seines Problems – oder besser seiner Lösung – selber fortzuschreiben. In meinen Augen habe ich als Coach in der Phase eine wichtige Aufgabe: Den Coachee in die Lage zu versetzen, dass er erkennt, dass er die Verantwortung für die Lösung trägt und niemand anders. Dass er beispielsweise seinen Counterpart nie ändern können wird. Zu erkennen, dass ich Macht habe, dass ich nicht Opfer bin, sondern Täter sein kann, hat eine unglaubliche Kraft im Coaching. In meinen Augen ist das die wichtigste Erkenntnis und meine prägendste Erfahrung in meinem bisherigen „Coaching-Leben". Ich habe die Wahl und die Macht, mich zu verändern und damit meine als problematisch wahrgenommene Situation zu verändern. Wenn ich mein Verhalten verändere oder auch Situationen nur anders bewerte, tritt schon eine Veränderung ein und optimalerweise trägt dies zur Lösung meines „Problems" bei. Ich habe die Wahl, wie ich Situationen wahrnehme und folglich auch bewerte. Und wie ich Situationen bewerte und beobachte, sagt wiederum viel über mich selber aus. Und darum geht es in meinen Augen im Coaching.

Herr L. hat für sich erkannt, dass er keine eigenen Ideen mehr entwickelt hatte, was allerdings seine Aufgabe im Unternehmen sein könnte. Im Prozess haben wir eine Rolle und Funktion erarbeitet, die zu seinen Wünschen und Erwartungen in hohem Maße passen würde. Am Ende haben wir noch mal einen Rückblick auf die nicht erlangte Rolle gewagt und abgeglichen. Im Zuge dessen ist ihm aufgefallen, dass er vieles ab einem gewissen Punkt ausgeblendet hatte und sich manche zentrale Fragestellung nicht mehr gestellt hatte. Wir waren mittlerweile schon so weit im Prozess fortgeschritten, dass Herr L. glücklich darüber war, die Rolle nicht bekommen zu haben. Er hatte erkannte, dass es nicht zu seiner aktuellen Lebenssituation passte.

Hrsg.: Welche Rolle kommt dem Coach bei diesen Fragestellungen zu?

C. N.: Seine Rolle ist es, den Klienten in die Lage zu versetzen, mehr Wahlmöglichkeiten des Beurteilens zu finden. Darauf aufbauend werden dann auch mehr Verhaltensvarianten möglich und der Handlungsrahmen wird zieldienlich erweitert. Eigentlich ist es meine einzige Rolle, Fragen zu stellen: klug in der Frage und „dumm“ in der Antwort. Wir neigen nämlich dazu, auf diese Fragen bekannte und einstudierte oder übernommene Antworten abzuspulen. Daher braucht es jemanden von außen, der da mal rein pikst. Je tiefer man pikst, desto mehr Erkenntnis seiner Selbst erlangt der Coachee. Denn er findet Antworten, die schon längst da sind, die er aber nie angeschaut hat.

Hrsg.: Erwartet ein Klient von einer Beratung oder Coaching nicht eher Ratschläge, wie man es besser macht?

C. N.: Im ersten Schritt schon. Aber dann ist es Beratung und kein Coaching. Herr L. wäre nie selber zu dem Schluss gekommen, dass er die Aufgabe eigentlich gar nicht wollte, wenn ich mit Beratung und Ratschlägen gearbeitet hätte. Erst durch das sich selbst Hinterfragen konnte er an den Punkt gelangen, dass er erkennt, worauf er jetzt und in Zukunft achten möchte und muss. Das Coaching hat seinen Handlungsspielraum auf „er-wachsene“ Beine gestellt. Kommt er noch mal in eine vergleichbare Situation, ist er hoffentlich selber in der Lage, einen für ihn passenden Umgang zu wählen. Meine Lösungsvorschläge und Ratschläge passen in meine Welt, mit meiner Wahrnehmung, meiner Beurteilung, meiner Erfahrung, meinen Ansichten etc. Was mir schmeckt, ist aber im Coaching nicht wichtig. Der Köder sollte schließlich dem Fisch schmecken und nicht dem Angler. Daher sollte ich in dieser Phase dem Coachee nur kurze und einfache Fragen stellen, die ihn in der Erarbeitung des Lösungsbildes halten und ihn immer weiter daran arbeiten lassen. Ich verhelfe dem Coachee dabei, sich in immer mehr Details zu verlieren.

Weiterhin ist es in meinen Augen wichtig, dass der Coachee erkennt, dass es keine richtige und keine falsche Lösung gibt. Es gibt nur Verhaltensweisen, die sich günstig im Sinne der Lösung verhalten oder auch als ungünstig. Ebenso gilt es auch für mich als Coach. Es gibt keine falschen Fragen im Coaching. Es gibt Fragen, die sind günstig im Sinne der Lösungsorientierung und Fragen, welche sich als ungünstig erweisen. Die Bewertung nimmt aber im Zweifel der Coachee für mich vor. Daher habe ich mir die Regel gesetzt, dass es keine falschen Fragen gibt, auch wenn sie noch so absurd sind. Der Zweck heiligt in dem Fall die Mittel. Coaching ist daher komplex, vielschichtig, spannend und nie langweilig.

Weiterhin ist es in meinen Augen wichtig, dass der Coachee erkennt, dass es keine richtige und keine falsche Lösung gibt.

Hrsg.: Angenommen, wir würden Herrn L. heute fragen, was ihn bei der Umsetzung am meisten geholfen hat, was würde er antworten?

C. N.: Vermutlich, dass wir die Umsetzung im Coaching versucht haben zu stückeln. Durch Anbieten von kleinen Hilfskonstruktionen wurde die Umsetzung immer ein Stück weiter geführt. Das Konstrukt, das sich Herr L. wünschte, war ein Vertrag (eine Abmachung) zwischen ihm und mir, dass er mich unterrichtet, wenn er den ersten Schritt gemacht hat. Diese Hilfskonstruktion hat ihn weiterhin an den Coaching-Prozess gebunden und schaffte einen Rahmen, in dem positive Gefühle mit einem neuen/anderen Verhalten verknüpft werden konnten. Diese positiven Erfahrungen habe ich dann unmittelbar als Verstärker in den Coaching-Prozess eingebunden und so meinem Klienten zu mehr Selbstvertrauen verhelfen können.

Hrsg.: Abschließend würden wir gerne noch von Ihnen wissen, was Sie auf ihrem Weg der Entwicklung zum Coach unterstützt hat?

C. N.: Die Erkenntnis, dass ich als Coach nicht für die Lösung verantwortlich bin, sondern lediglich die Verantwortung für den Prozess trage. Die Erkenntnis, dass ich das Problem im Zweifel auch gar nicht erst verstehen muss. Die Erkenntnis, dass ich genug bin, so wie ich bin. Die Erkenntnis, dass man nie auslernt, aber dies am besten im Prozess mit dem Coachee, denn im Coaching lernen immer beide: Coach und Coachee. Die Erkenntnis, dass Selbst-Verantwortung der Schlüssel zur Veränderung und Entwicklung ist. Die Erkenntnis, dass wir unsere Welt durch Wahrnehmung und Bewertung immer selbst kreieren und somit nicht nur die Lösung, sondern auch das Problem. Die Erkenntnis, dass Menschen und ihre Umwelt immer untrennbar verknüpft sind. Die Erkenntnis, dass ich als Coach lediglich nur Resonanzkörper und Impulsgeber bin. Der Coachee entscheidet immer selbst, was er als für ihn relevant erachtet. Und somit ist jedes Coaching anders. Das macht den Reiz aus. Durch Unterschied entsteht Information. Coaching ist daher in meinen Augen ein stetiger Lernprozess.

Hrsg.: Und nun unsere letzte Frage: Was würden Sie Coaching-Anfängern als Botschaft oder Fazit mitgeben wollen.

C. N.: Ihr seid für den Prozess verantwortlich und nicht für das Ergebnis.

Coaching, wie wir es definieren. Worauf es ankommt.

Es gibt unzählige Definitionen von Coaching. Sollten Sie auf sich widersprechende Ansätze stoßen, so wundern Sie sich nicht. Es ist und bleibt beeindruckend, verwirrend und zeitweise befremdlich, was alles in den Mantel des Coachings gehüllt und darin verkauft wird (vgl. auch Lindner 2001, 7). Ausgehend von unserer eigenen systemisch-konstruktivistischen Haltung, die unser tägliches Arbeiten bestimmt, möchten wir im Folgenden unseren Coaching-Ansatz beschreiben und abgrenzen.
Dabei verzichten wir darauf, ausführlich und vertiefend auf die Theoriegrundlagen des systemischen Konstruktivismus einzugehen. Der Witz ist: Coaching funktioniert. Dafür müssen Coaching-Klienten nicht daran glauben, Theoriegrundlagen nicht verstehen, und sie müssen auch nicht ihre Haltung dafür ändern.

Wir haben unsere Coaching-Klienten und Kursteilnehmer im Anschluss an Coachings befragt, wie sie Coaching beschreiben würden. Ihre Antworten, unmittelbar nach dem (ersten) Erleben, ermöglichen eine Annäherung an den Begriff Coaching und das was dort passieren kann:

A (Coaching-Klientin): „Für mich bedeutet Coaching einen gut gekennzeichneten Weg, ein gut umrahmtes Programm, bei dem ich mich erstaunlich frei zum Denken und Fühlen und Handeln gefühlt habe."
B (Kursteilnehmer): „Coaching ist eine Art, an mir zu arbeiten, um mein Leben zum Besseren zu verändern."
C (Coaching-Klient): „Für mich bedeutet Coaching eine sehr menschliche Zusammenarbeit, die mich befreit und motiviert hat und die mich große Schritte vorwärts gebracht hat."
D (Coaching-Klient): „Ich würde Coaching als ein Schiff sehen, das mir die Sicherheit gibt, im richtigen Hafen anzukommen – ganz egal, was passiert."
E (Kursteilnehmerin): „Immer zu denken, wie erreiche ich etwas – wie bekomme ich etwas – wie mache ich es – WIE?"

Eine ausführliche Definition von Coaching aus Sicht einer Klientin wagt Katja Hautzinger in „Ist Coaching Magie und Zauberei?" (beginnend auf Seite 59).

Zusammenfassend kann man sagen, dass Menschen vor ihrem „ersten Mal" nicht so genau wissen, was sie erwartet. Wie sollten sie auch. Es ist im Grunde, wie bei jedem „ersten Mal".

„Allem Anfang wohnt ein Zauber inne." (Hermann Hesse)

Erst nach den (ersten) eigenen Erfahrungen schärft sich das eigene Bild von dem, was da passiert ist. Im Falle von Coaching wird dieses dann als Weg, Rahmen, Gerüst oder Programm beschrieben. Vielleicht auch als Wegbegleitung, Klärungsprozess, Zeit- oder Gefühlsreise. Die Worte, mit denen Klienten ihre Erfahrung beschreiben, hängen natürlich eng mit der Art und Weise zusammen, mit der ein Coach arbeitet. Oft stellen Coaching-Klienten erleichtert bis begeistert oder überrascht fest, dass es im Coaching tatsächlich um ihre eigenen Lösungen, ihrer eigenen Probleme geht. Dass es Lösungen für scheinbar unlösbare Probleme gibt und dass sie diese Lösungen selbst finden.
Die Ergebnisse dieser erfolgreichen Arbeit werden dann mit „positiver Veränderung", „Ausweg", „Kompetenzen" oder „Eigenverantwortung" in Verbindung gebracht. Wie auch immer die

Erfahrungen beim Coaching beschrieben werden, innerhalb der Beratung oder der Unterstützung geht es stets um drei zentrale Dinge (vgl. auch das Interview mit Christian Neumann im Kapitel „Einleitung", Seite 39):

- Der Coach stellt den Coaching-Klienten voll und ganz in den Mittelpunkt.
- Der Coach unterstützt und wertschätzt den Klienten 100%-ig.
- Der Klient arbeitet selbstverantwortlich an seiner eigenen Lösung. (Das ist zugleich die Chance im Coaching und der Imperativ für den Coach!)

Während unserer täglichen Arbeit und auch während der Recherchen zu diesem Buch fiel uns auf, dass es offenbar selbst erfahrenen Coaches leichter fällt, all das zu beschreiben, was Coaching nicht ist. Und es scheinbar schwierig ist zu sagen: das ist Coaching. So ist es.
Oft wird dieser Umstand der Beschreibung des „Negativs" kritisiert (Lindner 2011, 11 ff.). Und es ist auch denkbar, dass durch das „verneinende Beschreiben" das eigene Bild vom Coaching auf den ersten Blick verschwommen und neblig erscheinen könnte.

Es ist scheinbar schwierig zu sagen: das ist Coaching.

Aus unserer Sicht gibt es jedoch gar nichts daran zu bemängeln, wenn jemand beschreibt, „was etwas nicht ist". Wenn wir (mit Heinz von Foerster) davon ausgehen, dass Menschen durch Unterscheidung lernen und wahrnehmen, dann kann das be-greifen von Dingen genauso gut durch Abgrenzung geschehen.

Stellen Sie sich einen Augenblick vor, sie wüssten nicht, was Obst ist. Jemand sagt Ihnen, Äpfel sind Obst, Bananen auch, die sehen aber anders aus. Apfelsinen wiederum heißen so ähnlich wie Äpfel, sind aber ganz etwas anderes. Was wissen Sie jetzt über Obst, wenn Sie Obst nicht kennen? Manchmal kann es für das Be-greifen hilfreich sein, auf der gleichen Begriffsebene Abgrenzungen zu schaffen, anstatt nur Beispiele zu liefern: Obst ist anders als Gemüse. Vereinfacht gesagt: Obst ist meist süßlich (und damit anders als Gemüse). Fleisch ist tierischen Ursprungs und Obst ist pflanzlich. Beides kann man essen …

Sie sehen, für Wahrnehmung und Lernen oder Be-greifen kann es ebenso hilfreich sein, zu sagen „was nicht ist“, als zu sagen, was „ist“. Häufig wird es wohl am besten funktionieren, beides zu kombinieren.

Erfolgreiches Coaching beginnt bei der inneren Haltung

Coaching ist für uns eine Form der Unterstützung, für die wir förmlich brennen. Und verstehen Sie uns bitte nicht falsch: jede Form der Unterstützung oder Beratung hat eine Existenzberechtigung auf diesem Planeten (vor allem, wenn sie hilft). Doch sollte auch hier, so wie bei allen Produkten, die Verpackung dem Inhalt entsprechen. Wenn Supervision drin ist, nennen Sie es nicht Coaching. Wenn Ratschläge drin sind, nennen Sie es nicht systemisch-konstruktivistisches Coaching. Wenn Psychotherapie drin ist, nennen Sie es nicht Coaching.
Nennen Sie einen One-Night-Stand nicht Ehe und Ihre Ehefrau nicht Mutti.

Bildlich gesprochen ist Coaching kein Navigationsgerät oder GPS, das Richtungen und Wegänderungen vorgibt. Sondern Coaching befähigt den Klienten, dass er selbst Richtung und Wegänderung definiert. Die Lösungen kommen im Coaching von demjenigen, der das Problem hat. Dies ist der größte Unterschied zu anderen Beratungsformen. Somit ist ein gelungenes Coaching-Gespräch keinesfalls die Beratschlagung oder Suggestion (etwas so oder anders zu tun), sondern es ist genau das Gegenteil. Die Unterstützung liegt in der Hilfe, die Lösung in und durch sich selbst zu suchen und zu finden. Und nur so passt das Ergebnis dann auch optimal zur Person, zur Situation und Umgebung. Gleichzeitig nimmt es den Hilfesuchenden wertschätzend ernst, indem es ihm zutraut, genauso gut (ja eigentlich besser) passende (Problem-) Lösungen zu finden, wie der Coach. Gleichzeitig ist Coaching gnadenlos: es wirft den Menschen zurück auf die eigene Verantwortung für das eigene Leben. Es sagt dem Hilfesuchenden, dass niemand es besser weiß oder wissen kann und dass nur er die passende und somit für ihn „richtige“ Entscheidung treffen bzw. Lösung finden kann. Und das ist der tatsächliche Zauber im Coaching. Wenn der Coach das

Bildlich gesprochen ist Coaching kein Navigationsgerät oder GPS, das Richtungen und Wegänderungen vorgibt.

hinkriegt, kann der Coaching-Klient zaubern. Lesen Sie passend hierzu den Erfahrungsbericht von Lucia Wagner, die ihren inneren Beobachter vorstellt, der sie zu rechter Zeit ermahnt (Seite 69).

Jeder Mensch ist in der Lage und hat die Kraft dazu, seine Probleme, Themen und Situationen selbstständig zu lösen (Ausnahmen finden sich bei therapiebedürftigen Patienten; s.u.).
Daraus folgt, dass wir uns als Coaches erlauben können, Vertrauen in die Lösungskraft des Coaching-Klienten zu haben. Denn der Coaching-Klient ist auch für seine Lösung des Problems verantwortlich. Die Lösung beginnt im Kopf des Coaching-Klienten. Dem Coaching-Klienten steht wiederum ein Coach gegenüber. Und dieser ist für das erfolgreiche Durchführen des Coachings, den Coaching-Prozess, verantwortlich. Coaching beginnt im Kopf des Coaches.

Coaching beginnt im Kopf des Coaches. Die Lösung beginnt im Kopf des Coaching-Klienten.

Lassen Sie uns gemeinsam in den Kopf eines Coaches schauen: Dort entscheidet sich, wie das Coaching ablaufen wird. Das „wie" hängt ganz maßgeblich von der Haltung des Coaches ab. Die Haltung eines Coaches lässt sich als innere Einstellung oder als persönliche Erfahrung umschreiben; sie beinhaltet alle Paradigmen und Grundannahmen des Coaches:

- „Welche bewusste oder unbewusste Vorstellung hat der Coach von Kommunikation und wie diese ‚funktioniert'?"
- „Welches Bild hat der Coach von Menschen im Allgemeinen und von seinem Coaching-Klienten im Speziellen?"
- „Wie beschreibt der Coach soziale Zusammenhänge und wie beschreibt er Veränderungsschritte von Individuen?"
- „Welche innere Haltung hat er zum Coaching-Prozess?"
- „Was ist seiner Meinung (und Erfahrung) nach möglich und was nicht?"

Die Antworten auf diese Fragen machen die Grundlage aus, die beim Coach mitschwingt, sobald er sich für eine Methode oder eine Technik entscheidet. Das meinen wir, wenn wir von Haltung sprechen. Und das ist der Zusammenhang zwischen Coaching und dem Kopf des Coaches. Diesen Zusammenhang beschreibt auch sehr treffend Beate C. Ernstberger in „Der Personalentwickler als Coach – Reine Kopfsache!“ (siehe Seite 77).

Hand in Hand mit der systemischen Coaching-Haltung gehen dann auch einige Spielregeln (siehe Kasten „Spielregeln für ein gelungenes Coaching-Gespräch“), die ein sich konsequentes Fernhalten von Ratschlägen erklären. Da wir Menschen dazu „verdammt“ sind, alles stets so wahrzunehmen, dass es unsere bisherigen Erfahrungen und Annahmen bestätigt (vgl. Maturana, 1982), können Ratschläge häufig nicht funktionieren (siehe Kasten „Die ‚böse‘ Autopoiese“ und „Der kleine Junge und das Christkind“).

So können Ratschläge zwar in manchen Fällen unsere denkbaren Handlungsoptionen erweitern, aber sie können auch das genaue Gegenteil erreichen: das bisherige Denken bestätigen und festigen.

Die „böse“ Autopoiese

Als Coaches arbeiten wir mit Interventionen, um auf Coaching-Klienten (= lebende autopoietische Systeme) Einfluss zu nehmen. Unsere Chancen innerhalb dieser Arbeit sind dadurch beeinflusst, dass autopoietische Systeme auf Fremdsteuerung (Steuerung von außen) anders reagieren (können), als wir uns dies vielleicht erwarten oder gar wünschen.

Eine „Eigenart“ dieser autopoietischen Systeme ist, dass sie durchaus mit der Umwelt in Beziehung stehen (also Reize von außen aufnehmen); die Theorie nimmt jedoch an, dass das System Reize von außen in systemeigene Kategorien umsetzt. Anders gesagt: das, was der Absender eines Reizes von außen auf das System aussendet, und das, was „beim System innen ankommt“, muss (aus Sicht des Absenders) nichts miteinander zu tun haben. Wir können folglich nicht vorhersagen, ob überhaupt und wenn ja, wie der Coaching Klient (als lebendes, autopoietisches System) auf Reize von außen reagieren wird.

Jedes autopoietische System „sträubt“ sich gegen die Einführung von Änderungen seiner Organisation oder seiner Operationsregeln von außen. Wir können deshalb autopoietische Systeme von außen nicht zielgerichtet steuern (Wolnik, 1998, S.118–159).

Gerade hier bietet Coaching eine wirksame Alternative, weil es bewusst auf Ratschläge verzichtet (vgl. das Praxisbeitrag von Marco Rasper im Kapitel „Einleitung“, Seite 29).

Spielregeln für ein gelungenes Coaching-Gespräch

- Der Coaching-Prozess braucht stets klare Ziele.
- Coaching braucht keinen Expertenratschlag, wenn Menschen alles zur Lösung in sich tragen.
- Coaching braucht keinen Expertenratschlag, wenn Menschen ihre Situation einzigartig (für uns nicht nachvollziehbar) wahrnehmen und verarbeiten (siehe auch Kasten „Die ‚böse‘ Autopoiese“).
- Die Wege zur Lösung und alles, was dafür notwendig ist, entwickelt der Coaching-Klient selbst.

Coaching ist keine Therapie

Wir beschreiben Coaching als Methode, die es demjenigen, der ein Problem hat, ermöglicht, dieses selbst und selbstverantwortlich zu lösen. Dies impliziert geradezu die Grenze und Abgrenzung von Coaching zu Therapieformen. Im Gegensatz zu Coaching-Klienten können Menschen in einer Therapie ihre Probleme (zunächst) nicht (mehr völlig) selbst und selbstverantwortlich lösen. Hier gibt dann ein Therapeut eine gänzlich andere Hilfestellung. Es geht um Heilung (Rauen, 2003, 5 f.).

Wir wollen uns hier ausdrücklich abgrenzen, wenn andere Stimmen innerhalb der Coaching-Branche behaupten, dass Coaching und Therapie verschwimmen würden; quasi dasselbe wären, und die Abgrenzung werde aus rein rechtlichen Gründen so deutlich vorgenommen. Das sehen wir anders. Auch wenn Grenzen zu verschwimmen scheinen, ist der Coachee nicht Patient und der Coach nicht Therapeut. Und das ist die wesentliche Information in diesem Kontext.

Wann handelt es sich um einen Patienten oder wann um einen (Coaching-)Klienten? Wie finden wir das heraus? Dies scheint eine

Der kleine Junge und das Christkind.
Oder: Autopoiese im Alltag.
Stellen Sie sich einen kleinen Jungen vor, der noch an das Christkind glaubt. Beim Spielen im Kindergarten sagt ein anderer Junge zu ihm: „ÄhÄhÄh, es gibt doch gar kein Christkind! Meine große Schwester hat gesagt, dass es gar kein Christkind gibt!"
Diese Information – diesen Reiz – nimmt unser kleiner Junge sehr wohl wahr. Dennoch verarbeitet er das Gehörte entsprechend seiner bisherigen Erfahrungen und antwortet: „Natürlich gibt es ein Christkind – es bringt ja die Geschenke!" Der kleine Junge hat seine eigenen Christkind-Erfahrungen, auf die er sich verlassen kann: unter dem Christbaum liegen die Geschenke. Gesehen hat er das Christkind zwar nie, aber er hat immer gehört, als es das Glöckchen geläutet hat. Der Papa hat jedes Jahr das Christkind „gerade noch gesehen", als es zum Fenster hinaus flog. Und die Engelshaare am Fensterrahmen, welche das Christkind verloren hat, sind ebenfalls ein untrüglicher Beweis. Im kleinen Jungen macht sich keine Frage breit, wie kahlköpfig das Christkind wohl schon sein muss, wenn es weltweit an jedem Fensterrahmen ein Büschel Haare verliert. Und es schleicht sich auch keine Frage nach der Echtheit des Engelshaares ein. Der kleine Junge sieht das, was es ist: Engelshaar (und nicht billigen Kunststoff aus asiatischer Produktion)! Der Junge hat alle relevanten Informationen und „weiß alles", als er überzeugt behauptet: Natürlich gibt es ein Christkind!
Stellen Sie sich nun diesen kleinen Jungen vor, als er im Herbst beim Spielen im Schlafzimmerschrank der Großeltern einen ganzen Berg (in Weihnachtspapier) eingepackter Geschenke findet. Ein massiver Reiz, der vom Jungen durchaus wahrgenommen wird. Jetzt könnte der ganze Schwindel auffliegen. Was haben alle diese Weihnachtsgeschenke im Schrank von Oma und Opa verloren? Der Junge aber denkt sich: „Wow(!), was muss ich brav gewesen sein, wenn das Christkind schon so früh gekommen ist um mich so reich zu beschenken! Auch der Junge – als autopoietisches System – handelt entsprechend seiner Struktur und verarbeitet Reize von außen so, dass bisherige Erfahrungen stabil bleiben und bestätigt werden.

der größten Aufgaben in der Coaching-Branche zu sein. Und jeder Coach wird sich immer mal wieder dieser Frage stellen müssen: informiere ich den Klienten über meinen Eindruck, dass ich nicht weiterhelfen kann? Wie wirke ich dann auf den Hilfesuchenden? Handelt es sich tatsächlich um einen Klienten und ist Coaching die passende Begleitung? Kann ich sagen, dass ich eine Psychotherapie (aus meiner Sicht) passender fände?

Es gibt eine Fülle anerkannter Wege und Philosophien, um Menschen durch eine Psychotherapie bei der Heilung seelischer (und körperlicher) Leiden und Belastungen zu unterstützen. Das bunte Feld geht von der psychoanalytischen und tiefenpsychologischen Therapie über Hypnosetherapie, Gestalttherapie, kognitive Verhaltenstherapie, Pesso-Therapie, Trauma-Therapie, u.v.m.
Die Ansätze, Herangehensweisen und Vorgehen sind mittlerweile so vielfältig geworden, dass eine detaillierte Beschreibung den Rahmen dieses Buches sprengen würde und auch nicht passend wäre.

Im Coaching behandeln wir keine „behandlungswürdigen Störungen" und wir therapieren keine Störungen „mit Krankheitswert".

Eines vereint diese unterschiedlichen Ansätze jedoch: sie alle behandeln sogenannte Patienten. Und Coaching unterstützt *keine* Patienten. Im Coaching behandeln wir keine „behandlungswürdigen Störungen" und wir therapieren keine Störungen „mit Krankheitswert". Wir therapieren gar nicht. Im systemisch-konstruktivistischen Coaching gibt es *keine* Diagnosen. Es werden *keine* Symptome – also Krankheitszeichen – und auch *keine* Syndrome beschrieben. Als Coaches überlegen wir nicht, wie das Syndrom und die Krankheitsursache und -entstehung zu einer Diagnose führen könnten.

Was uns wichtig ist: Systemisches Coaching richtet sich, im Gegensatz zur Psychotherapie, an „gesunde" Personen und nicht an Patienten. Menschen mit psychischen Erkrankungen oder anderen Beeinträchtigungen der Selbststeuerungsfähigkeit[1] gehören (tatsächlich) ausschließlich in die Hände entsprechend ausgebildeter

1) Selbststeuerungsfähigkeit – Beschreibungsversuch: Die Fähigkeit, seine eigenen Impulse, Kognitionen, den eigenen emotionalen Ausdruck und gewisse innere Zustände sowie Nähe und Distanz in Beziehungen zu steuern.

Therapeuten (und natürlich haben auch Psychotherapiepatienten noch Selbststeuerungsfähigkeiten!). Und diese Feststellung äußern wir aus Überzeugung und nicht, weil rechtliche Rahmenbedingungen das von uns verlangen.

Diese Abgrenzung hat nun auch eine ganz praktische Bedeutung für den (internen) Coach.
Stellen Sie keine Diagnosen, wenn Sie dafür nicht ausgebildet sind, mit Patienten zu arbeiten und Diagnosen zu stellen. Sondern sagen Sie es, wenn sie nicht helfen können bzw. wollen! Sollten Sie innerhalb eines Coachings zu dem Schluss kommen, dass Sie dem Menschen, der sich von Ihnen helfen lassen möchte, nicht helfen können (aus welchen Gründen auch immer), dann sagen Sie es. Gerade heraus. Wertschätzend. Und trotzdem deutlich.

Stellen Sie keine Diagnosen, wenn Sie dafür nicht ausgebildet sind.

Haben Sie keine Angst, Ihre Wahrnehmung zu schildern, aber vermeiden Sie Ratschläge. Das heißt, vermeiden Sie zu sagen: „Du brauchst eine Therapie."
Sondern schildern Sie den Teil Ihres Eindrucks, der Sie betrifft: *Ich kann* Dir nicht helfen. Sagt jemand selbst von sich, er sei krank oder schildert Krankheiten: Sagen Sie nicht: „Du brauchst einen Arzt." Sagen Sie: „Ich bin kein Arzt."
Vermeiden Sie Beurteilungen oder Zuschreibungen, wie beispielsweise: „Du bist alkoholkrank." oder „Du bist Alkoholiker.". (Und fragen Sie auch nicht: „Könnte es sein, dass Du alkoholkrank bist?", denn das ist dasselbe.) Schildern Sie das, was Sie wahrnehmen: „*Ich rieche* Alkohol bei Dir. Auf mich wirkst Du betrunken. (…)"
Vermeiden Sie, zu diagnostizieren: „Du bist magersüchtig." Aber trauen Sie sich, Ihren Eindruck in Worte zu fassen. Sagen Sie beispielsweise: „*Ich beobachte,* dass Du immer dünner wirst." Oder: „Du riechst nach Erbrochenem. (…)"
Übernehmen Sie keine Verantwortung für Ihr Gegenüber und suchen Sie auch nicht nach Krankheitszeichen (Symptomen) zur Bestätigung einer Diagnose. Als Coach diagnostizieren Sie nicht und stecken ihren Klienten auch in keine ICD-10-Schubladen[2]. Als Coach leiten sie keine Empfehlungen ab und geben keine Vorschläge, Ideen, Ratschläge oder Rezepte aus. Sie geben keine Hausauf-

2) ICD-10: International Classification of Diseases (= Internationale Klassifikation der Krankheiten, 10. Revision)

gaben oder Übungen für zuhause auf. Als Coach übernehmen Sie eben keine Verantwortung für den anderen und auch nicht für dessen Ziele, Lösungswege oder Handlungen.
Sie folgen eben nicht der inneren Haltung, dass Sie einem Menschen helfen, der sich selbst (gerade) nicht (mehr alleine) helfen kann.
Und das alles sind keine Defizite im Coaching, sondern es zeichnet Coaching im Besonderen als Technik und Haltung aus.

Coaching ist erlernbar
Beides, sowohl die Fragetechniken und Werkzeuge als auch die Haltung, sich selbst inhaltlich aus dem Problem des Coaching-Klienten herauszuhalten, ist erlernbar. Und wie schon des Öfteren hier erwähnt: Betrachtet man Coaching auf diese Weise, dann handelt es sich in erster Linie um eine Haltung und eine Technik und weniger um einen Beruf oder eine Berufung. Es ist die Möglichkeit, anderen zu helfen, ihre Lösungen selbst zu erarbeiten.

Das Wichtigste in Kürze!

Was?	Maßgeschneiderte Begleitung. Lösungsorientierter Prozess.
Wer?	Der Probleminhaber. Der Coach.
Wann?	In jedem Schlüsselmoment des Lebens.
Woher?	Durch selbst erkannte Bedürfnisse.
Wofür?	Zum vollständigen Erreichen der genannten Ziele.
Wie?	In einem Veränderungsprozess, der auf eigene individuelle Entwicklungen und das eigene Können fokussiert.
Warum?	Um nachhaltig mehr Erfolg, eine größere Performance oder Autonomie oder Zufriedenheit, Glück, Selbsterkenntnis und/oder Sinnerfüllung zu erreichen.

Egal, ob man bereits lange Jahre andere Menschen durch Coaching unterstützt hat oder gerade vor dem ersten Mal steht, man kann für Klienten einen Unterschied machen. In unseren Coaching-Ausbildungen können Teilnehmer am ersten Tag oft nicht glauben, dass sie selbst bald erfolgreich und nutzbringend coachen können. Vielleicht wirken die ersten „ersten Male" im Coaching manchmal etwas steifer als die späteren „ersten Male". Die Ergebnisse machen stets einen Unterschied für den Klienten. Davon sind wir überzeugt. Brigitte Ott-Göbel hat ihre Lernerfahrung von der ersten Annäherung an Coaching bis hin zum Profi-Coach aufgeschrieben. Lesen Sie von Ihrem Lernprozess in „Bleiben oder Gehen" (beginnend auf Seite 83).

Einen Überblick über das „Was", „Wer", „Wann", „Woher", „Wofür", „Wie" und „Warum" im Coaching (siehe Kasten, vorherige Seite), finden Sie im Interview unserer Kollegin Sylvia de Vries (am Ende des Kapitels auf Seite 91), das sie mit einem Professor einer norddeutschen Universität geführt hat.

Literatur

Rauen, C.: Coaching. Innovative Konzepte im Vergleich. Göttingen, 2003

Lindner, E.: Coachingwahn: Wie wir uns hemmungslos optimieren lassen. Berlin, 2011

Wollnik, M. in: Götz, K.: Theoretische Zumutungen. Vom Nutzen der systemischen Theorie für die Managementpraxis. Heidelberg, 1998

vgl. Maturana, H.R., Francisco, V.J. in: Maturana, H.: Erkennen. Die Organisation und Verkörperung von Wirklichkeit. Braunschweig, 1982

Ist Coaching Magie und Zauberei?

von Katja Hautzinger

Ich erinnere mich zurück, als ich an einem herrlichen Frühlingstag zwischen den Vorlesungen wie so oft die Sonne an der Universitätsstiege mit Instant Cafe genossen habe. Dieser herrliche Nachmittag hatte, wie sich allerdings erst Jahre später herausstellte – eine nachhaltige Wirkung.
Auf der Stiege sitzend, das Wetter genießend erzählte mir eine Studienkollegin über einen Coaching Workshop, den sie kürzlich besucht hatte. Bis zu diesem Zeitpunkt interessierte mich das Thema Coaching nicht, weshalb ich mich nie näher damit beschäftigt hatte. Möglicherweise war es die Gabe meiner Kollegin, selbst die langweiligsten Inhalte in eine spannende Story zu verpacken, oder aber, es war mein Bauchgefühl, das mich fragte: Was in aller Welt ist Coaching überhaupt und wie funktioniert es? Wir unterhielten uns eine Weile, und ich muss gestehen, ich traute mich in diesem Moment nicht, sie nach den Workshop-Inhalten zu fragen. Irgendwie ist Coaching doch ein „In-Begriff" und in aller Munde. Die ganze Welt kennt Coaching und weiß, wie es funktioniert … da will ich mal besser so tun, als wüsste ich auch Bescheid.

Das „Stiegengespräch" mit Instant Cafe in Plastikbechern trug seine Früchte. Es löste in mir einen Prozess aus, denn seitdem begegnete mir das Thema „Coaching" immer wieder und ich begann, mich dafür zu interessieren. „Anglizismen sind ohnehin

cool! Es kann also nicht verkehrt sein, sich damit auseinander zu setzen", dachte ich. Und schließlich hat jeder erfolgreiche Sportler einen Coach und auch jeder Top Manager.
Zu diesem Zeitpunkt hatte ich den Eindruck, nur Top Manager und nur Spitzensportler würden von Coaching Gebrauch machen. Diese Persönlichkeiten sind besonderen Herausforderungen ausgesetzt und somit auch auf Unterstützung angewiesen. Sie müssen den richtigen Weg für sich finden, dürfen Ziele nicht aus den Augen verlieren und müssen sich ständig selbst motivieren können. Dafür scheint Coaching wunderbar zu funktionieren! Irgendwie hatte ich den Eindruck, Coaching ist wie ein Zaubermittel oder Zaubertrank und die Coachees „funktionierten" damit auf magische Weise. Aber kann das möglich sein? Und geht man mit einer bestimmten Problemstellung zu einem Coach und dieser liefert dann die entsprechenden Antworten? Wenn das so ist, dann müsste doch jeder Coach ein „allwissender Wundermensch" sein!

Irgendwie hatte ich den Eindruck, Coaching ist wie ein Zaubermittel oder Zaubertrank.

Das Thema ließ mich nicht mehr los, und es tauchten immer mehr Fragestellungen dazu auf. Überlegungen wie: Für welche Themen kann ich einen Coach aufsuchen? Muss es immer ein berufliches Thema sein? Reicht ein einmaliger Termin oder ist das ein fortlaufender Prozess? Bedienen sich „Normalsterbliche" auch eines Coaches (schließlich stehe auch ich Herausforderungen gegenüber und habe Ziele und muss mich selbst motivieren können)?

All dies war nicht selbstverständlich für mich. Und wie das Leben so spielt, hab ich alle Antworten auf meine Fragen quasi automatisch bekommen. Mit „automatisch" meine ich: ich musste mich nicht in einen Stapel literarischer Werke einlesen und im Selbststudium Fachliteratur wälzen.
Ich habe Coaching selbst erlebt und wie in vielen Dingen, war auch diese Erfahrung ganz anders, als ursprünglich gedacht. Kurz: Es war eine wirklich emotionale Lebenserfahrung!

Und wieder war ein Gespräch mit einer (anderen) Freundin der Auslöser für mein erstes Coaching-Erlebnis. Einige Zeit nach dem „Stiegengespräch" war ich mit meinem Studium fertig und hatte eine spannende Position in einem Unternehmen ergattert. Ich war einerseits davon überzeugt, alles sei rundum perfekt, andererseits spukten mir ständig folgende Gedanken im Kopf herum: Was will ich überhaupt vom Leben? Was möchte ich beruflich erreichen und will ich „das hier" tatsächlich bis an mein Lebensende tun? Und wenn nicht: wie lange dann? Und wenn nicht: was anstatt dessen?

Ich bin davon überzeugt, dass sich jeder Mensch an dem einen oder anderen Punkt im Leben mit diesen oder ähnlichen Fragen beschäftigt. Es war für mich nicht zufriedenstellend, einfach nur meine Arbeit zu tun, ohne ab und zu auch die Dinge in Frage zu stellen und zu reflektieren. Und genau das war es, was ich damals mit meiner Freundin plauderte. Ihre Antwort zu meinen Überlegungen war kurz und prägnant: „An deiner Stelle würde ich mir ein Termin für ein Coaching ausmachen." Ich? Ein Coaching!? Ich konnte es mir nicht wirklich vorstellen. Ich fragte, ob Sie mir jemanden empfehlen könnte. Da meine Freundin beruflich im Personalbereich angesiedelt war, konnte sie mir ad hoc einen Coach ans Herz legen.
Ich vertraute ihrer Empfehlung und schaute mich nicht mehr nach möglichen Alternativen um. Ein paar Tage später googelte ich den Namen des Institutes von Frau S., und die Website des Institutes war sehr ansprechend und vielfältig. Neben Coachings wurden auch noch Seminare angeboten. Und, was mich am meisten angesprochen hat: die Website beinhaltete eine Auflistung verschiedener Themen, die mit Coaching bearbeitet werden konnten. Darunter fand ich auch „mein Thema". Das bestätigte mein Gefühl, auf dem richtigen Weg zum richtigen Coach zu sein. (Es stand dort in etwa sinngemäß: „Sie stellen sich die Frage, wo es beruflich hingehen kann? Ein Coaching-Gespräch gibt Aufschluss über ihre Stärken und mögliche Wege.")

Als ich zum Telefonhörer griff und die Nummer wählte, war ich sehr aufgeregt und meine Hand zitterte fast. Aus irgendeinem Grund war mir bewusst, dass dieser Schritt der erste Schritt zu etwas „Neuem" sein kann. Zumindest erwartete ich mir etwas „Neues". Zwar nicht unbedingt eine komplette Veränderung meines gesamten Lebens (ich wollte definitiv nicht alles auf den Kopf stellen), aber ich wollte eine Form der Perspektivenerweite-

rung erleben. Wie es dazu kommen sollte, konnte ich mir jedoch noch überhaupt nicht vorstellen. Wir vereinbarten einen Termin für die kommende Woche.
Bis dahin stellte ich mir viele verschiedene Details vor: Beispielsweise, wie das Zimmer aussehen würde, in dem wir uns unterhalten. Ich sah mich auf einem Sofa sitzen (in etwa so wie man es aus Filmen kennt, in denen der tragische Held zum Psychoanalytiker geht) mit einer Tasse Tee in der Hand. Auch nahm ich mir bewusst vor, von „meinem Anliegen" zu sprechen, denn den Ausdruck „Problem" wollte ich meiden. Schließlich hatte ich kein Problem. Das Wort erschien mir viel zu negativ. In meiner Phantasie sehe ich die Dame nicken und „verstehen". Nachdem ich mein Anliegen ausführlich dargestellt habe, spricht die restliche Stunde mein Coach und erzählt mir von ihrer Einschätzung und ihren Empfehlungen. Ich dachte: Sie wird mir bestimmt sagen können, ob mein Job für mich ideal ist. Sie wird meine Neigungen und Talente analysieren und einschätzen können und mich dann darin beraten, welcher Stellenwert das Berufsleben für mich haben sollte. Vielleicht kann sie mir auch Tipps geben, wie ich am besten meine Freizeit gestalten kann, um alles, was mir Spaß macht, unter einen Hut zu bekommen. Das nennt sich dann vielleicht „Work-Life-Balance".

Ich sah mich auf einem Sofa sitzen (in etwa so wie man es aus Filmen kennt, in denen der tragische Held zum Psychoanalytiker geht).

Zusammenfassend: Frau Coach plant in 1h Stunde meine nächsten Schritte im Leben und ich brauche diese dann nur umzusetzen. Und schon während ich das dachte, war klar: ganz so kann es wohl nicht ablaufen. Denn kein anderer Mensch auf dieser Welt kann „mein ideales Leben" planen. Oder etwa doch? Ich war sehr gespannt.

Der Moment war gekommen. Ich hetzte die letzten Stufen in den zweiten Stock eines Altbauhauses hinauf. Es war einer der ersten Frühlingstage in diesem Jahr und ich sprühte vor Energie. Ich noch völlig außer Atem, öffnete mir mein Coach mit einem freundlichen Lächeln die Tür. Die Dame war etwa in meiner Größe (also nicht allzu groß) und zierlich. Ich schätzte sie auf Mitte 40 Jahre. Sie trug einen grauen Hosenanzug und Ihre Stimme war klar und bestimmt, trotzdem sehr freundlich. Nachdem ich meine Jacke abgelegt hatte, warf ich einen neugierigen Blick in

die umliegenden Räumlichkeiten, deren Türen offen standen. Es waren drei mittelgroße Seminarräume. Überall standen beschriebene Flipcharts und die Stühle waren in Halbkreisen angeordnet. Es schien, als wäre außer mir und Frau S. niemand anwesend. Es war mucksmäuschenstill.
Frau S. bot mir einen Cafe an – Tee wäre leider aus – und ich nahm dankend an. Wir gingen in einen kleinen Raum, in dem ein runder Tisch und zwei Stühle standen (also doch keine Couch, ich war ein bisschen erleichtert). Ich hatte einen schönen Blick in einen Innenhof, in dem die Sonne einen herrlich blühenden Baum beleuchtete.
„Haben Sie gleich hergefunden" fragte sie als Einstieg in ein Gespräch.
„Ja, danke. Ich wohne hier in der Nähe, somit ist mir die Gegend bekannt. Ich fahre fast täglich an Ihrem Büro vorbei", erwiderte ich.
Während wir uns ein bis zwei Minuten leichtem Smalltalk widmeten und über das nun endlich schöne Wetter und über die Gegend, in der wir uns befanden, plauderten, begann ich mich zu entspannen. Frau S. war mir sympathisch, sie wirkte auf mich sehr natürlich und bodenständig. Ich fühlte mich wohl. Der Einstieg wirkte wie ein unverbindliches Cafehausgespräch. Ich denke, dieser „belanglose" Smalltalk, das Kennenlernen von Frau S. als Person war für mich wichtig. Vielleicht sogar entscheidend, sodass ich Vertrauen fassen konnte, um für das eigentliche Gespräch und die wichtigen Themen gerüstet zu sein.

Der Einstieg wirkte wie ein unverbindliches Cafehausgespräch.

„Was führt Sie zu mir?" So, jetzt ging es also los.
Ich erzählte ihr in wenigen Worten, dass ich kürzlich mein Studium absolviert und eine interessante Position in einem Unternehmen angenommen hatte. Mir war wichtig zu sagen, dass ich mit dieser Arbeit zufrieden war und dass sie mir auch Spaß machte und dass trotzdem ständig zweifelnde Gedanken in meinem Kopf schwebten. Fragen, wie „Wo will ich mich beruflich hinentwickeln?" oder „Welche meiner Stärken kann und soll ich ausbauen?"

„Was machen sie beruflich und welches Studium haben Sie absolviert?"

Ich erzählte ihr von meinen Aufgabenbereichen und meinem Studium der Betriebswirtschaft.
„Was macht Ihnen an Ihrer derzeitigen Arbeit am meisten Freude?“
Aha. Da war schon eine interessante Frage. Ich begann zu überlegen. Ohne dass ich mich und meine Aktivitäten vorher genau reflektiert hatte, fiel es mir gar nicht so leicht, darauf zu antworten.
Ich überlegte eine Weile und wiederholte langsam die Frage. Es war still in unserem Kämmerchen. Ich versuchte, mich in meinen Berufsalltag hineinzuversetzen. Wann hatte ich den meisten Spaß? Und was tat ich da dann genau?
Langsam aber sicher merkte ich, dass meine Gedanken kippten und ich voller Konzentration war. Ich sah aus dem Fenster, ohne wirklich etwas zu sehen. Ich verlor die Blätter des Baumes und die Sonnenstrahlen, die Stimmung draußen und im Raum aus meiner Perspektive.
Frau S. hatte es geschafft, mich mit dieser einen gezielten Frage in „meine Welt“ eintauchen zu lassen. Wie in einer Art Checkliste ging ich alle meine Tätigkeiten durch und hielt mir den Tagesablauf vor Augen. Interessanterweise fielen mir als erstes Dinge ein, die mir keine Freude bereiteten, die konnte ich klar zuordnen. Frau S. ließ mich frei erzählen.

„Welche Tätigkeiten gehen Ihnen leicht von der Hand?“ Darauf wusste ich sofort viele Antworten.
Ich war so intensiv mit meiner Person beschäftigt und in Gedanken in meine Tätigkeiten versunken, dass ich die Antworten auf ihre Fragen nur mehr „sagen“ musste. Spontan – und zeitgleich hochkonzentriert – passte meinem Gefühl nach jede meiner Antworten haargenau. Ich war fasziniert. In unserer Unterhaltung entwickelte sich eine gewisse Dynamik. Ich gab ihr Antworten und sie stellte in Bezug auf meine Antwort neue weitere Fragen.

Schnell wurde mir während des Gesprächs auch klar, dass ich keine Ratschläge zu erwarten hatte, sondern dass ich mich, einfach ausgedrückt, selbst beriet. Ich gab Antworten und bestimmte alle Inhalte, Phasen und Highlights des Gesprächs. Es war irgendwie einfach und irgendwie sehr komplex!

Zwei der für mich zentralen Fragen, die mir im Gedächtnis blieben, waren folgende: *„Was ist Ihnen wichtig im Job?"* Und *„Wie könnte ein idealer Arbeitsalltag aussehen?"*
Ich leistete im wahrsten Sinne des Wortes „geistige Schwerstarbeit". Zu fortgeschrittener Zeit kam es mir vor, als würde sich der Kreis schließen. Am Schluss des Gesprächs hat Frau S. die vergangenen 1,5 Stunden (die wie im Flug vergangen waren) nochmals zusammengefasst. Die Quintessenz für mich war: es ist mir wichtig, eine Aufgabe zu haben, bei der ich sowohl strategische als auch operative Tätigkeiten (in Form von Routineaufträgen) zu erledigen habe. Mir macht es Freude, vor Leuten zu sprechen und ganz konkret mit Menschen zu arbeiten. Ich bin rhetorisch und im Kontakt mit Menschen sehr stark und klar lösungsorientiert. Aus diesen Gründen eignen sich die Bereiche „Sales", „Training und Beratung" sehr gut. Dort liegen meine Interessensschwerpunkte und Stärken. Und die gilt es auszubauen.

Alles erschien mir glasklar zu sein. Ich wusste, woran ich als nächstes arbeiten wollte, und auch, worin die nächsten Schritte in meinem beruflichen Leben liegen würden.
Was war als nächstes zu tun? Ich wollte die Begriffe „Sales, Beratung, Training" mit Inhalten füllen, um hier genauer Bescheid zu wissen.

Überglücklich und mit konkreten Visionen im Kopf hatte ich das Gebäude verlassen. Am liebsten wollte ich sofort mit meinen Aufgaben beginnen. Ein Gespräch, einige zielgerichtete Fragen (...) es klingt so einfach! Wieso konnte ich das eigentlich nicht alleine für mich definieren? Wieso konnte ich mir diese Antworten nicht selbst zuhause – auf der eignen Couch – bei einer Tasse Kaffee geben?

Von diesem Moment an war mir viel klarer, wie Coaching funktioniert und was Coaching auch alles nicht ist. Ich kannte zwar nicht die Methodik und Instrumente dahinter, die ohne Zweifel erst erlernt werden müssen, um richtig eingesetzt werden zu können. Aber mir war nach dem Gespräch klar, dass es keine Tipps und Ratschläge gibt. Und: ich konnte danach das „Fragen stellen" bewusster schätzen.

Mein erstes Mal habe ich mit viel Spannung erwartet und währenddessen hat es mir großen Spaß gemacht. Ich hatte Lust und Mut, die Dinge anzugreifen, und da meine geplanten nächsten Schritte machbar waren (und mich nicht überforderten), hielt das Gefühl der Freude darüber noch Wochen nach dem Gespräch an.

Ich wusste plötzlich ganz genau, dass die besprochenen Maßnahmen der für mich richtige Weg waren.

Vor dem Coaching hatte ich vielleicht auch Ideen und Vorstellungen, was ich tun könnte. Doch durch das Gespräch waren meine Zweifel oder meine Zurückhaltung einer großen Zuversicht gewichen. Ich wusste plötzlich ganz genau, dass die besprochenen Maßnahmen der für mich richtige Weg waren.

In der Folge hieß es nun, stückweise herauszufinden, was ich genau tun musste, um mich in den genannten Themen weiterzuentwickeln. Den Beruf, den ich zu dem Zeitpunkt ausübte, wollte ich auf lange Sicht nicht behalten. In der Zeit nach dem ersten Coaching wurde schnell klar, dass ich meine damalige Position aufgeben wollte und mir dafür ein anderes Unternehmen suchen musste. Ich hatte keine Eile und doch war klar, dass ich dort langfristig nicht bleiben konnte (nicht mit meinen neuen Zielen).

Also vereinbarte ich mit Frau S. einen neuen Coaching-Termin. Nun kannten wir einander schon und ich ging gelassener ins Gespräch. Von Anfang an konnte ich ganz frei und ungezwungen sprechen (eine warm-up Phase war nicht nötig). Im Laufe dieses zweiten Gespräches fand ich heraus, dass mein Interesse an Menschen und an sozialen Interaktionen tiefer ging. Ich wollte wissen, wie Organisationen funktionierten, und mir wurde klar, dass ich in diesem Bereich dazulernen und aktiv werden wollte. Warum können manche Menschen scheinbar kinderleicht und reibungslos ihre Führungsrolle ausfüllen und andere wiederum schaffen es nicht?
Mein Coach fragte mich, in welcher Rolle ich mich bei der Ausführung meiner „Lieblingsbereiche und Stärken" sehe könne und wie ich mich darin selbst beschreiben würde? Ich arbeitete mich durch viele verschiedene Fragen, und so wurde das Bild immer deutlicher: ich wollte mit einem Team zusammenarbeiten und in-

nerhalb meines (zukünftigen) Unternehmens eine Führungsposition einnehmen. Das war leicht gesagt und doch war mir klar, dass ich selbst noch keine Führungserfahrung hatte.

„Was benötigen Sie, um ein Verständnis für Führung zu bekommen und um eine Führungsrolle ausüben zu können?“ Ich fing an, herumzustottern. Wusste ich, was es dazu braucht? Nein, ich hatte nicht wirklich eine klare Vorstellung.
Es folgte ein entscheidender Punkt im Coaching: Mein Coach sagte, dass Sie nun kurz aus der coachenden Rolle heraustreten würde, um mir eine Information zu geben, die ich annehmen könnte oder auch nicht. „Aha – das gibt es also auch!“, dachte ich.
Sie unterstützte mich also mit einer anderen Form von Beratung. Inhaltlich berichtete sie mir von verschiedenen Ausbildungen und Schulungsrichtungen, die es in dem Zusammenhang „Führungskompetenzen“ gibt (von Organisationsentwicklung, Prozessberatung, Führungskonzepten etc.).

Ich verließ das zweite Coaching mit dem klaren Entschluss, nun Lehrgänge und Ausbildungen zu vergleichen, die sich mit diesen Themen beschäftigten. Für mich wurde deutlich, dass ich nun als erstes eine Weiterbildung machen möchte, bevor ich einen beruflichen Wechsel vornehmen kann. Da das die Basis für alle meine weiteren beruflichen Tätigkeiten sein könnte. Kaum ein Monat später saß ich schon in einem entsprechenden Lehrgang.
Bei dieser einen Ausbildung blieb es dann auch nicht. Während meines ersten Lehrganges bekam ich immer mehr das Gefühl, dass eine gute Führungskraft vor allem auch gut kommunizieren können sollte. Da meine Erfahrungen in der Zusammenarbeit mit meinem Coach so positiv waren, wollte auch ich zukünftig Coaching-Elemente im Umgang mit Menschen nutzen können. Diese Art der Kommunikation konnte nur – sowohl im beruflichen als auch im privaten Leben – hilfreich sein.

Heute, vier Jahre nach meinem ersten Coaching-Termin, erinnere ich mich sehr gerne an „mein erstes Mal“ zurück. Ich kann ruhigen Gewissens behaupten, dass meine (zeitliche und finanzielle) Investition die richtige Entscheidung war. Trotzdem ich eine Berufseinsteigerin war, konnte ich Coaching nutzen, um eine elementare Weichenstellung vorzunehmen. Es hat mich in meinem Berufsleben unterstützt und ich würde es sofort wieder tun!

Früher kam mir Coaching wie ein Zaubermittel vor. Heute weiß ich, dass es kein Zaubermittel gibt und dass der Coach keine Geheimnisse kennt oder magische Fähigkeiten hat. Es ist vielmehr der Coaching-Klient selbst, der sich seine eigenen Lösungen herbeizaubert, um sie dann mit „magischer Hand“ umzusetzen!

Coaching ohne Vorurteile und Schubladen: Danke, innerer Beobachter!

von Lucia Wagner

Vor ein paar Jahren war es dann so weit, mein erstes Mal. Es sollte in 5 Minuten beginnen. Okay, zugegeben, ich hatte in meiner früheren beruflichen Laufbahn als HR Managerin bereits interne Coachings mit Mitarbeitern durchgeführt und konnte mich somit ein bisschen auf meine Erfahrung verlassen. Außerdem besuchte ich von Jahr zu Jahr immer wieder Coaching-Seminare meiner internationalen Lieblingstrainer. Doch mit einem 100% externen Klienten war ich nun das erste Mal konfrontiert. Es fühlte sich zugegeben leicht mulmig an: zu wissen, dass jetzt gleich ein Mensch auf Empfehlung zu mir kommt, der Hilfe benötigt und wahrscheinlich hohe Erwartungen mitbringt, was seine Problemlösung betrifft.
Ich fragte meinen inneren Beobachter (so bezeichne ich meine Selbstreflexion in personifizierter Vorstellung): „Werde ich dieser Person helfen können? Wie? Was tun, wenn ich aus lauter Nervosität ein Blackout habe? Sollte ich mir sicherheitshalber einen Spickzettel mit den Coaching-Phasen und wichtigen Schlüsselfragen ins Gespräch mitnehmen? Aufgeregt repetierte ich in Gedanken diverse „Coaching-Weisheiten", die ich einmal gelernt hatte. Dazu gehört z.B., dass Ratschläge gleich Schläge sind. Mehr Zeit hatte ich nun nicht mehr, der Klient erschien.

Kaum betrat dieser den Raum, begann ich schon rein aufgrund seiner Äußerlichkeiten, Vorurteile zu bilden. Es geht um einen Herrn mittleren Alters, ich schätzte ca. 52 (in echt war er 47), graue Haare ohne erkennbaren Schnitt, hängende Schultern, Arme in Innenrotation, sehr ernster – wenn nicht sogar trauriger – Blick, dicke Brille, die einem 60-Jährigen besser stehen würde, hellgrauer Blouson mit gerafftem Bund, weinrotes ausgewaschenes Hemd und blaugraue Stoffhose (mein Opa trug auch so eine).
Gleich dachte ich: „So verschlossen und verstaubt wie dieser Herr aussieht. Klar, dass er Probleme hat. Da kann nicht viel Lebensenergie und Motivation vorhanden sein. So wie er dreinschaut, müssen ihm ja geradezu die Sorgen zufliegen …"
Stopp: plötzlich bemerkte ich, dass mein lieber innerer Beobachter (nennen wir ihn fortan Beo), schon bevor der Dialog mit meinem Klienten beginnen konnte, seinen ersten Einsatz hatte: „Meine Liebe, hör auf, diesen Menschen äußerlich so zu scannen, ihn zu kategorisieren und in eine Vorurteilsschublade zu stopfen! Lass ihn doch erst mal sagen, worum es geht! Sei ehrlich, Du traust ihm nicht viel zu, gell?" Im richtigen Moment bewahrte er mich davor, eine übereilige Haltung gegenüber meinem Coachee einzunehmen und somit dem gesamten folgenden Coaching-Verlauf „meine Realität" überzustülpen. Wenn Beo in diesem Moment nicht eingeschritten wäre, hätte ich vermutlich den Seelsorger-Hut aufgesetzt und versucht, diesen armen Menschen nach seinem Leid zu fragen und ihn zu trösten. Die Folgen können Sie sich ausmalen: Im besten Fall hätte ich dann gerade noch ein Beratungs- oder eventuell Expertengespräch zustande gebracht, aber sicher keine Hilfe zur Selbsthilfe im Sinne eines systemisch-lösungsorientierten Coachings.

„Werde ich dieser Person helfen können?"

Nach der Begrüßung stellte ich meinem Coachee die erste und – wie man später sah – zweitwichtigste Frage des Tages: *„Was möchten Sie mit mir heute besprechen?"*
Die Frage war überraschenderweise ein echter Treffer. Simpel, und doch so hilfreich: Es fing an, aus dem Klienten geradezu herauszusprudeln. Während dieser nun etliche Minuten sprudelte, sagte mir Beo: „Siehst du, Dein Coachee mag zwar verschlossen aussehen, aber sprudeln tut's gewaltig! Pass auf, bevor er Dich mit seinem Wortschwall überlädt, musst Du ihm helfen, daraus Ziele und einen Auftrag abzuleiten!"

Stimmt, jetzt war ich wieder an der Reihe, ich musste eine Frage finden, die zielführend ist und den Problemlösungsweg bahnt. Das empfand ich in diesem Moment als gar nicht so einfach. Der Klient schien mehrere, komplex ineinander verflochtene Probleme in unterschiedlichen Lebensbereichen zu haben. Betroffen waren Karriereentwicklung bis zur Pensionierung, die Qual der Wahl bei Job-Optimierungsvarianten unter Berücksichtigung der eigenen Führungsangst, Beeinträchtigung des Privatlebens durch Beruf und gleichzeitiger Weiterbildung sowie finanzielle Planung, um nicht Nöte (Altlasten durch Scheidung) zu sagen. Ich dachte: „Oh je, in dieser Situation möchte ich mich nicht befinden, die Problempalette scheint ja endlos! Ich könnte an seiner Stelle nicht so ruhig dasitzen ..." Das Chaos schien gewaltig.
In der Zwischenzeit mahnte mich Beo: „Die Situation Deines Klienten hat nichts mit Dir zu tun! Bring ihn endlich zur Zielklärung und Auftragserteilung!"
Ich fühlte mich zunehmend von Beo genötigt, endlich mit der nächsten Frage herauszurücken. Mir fiel jedoch keine Frage ein, ich musste mir anders helfen (Beo erinnerte mich mit Nachdruck, eigentlich solle ich an dieser Stelle doch *dem Klienten* helfen). So fing ich an, gewisse Problemschilderungen aus dem Wortsprudel meines Coachees zu wiederholen und parallel dazu die von ihm genannten „Lebens-Themen" als Kästen graphisch auf meinem Notizblock darzustellen. Dabei verlieh ich dem Gesagten zusätzlich Bedeutung, indem ich Blickkontakt hielt und langsam mit ernster und nachdenklicher Stimme sprach. Ich wusste nicht, ob der Klient seine Problemstellungen in meinen gekritzelten Kästen wiedererkannte, aber es schien ihm auf irgendeine Art zu helfen und die Komplexität zu reduzieren. Ich fragte bei jedem Kasten ganz genau nach: „Habe ich Sie richtig verstanden, im Bezug auf Thema ‚weiterer Berufsweg' liegt das Problem darin, dass Sie befürchten, Ihre aktuelle Stelle könnte eine Art Endstation ohne Perspektiven werden? Das wiederum hat zur Folge, dass Sie sich nicht im Klaren sind, wie Sie bezogen auf das Thema ‚Weiterbildung' bzw. ‚Job-Neuorientierung' zwischen verschiedenen Varianten entscheiden sollen. Parallel sorgen Sie sich auch um die ‚Finanzierung Ihres Hauses'. Dieses nimmt wiederum Einfluss auf Ihre berufliche Weiterentwicklung, zumal bei der aktuellen Arbeitsstelle langfristig für Sie kaum Lohnerhöhungen zu erwar-

ten sind. Hier liegt das Problem darin, dass Sie von Ihrem Chef – wenn Sie an der momentanen Stelle bleiben, weil Sie die andere potentielle Stelle nicht erhalten – eine Gehaltsaufbesserung sowie einen Fortbildungskurs fordern möchten. Doch Sie wissen nicht, wie Sie Ihrem Chef gegenüber, der Sie – wie Sie äußerten – nicht besonders mag, argumentieren sollen. Gleichzeitig beschäftigt Sie das Thema ‚Work-Life-Balance'. Sie wollen zukünftig neben Ihren persönlichen Bedürfnissen auch Ihre Partnerschaft nicht mehr so stark vernachlässigen. Außerdem schien mir, beim Thema ‚Partnerschaft' sagten Sie zuvor, es bestünde zusätzlich das Problem der Eifersucht Ihrer Exfrau. Seit Sie eine neue Lebenspartnerin haben, verhalte sie sich nicht mehr kooperativ in Bezug auf die Erziehung und Förderung Ihrer Kinder, was die Situation noch schwieriger mache ...!"

Mein Coachee bestätigte jeweils nickend und korrigierte, wenn er eine Formulierung oder ein Wort doch anders dort auf dem Blatt stehen haben wollte, und sah mich gespannt an. Ich spürte, einen Ansatz gegen das Chaos gefunden zu haben, er wohl auch. Der Erwartungsdruck stieg.

In meinen Gehirnwindungen brodelte es geradezu, es formten sich diverse Lösungsvarianten, die ausgesprochen werden wollten. Es wäre jetzt zu schön gewesen, meine Varianten vorzubringen und den Klienten in eine Richtung zu manövrieren, die mir für ihn gefallen und dieser Besprechungseinheit ein Ende setzen würde. Zu gerne hätte ich jetzt einfach „meine Lösung für seine Situation" präsentiert. Ich verspürte den Drang, mein Problem (also die Last seines Chaos) beenden zu wollen. Es war klar, dass Beo an dieser Stelle vehement opponierte und mir mindestens eine Minute Sprech- und Fluchtverbot verpasste.

Zu gerne hätte ich jetzt einfach „meine Lösung für seine Situation" präsentiert.

Interessant war nun, dass der Klient in meiner Sprechpause bemerkte, dass seit Gesprächsbeginn schon einige Zeit verstrichen war und er noch keine Lösung hatte. Seine Sorge war jetzt: „Wenn wir es in einer Stunde nicht schaffen, hätten Sie auch noch Zeit, zu überziehen und was kostet mich das?" Bevor er noch zu Ende sprechen konnte, malte ich mir schon aus, dass ich schlimmstenfalls 2 Stunden benötigen würde (und das bei mehreren Sitzungen)! Beo ermunterte mich mit Nachdruck, dem Klienten souverän zu antworten: eine Stunde sei mehr als genug für unser Gespräch, *er* solle sich keine Gedanken ma-

chen. (Dafür machte *ich* mir jetzt Gedanken, schließlich ging es um die gesamte Lebensplanung des Klienten…)
Mein Sprechverbot von Beo bewirkte jedoch auch etwas Nützliches, denn der Klient hatte somit Zeit, seine Themen ohne mein Dazutun gedanklich und gefühlsmäßig zu sortieren, abzuwägen und zu bewerten. Er konnte seine „Lebensthemen-Kästen“ durch meine verbalen (stimmlich betont seriösen) Wiederholungen, Zusammenfassungen und Graphiken nochmal von aussen hören und sehen … und so auch bemerken, dass es einen Weg gab, diesem Chaos Herr zu werden.
Ich bin heute davon überzeugt, dass meine „Problemwiederholungstechnik“ mit graphischer Verdeutlichung meinem Coachee geholfen hat, seine Problemkomplexe zu ordnen. Ich verstärkte die Wirkung der Wiederholung, indem ich stimmlich Akzente setzte und bei jedem „Kasten“ Blickkontakt mit dem Klienten aufnahm. Zu seinen Entscheidungsproblemen stellte ich ihm Fragen mit paradoxer Wirkung, wie z.B. *„Ja ich verstehe, das ist gravierend, wenn Sie sich nicht entscheiden können… Sie haben viele Faktoren gleichzeitig zu berücksichtigen, alle scheinen gleichermaßen dringend und wichtig!“* Dabei hofften Beo und ich, dass der Klient als Reaktion auf die paradoxe Intervention in Gedanken bereits zu priorisieren beginnt und merkt, dass eben doch manches wichtiger oder unwichtiger ist. Mein Eindruck war, der Gecoachte dachte sich bei meiner Aussage *„…alle Probleme gleichermaßen dringend und wichtig!“*: „Nein, Problem *X* ist doch schlimmer als die anderen und außerdem ist das Thema *C* vorrangig, bevor ich an *A* oder *B* weiterarbeite…“
Diesen Moment nützte ich aus und fragte: *„Was würde es Ihnen ausmachen, wenn Sie beispielsweise die Situation A so lassen würden, wie sie gerade ist?“* Über diese Frage, so nahm ich es wahr, wunderte sich mein Gegenüber ein bisschen. In dem Moment fing der Klient an, unter all seinen Problemen einige zu identifizieren, die nebensächlicher waren als die anderen. Denn er sprach über Dies und Das und langsam aber deutlich verschwand spürbar einer der „Kästen“. (Meiner Erfahrung nach beschäftigen sich Menschen scheinbar oft verstärkt mit „Nebenbaustellen“, wenn sie viele berufliche und private Probleme haben. Das erinnert mich jedes Mal an das Phänomen des „Socken bügelns“ in meiner Studentenzeit, das stets vor großen Prüfungen auftauchte.) Bezogen

auf sein Entscheidungsproblem stellte ich ihm nun eine weitere Frage: *„Was wäre, wenn Sie überhaupt nicht entscheiden und jemanden anderes entscheiden ließen?"*
Er entgegnete energisch (offenbar löste diese Frage etwas aus): *„Um Gotteswillen nein, das könnte schiefgehen, es hat doch niemand wirklich Ahnung davon. In der Sache müssen doch verschiedene Aspekte berücksichtigt werden, sonst wird das nichts …!"* Ich glaubte zu beobachten, dass der Klient immer mehr Struktur und Ordnung in seine Themen brachte. Und ich fing an, richtig Spass zu haben, meinen Klienten mit verschiedenen Fragen zu stimulieren. Es schien so zu funktionieren, wie ich es dazumal in einem Coaching-Seminar lernte. Das faszinierte mich. Provozierende bzw. paradoxe Fragen, wie: „Was würde passieren, wenn Sie nichts an der Situation änderten? Wie wäre es, wenn Sie es den anderen überließen? Was muss passieren, dass die Lage noch schlimmer wird?", helfen erfolgreich bei der Lösungssuche (und ich war froh, dass die Theorie auch in der Praxis funktionierte).

Jetzt waren mein Coachee und ich im Fluss.

Jetzt waren mein Coachee und ich im Fluss. Meine ursprüngliche Nervosität wandelte sich zusehend in empathische Kreativität. Zwischen den Antworten meines Coachees flocht ich unauffällig immer wieder mal ein *„Was noch?"* ein und so konzentrierte er sich mehr und mehr auf das Hauptthema, an dem er arbeiten wollte. Er brachte seine Problemfelder in eine neue Hierarchie und filterte die wesentlichen Handlungsfelder heraus.
Wir befanden uns bereits mitten in der Phase der Lösungsarbeit, und ich fragte Beo, ob es ok sei, dass ich weitermachte, obwohl ich als Coach (wahrscheinlich aufgrund meiner anfänglichen Nervosität) nicht mehr genau sagen konnte, ob das Ziel und der Auftrag klar formuliert gewesen waren. Beo meinte, ich solle weitermachen und nicht zu viel denken. Der omnipräsente Gedanke daran, dass ich ein guter Coach sein wollte und das Gelernte eins-zu-eins anzuwenden beabsichtigte, ließ mich nicht los. Ich wollte nun partout im Nachhinein das Ziel und den Auftrag meines Coachees verbal einholen und setzte zu folgender – und wie ich gleich merkte wichtigsten – Frage an: *„Was ist für Sie jetzt wirklich wichtig in der eben besprochenen Situation A?* (A verstehe ich als sein Hauptthema, das sich in dieser Sitzung herauskristallisiert hatte). *Was wollen Sie genau erreichen?"* Parallel

dazu deutete ich auf die noch verbliebenen Kästen auf meinem Notizblatt.
Ganz entspannt fasste der Klient zusammen, dass er dieses und jenes zum Thema A erreichen möchte und es optimal wäre, wenn sich Thema C auf „die und die" Art erledigen ließe. Wenn ich mich nicht täuschte, leuchteten dabei die Augen des Klienten und es schien, als hätte er etwas Schönes gesehen, was ich nicht sehen konnte.
„Wow", dachte ich, „das war eine schnelle und präzise Zielformulierung". Ich musste feststellen, dass ich oft selbst meine eigenen Problemanalysen bzw. -priorisierungen nicht so flott meisterte wie mein Klient und wurde ein bisschen neidisch. Vielleicht sollte ich in Zukunft bei mir selbst auch mehr „(Sprech-)Pausen" einlegen, kam mir in den Sinn.
Ich lobte meinen Coachee für seine klare Darlegung und liess dem Klienten meine Wertschätzung spüren. (Wer fühlt sich durch Lob nicht beflügelt?) Aber zurück zum Prozess: Jetzt hieß es dran bleiben und ordnungsgemäss den Coaching-Auftrag endlich einholen, und ich fragte: *„Was möchten Sie jetzt noch in dieser Sitzung mit mir besprechen, damit Sie Ihrem Ziel näher kommen?"*
Der Klient sah mich verwundert an und antwortete, ich hätte ihm bereits sehr geholfen, wir könnten jetzt das Coaching beenden.
Aha. Ehrlich gesagt war ich jetzt völlig überrascht und beneidete meinen Klienten für seine gute Laune. Mir ging dies irgendwie zu schnell und ich fühlte mich quasi überrumpelt. Ich dachte „Wie kann das sein, dass wir schon fertig sind? Wir haben doch noch gar nicht all die möglichen Lösungsvarianten, Kriterien und Maßnahmen diskutiert!". Ungläubig hätte ich meinen Coachee beinahe fragen wollen: „Sind Sie wirklich sicher?" Denn in meinen Gehirnwindungen warteten noch etliche Coaching-Methoden darauf, genutzt zu werden. Eine kurze innere Unterredung mit meinem unentbehrlichen Beo hatte dann schließlich doch zur Folge, dass ich den Mund hielt und das Honorar entgegen nahm (und dies nach total 50 Minuten Coaching und nicht den befürchteten 2 Stunden). Beo bewahrte mich davor, mit solch einer Frage den Menschen am Ende nochmal zu verunsichern. Mein Klient hatte *seine* Lösung gefunden: Antworten auf die vielen Unklarheiten, mit denen er zu mir gekommen war. Und ich war (eigentlich) ganz zufrieden.

Was habe ich bei meinem ersten Mal Grundsätzliches gelernt?

1. Der gesamte Coaching-Prozess kann einen „Problemberg" auflösen. Schon bei der Problemschilderung kann parallel die Lösungsarbeit ablaufen.
2. Damit die Lösung vom Klienten selbst kommen kann, muss der Coach absolut frei von Vorurteilen und Schubladen sein. Voreingenommene Haltungen und Wertungen des Beraters bremsen die Lösungsfindungskompetenz des Hilfesuchenden.
3. Durch ein Sortieren von Themen und kleinschrittiger Fragetechnik kann Chaos in eine häppchenweise begreifbare und priorisierbare Struktur umgewandelt werden.
4. Mittels gezielter und stimmlich akzentuierter Wiederholungen bzw. Zusammenfassungen nach jeder Gesprächsphase wird auf das Kernthema fokussiert, die Gefahr von Ausschweifungen reduziert, und der Coachee kann reflektieren.
5. (Kraftvolle) Redepausen können den Coachee fördern – oder ihn sogar „zwingen" – im richtigen Moment Antworten zu geben und dann beispielsweise Hierarchien abzuleiten. (Und: mich als Coach bewahren Sprechpausen davor, möglicherweise eigene Ziele zu verfolgen und „gute Ratschläge zu geben" oder „Varianten aufzuzeigen oder gar aufzudrängen"...).

Rückblickend gaube ich, dass für dieses Coaching (wie auch für jedes andere Coaching) folgende Fragen die Renner waren:

„Was möchten Sie mit mir heute besprechen?"

„Was ist für Sie jetzt wirklich wichtig in der eben besprochenen Situation?" Bzw. „Was wollen Sie in dieser Situation genau erreichen?"

Daneben erweist sich die Zwischenfrage *„Und was noch?"* als sehr nützlich, um sich noch weiter zur Lösung durchzugraben (sie ist wiederholt eingespielt echt Gold wert; Goldgräber graben eben manchmal auch tief und finden etwas!)

Was ich in diesem Coaching-Gespräch noch gerne angewendet hätte (weil mir diese Technik so gefällt und nützt), wären Skalenfragen gewesen. So wollte ich zumindest am Ende meinen Klienten bitten, seine Zufriedenheit im Vergleich zur Ausgangslage am Anfang unserer Sitzung auf einer Skala von 0–10 aufzumalen. Doch mein zuverlässiger Beo meinte: „Bist Du verrückt, der hat Dich doch eben begeistert angestrahlt und gefragt, ob er sich „im Fall des Falles" wieder für einen Termin bei Dir melden dürfe!"
Stimmt! Zufrieden war er wohl! Danke, Beo!

Der Personalentwickler als Coach – Reine Kopfsache!

von Beate C. Ernstberger

Die Frage, ob ich neben meiner eigentlichen Funktion im Unternehmen auch coachen könnte, beschäftigte mich gleich zu Beginn meiner Tätigkeit als Personalentwicklerin in einem internationalen Konzern. In meiner Funktion ist es nicht ungewöhnlich, dass ich gefragt werde, „was genau" ein Kollege „wie genau" und „wann genau" tun kann, damit ein erhitzter Gesprächspartner quasi per Knopfdruck gezähmt wird oder das Problem, das sich aufgetürmt hat, sich wieder wie von Geisterhand in Luft auflöst. Beliebt sind auch Rezepte, die beschreiben, mit welchen Zutaten man sich die Traumkarriere schlechthin backen kann. Eine Tatsache bleibt bei den unterschiedlichsten Thematiken jedoch immer gleich: Der Ratsuchende setzt seine Erwartung in die Lösungskompetenz eines anderen. Nun wäre es nicht einmal schlimm, im Unternehmen als der Problemlöser schlechthin zu gelten. Ist das nicht eigentlich die Aufgabe eines Personalers?!

Nicht in meinen Augen – bzw. treffender formuliert – nicht nur! Sicher wollte ich als Expertin in Personalfragen kompetente Ansprechpartnerin sein und natürlich musste ich im Rahmen meiner Funktion auch ganz klassisch Probleme lösen können; aber nach meinem Verständnis musste ich vor allem dafür sorgen, dass sich – und das ist mir bis heute das Allerwichtigste in meinem Beruf – Personal auch w e i t e r e n t w i c k e l n und WACHSEN kann. So verschieden die Charaktere der Menschen sind, so vielfältig sind die Fragestellungen, mit denen ich konfrontiert werde. Ich wollte etwas erlernen, womit ich Menschen in ihrer Weiterentwicklung wirklich helfen kann, sodass sich jede dieser Fragen durch sie selbst beantworten lässt und zugleich auch *ihre* Problemlösungskompetenz steigt. Meine systemische Coaching-Ausbildung absolvierte ich bereits im Bewusstsein, dass Coaching nichts mit gut gemeinten Ratschlägen oder dem Abnehmen von Verantwortung zu tun hat.

Meine Coaching-Ausbildung absolvierte ich bereits im Bewusstsein, dass Coaching nichts mit gut gemeinten Ratschlägen oder dem Abnehmen von Verantwortung zu tun hat.

Und so kam kurz nach Abschluss der Ausbildung mein allererster Klient zu mir (wobei er zu dem Zeitpunkt von seinem Glück noch nichts wusste): *„Frau Ernstberger, ich würde mit Ihnen gerne über die aktuelle Lage in meiner Abteilung sprechen. Seitdem unser Abteilungsleiter den Vertrieb umstrukturiert hat, habe ich ja die Teamleitung für unsere Key Accounts übernommen. Was einerseits eine tolle Chance ist, da ich nun auch Führungsverantwortung habe, aber andererseits sind da die ganzen zusätzlichen Aufgaben, die viel Zeit kosten… und Nerven! Gerade den anstehenden Entwicklungsgesprächen mit meinen Mitarbeitern stehe ich skeptisch gegenüber, denn ich fürchte, dass sich das auf das Klima im Team auswirken könnte. Da dachte ich, ich frage Sie nach einem Training, bzw. Sie als Expertin können mir sicher auch direkt sagen, was ich jetzt am besten tun soll oder noch besser: Sie machen das!“* forderte Herr K., die frisch ernannte Führungskraft. Ich hatte gelernt, nicht jedes Anliegen blindlings als Auftrag anzunehmen und begegnete Herrn K. mit den für diesen „ersten Fall“ wohlüberlegten Worten: *„Das klingt nach einer Herausforderung! Ich höre, Sie haben sich dazu auch schon einige Gedanken gemacht und möchten das Beste für Ihr Team erreichen. Ich kann nachvollziehen, dass Sie nun gerne einen Ratschlag von mir hätten oder ich Ihnen die Gespräche abnehmen sollte. Aber wenn ich ehrlich und direkt sein darf – gestatten Sie?“* Hr. K. nickte einladend. *„Vielleicht wären Sie auch dann immer noch nicht so ganz zufrieden. Denn wie hoch ist wohl die Wahrscheinlichkeit, dass meine Vorgehensweise Ihren Erwartungen an das Ergebnis zu hundert*

Prozent entsprechen würde?" Herr K. überlegte. Ich machte eine kurze Pause, bevor ich weitersprach: *„Möchten Sie wissen, wie ich Ihre Situation betrachte?"* Herr K. signalisierte Interesse. *„Ich sehe sie als neues Lern-Feld, in dem Sie Ihre eigene Vorgehensweise gestalten und erproben können. Dazu bietet sich ein Reflexionsprozess an, der Ihnen die Chance bietet, Ihre Lösung selbst zu entwickeln. Und zwar eine, die zu Ihrem Anliegen und zu Ihnen genau passt. Und für diesen Prozess biete ich Ihnen gerne meine Unterstützung an, wenn Sie mögen."* Puh! Ich hatte mich das erste Mal in einer internen Auftragsakquise versucht und war gespannt wie mein „Fast-Coaching-Klient" es aufnimmt. *„Dann lassen Sie uns doch diese Woche noch einen Termin machen!"* sagte Herr K., und ich war begeistert. Das hatte schon einmal prima geklappt.

Coaching – das ist ja in aller Munde! Und trotzdem versteht wahrscheinlich jeder etwas anderes darunter. Für mich ist es eine individuelle und vor allen Dingen vertrauliche Beratung, in der ich Mitarbeiter bei beruflichen Herausforderungen oder persönlichen Entwicklungsvorhaben begleite, ohne Ratschläge zu geben. Diese Form der Beratung passt ausgezeichnet zu meinem Verständnis von Personalentwicklung: Jeder Mensch ist einzigartig und daher muss auch jede Problemlösung einzigartig sein… und von wem könnte eine solche Lösung besser maßgeschneidert werden, als von der betroffenen Person selbst?

In Bezug auf Herrn K. bedeutete dies, dass er sich also mit Hilfe meiner Impulse seine Ziele und Wege selbst eröffnen und auch darüber entscheiden sollte, welchen Weg und welche Schrittgeschwindigkeit er wählen würde. Dabei nahm ich ihm weder den Denk- noch den Handlungsprozess ab. Für mein erstes Coaching hatte ich meine Rolle fest im Blick: In ihr zielt alles, was ich tue, darauf ab, den Handlungsspielraum und die Autonomie meines Coachees zu erhöhen. Er bestimmt und verantwortet selbst, welche Dinge er auf welche Weise in Bewegung bringt, oder ob es ihm nach genauerer Überlegung doch lieber ist, an Bekanntem festzuhalten oder etwas ganz anderes zu tun. Ich als Prozessverantwortliche bin wiederum gefordert, einen sicheren und professionellen Umgang mit Methoden und hohe Flexibilität zu bieten. Am Anfang – und v.a. bei dem ersten Mal mit Herrn K. – fiel es mir nicht so leicht, mich zurückzunehmen und dem Coachee konsequent seinen Freiraum zu lassen.

Zwei Tage später traf ich also das erste Mal auf einen Coaching-Klienten. Ich war gut gerüstet – und doch leicht nervös. Hoffentlich klappt alles, was ich mir vorgenommen habe, schoss es mir durch den Kopf, bevor ich das Gespräch eröffnete: *„Guten Morgen Herr K., schön dass es mit unserem Termin geklappt hat. Sie hatten in unserem letzten Gespräch ja schon angemerkt, dass Sie recht viel um die Ohren haben."*
Hr. K.: *„Das stimmt. Seitdem mir Führungsverantwortung übertragen worden ist, ist die Arbeitsbelastung noch weiter gestiegen. Es sind die unterschiedlichsten Aufgaben, die dazugekommen sind. Das war für mich vorher nicht alles absehbar, muss ich zugeben. Was mir momentan am meisten Kopfzerbrechen bereitet, sind die anstehenden Entwicklungsgespräche mit meinen Mitarbeitern. Manchmal denke ich, am liebsten würde ich diese Gespräche einfach sein lassen. Denn entweder mache ich alles richtig, damit die gute Atmosphäre im Team erhalten bleibt oder eben gar nichts, wenn es mehr schadet als nützt."*

Es darf im Coaching nicht darum gehen, Handlungsoptionen an den unternehmensinternen Vorgaben vorbei zu entwickeln.

Jetzt schrillten meine Alarmglocken: Es darf im Coaching nicht darum gehen, Handlungsoptionen an den unternehmensinternen Vorgaben vorbei zu entwickeln. Die Umstände lassen sich nämlich weder verändern noch verleugnen. Weder vom Coachee noch vom Coach. Und Entwicklungsgespräche waren Vorgabe! Was sollte Herr K. mit einem Handlungsansatz, der die Anforderungen der Organisation gar nicht erfüllen würde – das machte keinen Sinn! Also ermunterte ich Herrn K.: *„Welche Auswirkungen könnte es denn haben, wenn Sie die Gespräche einfach bleiben lassen?"*
Herr K. überlegte: *„Das wäre fatal. Mein Chef würde mir gehörig was erzählen, denke ich. Und unser Betriebsrat hätte da wohl auch ein Wörtchen mitzureden."* Ich war erleichtert, dass er seine Rahmenbedingungen gut im Blick hatte: *„Okay. Was müssen wir dann in unserem Termin heute besprechen, damit Sie Ihrem Ziel – richtig gute Mitarbeitergespräche zu führen – einen Schritt näher kommen?"*
Hr. K.: *„Naja, mir ist nicht ganz klar, wie ich am besten vorgehe. Die fachlichen Aspekte bereiten mir keinerlei Schwierigkeiten, aber ich bin mir überhaupt nicht sicher, wie ich den Rest des Gespräches gestalten soll. Dazu möchte ich mit Ihnen Ansatzpunkte finden."*

Ich: *„Gut. Also arbeiten wir daran, einen für Sie stimmigen Ansatz für die Gespräche zu finden. Was halten Sie denn generell von Mitarbeitergesprächen?"*
Hr. K.: *„Oh, ich nehme sie sehr ernst. Mir selbst bedeuteten sie auch immer viel. Dementsprechend ist mein Anspruch sehr hoch. Das setzt mich noch mehr unter Druck und damit steigt wiederrum meine Unsicherheit. Das ist ein Teufelskreis!"* Herr K. verschränkte die Arme, schüttelte den Kopf und wirkte nun mehr als ratlos. Wir steckten bereits in der Sackgasse und irgendwie mussten wir da so schnell wie möglich heraus.

Also versuchte ich etwas anderes: *„Ich persönlich gehe ja davon aus, dass sich selbst hinter einer vermeintlichen Schwäche, die einem irgendwie im Weg steht, sogar eine Stärke verbirgt, wenn man nur den Blickwinkel ändert… Hätten Sie Lust auf ein Gedankenexperiment?"*
Hr. K. gelöster: *„Das macht mich neugierig – schießen Sie los!"*
Ich: *„Nehmen wir doch mal an – auch wenn das jetzt im ersten Moment etwas absurd und abwegig klingt – Ihre Unsicherheit hätte irgendetwas Gutes an sich, was könnte das Ihrer Meinung denn sein?"*
Hr. K. runzelte die Stirn und entgegnete zweifelnd: *„Was Gutes? Also das habe ich mir jetzt wirklich noch nie überlegt!"* Sein Blick war äußerst kritisch.
Oje, der Schuss ging nach Hinten los!
Diese Intervention erzielte nicht die erwünschte Wirkung und jetzt war alles zu spät. Es hätte mich nicht gewundert, wenn Herr K. nun als Nächstes fragte, ob ich ihn einer Art Assessment Center unterziehe, um seine Eignung auf den Prüfstand zu stellen oder gar feststellte, ich könne ihm mit der seltsamen Fragerei auch nicht weiterhelfen und er es dann nicht doch vorziehen würde, es mit den Gesprächen – inklusive unserem – besser ganz sein zu lassen.
Aber Hr. K. nutzte mein Schweigen und setzte fort: *„Mag sein, dass ich dadurch sorgfältiger und achtsamer bin und dadurch nicht unbedarft in jedes Fettnäpfchen trete."*
Gott sei Dank! Ich freute mich über diese Gesprächswendung und blieb dran: *„Was noch?"*
Hr. K.: *„Ich vermute, für die Umgebung ist es auch angenehmer, wenn ich nicht nur mein Ding durchziehe, sondern genau überlege, was die beste Lösung für alle ist."*

Da kam ja doch mehr hervor als gedacht. Jetzt ließ ich auch nicht mehr locker: „*Spinnen wir das Gedankenexperiment noch etwas weiter… Gesetzt den Fall, Sie würden diese Eigenschaft ab sofort komplett ignorieren, welche Nachteile könnte das für Sie wohl haben?*"
Hr. K. energisch: „*Nein, das will ich mir gar nicht ausmalen! Meine bedachte und umsichtige Art hat mich schon vor Einigem bewahrt. Das soll auch so bleiben!*"
Ich: „*Welchen Schluss ziehen Sie daraus?*"
Hr. K. sah mich an und anschließend aus dem Fenster. Nach einer längeren Pause formulierte er: *Diese Vorsichtigkeit ist nicht immer nur hinderlich für mich, sondern in einem gewissen Maß sogar recht hilfreich.* Herr K. wirkte sehr nachdenklich. Seine Körperhaltung wurde entspannter. Nun war ich mir sicher, eine gute Basis für das Gespräch gefunden zu haben.

Ich wartete noch einige Momente ab, bevor ich das Gespräch fortsetzte: „*Kommen wir wieder zu den Entwicklungsgesprächen zurück. Woran erkennen Sie, dass sie optimal laufen?*"
Hr. K.: „*Weiterentwicklung. Darum geht´s mir. Wenn ich für die Mitarbeiter Wege zur Weiterentwicklung finde.*"
Die Antwort kam wie aus der Pistole geschossen. Ich war gespannt, was er wohl noch alles aufzählen würde: „*Woran noch?*"
Hr. K.: „*Keine Ahnung – deshalb sitze ich ja hier!*"
Das saß! Moment mal, ich dachte, wir wären schon über dem Berg und warum stand jetzt Herrn K. förmlich ins Gesicht geschrieben, dass er vor einem unüberwindbaren Hindernis stehen musste!? Das Fünkchen Energie schwand zusehends… Nun war die Versuchung groß, in meine bewährte Expertenrolle zu schlüpfen und Herrn K. zu beraten. Stopp: Diesen Auftrag hatte ich zu Anfang aus gutem Grund ja gar nicht angenommen und deswegen saßen wir auch nicht hier!
Also behielt ich meine Rolle im Auge und, anstatt jetzt als Coach die Nerven zu verlieren, einen kühlen Kopf: „*Das macht nichts, streichen Sie die Frage. Sie haben eingangs erwähnt, dass Ihnen die Gespräche, die Ihre Vorgesetzten mit Ihnen führten, immer viel bedeuteten. Wenn Sie sich die Gespräche in Erinnerung rufen… wie fanden Sie sie denn?*"
Hr. K.: „*Ganz in Ordnung. Aber insgesamt doch sehr verschieden, wenn ich so darüber nachdenke. Jeder hatte irgendwie seinen eigenen Stil.*"

Ich: *„Da gab es also recht unterschiedliche Vorgehensweisen. Was fällt Ihnen alles auf, wenn Sie so zurückdenken?"*
Hr.. K. schilderte nun seine Erlebnisse. Mir schien, er verknüpfte dabei bereits Erfahrungen mit Erkenntnissen und fand in dem Wirrwarr immer mehr einen für sich gangbaren Weg.
Seine Stimme wurde zunehmend kräftiger und er lächelte ab und zu. Ich hatte den Eindruck er gewann zusehends an Vertrauen, die Herausforderung aus eigener Kraft bewältigen zu können.

Mir schien, er verknüpfte dabei bereits Erfahrungen mit Erkenntnissen und fand in dem Wirrwarr immer mehr einen für sich gangbaren Weg.

Diese Ressourcen wollte ich nun greifbar machen: *„Wenn Sie das Gesagte nun auf Ihre eigene Vorgehensweise übertragen, was tun Sie dann genau?"*
Nun kam zunehmend Licht ins Dunkel. Mehr und mehr übernahm er die Verantwortung für die neue Führungsaufgabe. Er füllte den ihm gegebenen Gestaltungsraum nach seinen Vorstellungen weiter aus, wie genau er die ihm gestellte Anforderung erfüllen konnte. Ich war beeindruckt, wie Herr K. das machte, es ging wie von selbst. Ich hörte genau zu und fasste zusammen: *„Neben den Ergebnissen und fachlichen Themen werden Sie die Mitarbeiter selbst in den Fokus rücken. Sie legen Wert darauf, sie auch in ihrer persönlichen Weiterentwicklung zu fördern und ihnen Feedback zu geben."*
Ich war gespannt, durch welche Besonderheiten sich das Führungsverhalten von Herrn K. von anderen unterscheiden würde und fuhr fort: *„Sie sagten eben, jeder Ihrer Vorgesetzten hatte seinen individuellen Stil. Wodurch zeichnet sich denn Ihre persönliche Vorgehensweise aus?"*
Die Augen von Herrn K. begannen zu leuchten und von dem anfänglichen Dickicht war keine Spur mehr: *„Ich möchte meine Mitarbeiter stärker einbeziehen, hören, was sie denken, welche Erfahrungen sie bisher gemacht haben und auf was sie in der Zusammenarbeit Wert legen. Außerdem möchte ich wissen, welche Überlegungen sie selbst zu ihrer Entwicklung angestellt haben, bevor ich mit meinen Vorschlägen komme."* Ich schwieg. *„Wenn es dann um konkrete Entwicklungsmaßnahmen geht, ziehe ich es vor, auch mehr auf die Stärken meiner Leute zu schauen."*
Ich: *„Aha, Sie möchten die Erwartungen und Stärken Ihrer Mitarbeiter einbeziehen. Meines Erachtens könnte das jetzt auch ein überlegenswer-*

ter Aspekt für Sie selbst sein. Zu Ihren Vorstellungen haben Sie schon einige Punkte genannt, welche Ihrer Stärken können Sie selbst hinsichtlich der Gespräche nutzen?"
Hr. K.: *„Ich weiß nicht, das könnten Sie als Personalentwicklerin besser beurteilen, oder?"*
Oha, da wollte jemand, dass ich nun an seiner Stelle aktiv werde! Aber so leicht ließ ich mich nicht in meine Expertenrolle führen und begegnete humorvoll: *„Soso, Sie denken, ich kenne Sie besser als Sie sich?"* Nun lachten wir beide. *„Gegenfrage: Was glauben Sie, welche drei Stärken würde ich Ihnen aus meiner Sicht denn wohl nennen?"*
Hr. K.: *„Hm, das ist eine interessante Frage… Wahrscheinlich würden Sie sagen, dass ich engagiert, interessiert und – vor unserem Gespräch hätte ich das jetzt nicht gesagt – achtsam bin. Und wie ich diese Eigenschaften in den Gesprächen nutzen kann?"*
Nun sagte er gefühlte zehn Minuten gar nichts. Ich biss mir gedanklich auf die Zunge und zählte von 300 rückwärts, um die ihm zustehende Denkpause nicht zu stören. *„Indem ich mir schon im Vorfeld Gedanken zu jedem Einzelnen mache, im Gespräch genau zuhöre und mir daraufhin entsprechende Maßnahmen überlege, die sie fachlich und persönlich weiterbringen. Ja, ich kann alle drei Eigenschaften nutzen!"*
Ich: *„Schön."* Zugegeben: Seine Erklärung war nicht besonders detailreich und ich wusste nicht ganz genau, wie er sich das vorstellte; aber das war auch nicht notwendig, denn ER wusste, wie er seine Eigenschaften nutzen konnte – und das reicht im Coaching vollkommen.
Hr. K.: *„Wissen Sie was, genau die Frage stelle ich meinen Mitarbeitern auch. Sie sollen mir sagen, welche Stärken sie nutzen können, um ihre Aufgaben noch besser zu erfüllen."*

Wie hat er das denn jetzt gemacht? Unsere Führungsphilosophie hätte nicht besser auf den Punkt gebracht werden können! Um herauszufinden, ob der bis hierhin entwickelte Ansatz für ihn stimmig und auch für sein Umfeld tragfähig war, fragte ich: *„Welche Auswirkungen hätte es, wenn Sie die Gespräche so durchführen?"*
Hr. K.: *„Die Mitarbeiter könnten etwas irritiert sein, aber negative Reaktionen sind unwahrscheinlich. Ich denke sogar, die Atmosphäre im*

Team würde positiv beeinflusst und mein Chef fände das wiederrum ziemlich gut. Also, ich weiss jetzt, wie ich an die Gespräche herangehen werde – vielen Dank für den Termin!"

Der Knoten im Kopf ist geplatzt!

Jetzt war ich baff! Es freute mich, dass wir das Coaching-Ziel erreicht hatten. Auf diese Weise entstand der maßgeschneiderte Handlungsansatz für die spezifische Fragestellung von Herrn K. durch ihn selbst. In einem darauf folgenden Gespräch meldete er mir zurück, dass er durch das Coaching eine breitere Sicht auf seine charakterlichen Eigenschaften entwickeln konnte, sein Wortlaut: Der Knoten im Kopf ist geplatzt! Für den Erfolg dieses Coachings war die Veränderungsbereitschaft seitens Herrn K. sicherlich eines der entscheidenden Kriterien.

Für mich ist es seit „meinem ersten Mal" immer und immer wieder faszinierend, wie kraftvoll Coaching sein kann. Erkenntnisse werden in Verhaltensänderungen lebendig und dadurch wird Entwicklung sichtbar! Folgendes Zitat von Galileo Galilei spiegelt meine Haltung im Coaching wieder:

**„Man kann einem Menschen nichts lehren,
man kann ihm nur helfen, es in sich selbst zu entdecken."**

Es ist jedes Mal spannend, solch eine Entdeckungsreise zu begleiten und einen anderen Menschen dabei wachsen zu sehen. Dabei lerne auch ich immer dazu.

Folgendes Fazit ziehe ich aus meinem ersten Coaching:

- Coaching ist (Personal-)Entwicklung! Es entsteht die passgenaue Problemlösung, während zugleich die Weiterentwicklung des Coachees und damit seine Selbstwirksamkeit gefördert werden.
- Jeden Auftrag prüfen! Coaching immer dann, wenn (Spiel-)Raum zur Entwicklung gegeben ist und der Coachee sich einer Herausforderung stellen will.
- Ressourcen- und lösungsorientiert vorgehen! Im Coaching geht es darum, bereits Vorhandenes aufzuspüren, Unbekanntes zu erforschen und das noch im Coachee Schlummernde in einer für ihn stimmigen Art und Weise zu aktivieren.

- Gelassen bleiben, wenn Unerwartetes passiert! Coaching lebt von der Person des Coachees. Es gibt keinen vorgeschriebenen Fahrplan, der einzuhalten ist, um anzukommen. Der Weg ist das Ziel und dieser ist mit Hilfe von Intuition und Erfahrung angemessen zu gestalten.
- Die Rolle als Coach im Blick behalten! Der Experte hat im Coaching Sendepause und die persönliche Ansicht sowieso. Nur wenn man sich ganz auf die Welt des Coachees einlässt, sie akzeptiert, wie sie ist, und wirklich versteht, funktioniert Coaching.

Bleiben oder Gehen

von Brigitte Ott-Göbel

Dass ich meine Coaching-Ausbildung in Wien absolviert habe, war kein Zufall. Abgesehen davon, dass ich sowieso nicht an Zufälle im Leben glaube, dies war definitiv keiner. Ich wollte in meiner Ausbildungsgruppe möglichst große Vielfalt haben und möglichst wenig genau solche Menschen wie mich. Also Konzernmitarbeiter eines großen deutschen Konzerns, die sich zum Coach ausbilden lassen und alle unter den gleichen Begleiterscheinungen eines solchen Systems leiden. Außerdem bin ich ein Fan interkulturell gemischter Gruppen und reise sehr gerne. Meine Rechnung war aufgegangen, zumindest teilweise. Meine Ausbildungsgruppe bestand aus genau 7 Personen und: keiner kam wie ich aus einem Konzern, schon gar nicht aus einem deutschen.

Alle außer mir kamen aus Österreich, alle bis auf einen: den Kursleiter, der kam ebenfalls aus Deutschland. Die Kollegin, deren Hintergrund mir noch am ähnlichsten war, hatte bei der Telekom Austria gearbeitet, das Unternehmen aber freiwillig verlassen und befand sich in einer Phase der Umorientierung und der Ausbildung zur Farb- und Stilberaterin. Sie hatte also den Schritt aus dem Konzern heraus, mit dem ich schon länger liebäugelte, schon getan. Die Frau, die ebenfalls wie ich aus einem stark businessorientierten Umfeld kam, war Personalleiterin bei PriceWaterhouse

Coopers. Eine andere war Mitgeschäftsführerin eines handwerklichen Betriebes in Osttirol, eine weitere Kursteilnehmerin Yogalehrerin und Entspannungstherapeutin. Die Männer wiederum kamen entweder aus dem Mittelstand wie der Geschäftsführer eines holzverarbeitenden Betriebes aus der Steiermark und der Ingenieur, der ein Projekt bei einem Aerospace Unternehmen leitete. Maximale Diversität also – wunderbar.

Unsere Coaching-Ausbildung begann dann auch sehr gut, wir fanden schnell Kontakt zueinander, die angenehmen Räumlichkeiten und die entspannte Atmosphäre taten ihren Teil dazu. Mir ist noch sehr präsent, wie ich am Vorabend des ersten Moduls im 8. Wiener Bezirk von meinem Hotel aus durch die Straßen lief und wie mir schlagartig bewusst wurde: nun fängt ein neuer Lebensabschnitt für mich an – Ende offen.

Die beiden vergangenen Jahre waren von großen Zweifeln und Veränderungen geprägt gewesen. Nach über 20 Jahren in einem männerdominierten Konzern der Automobilindustrie war meine Karriere sozusagen in eine Sackgasse geraten, man könnte auch sagen, mein Weg war an die gläserne Decke gestoßen, und zwar von unten. Ich hatte Mitte der Neunziger Jahre gemeinsam mit zwei Kolleginnen in meinem Unternehmen ein Frauennetzwerk aufgebaut, aus eigenem Antrieb und mit dem Ziel, eine Plattform zu schaffen für den Austausch von engagierten Frauen im Konzern. Dies war uns gut gelungen, schaffte mir aber nicht nur Freunde im Personalbereich und bei einigen meiner Vorgesetzten. Ich galt nunmehr, mit Mitte vierzig, als anspruchsvoll, erfahren, aber nicht einfach in der Führung. Außerdem gehörte ich schon länger zu den ältesten Mitarbeitern des Bereichs, in meiner Abteilung war ich bereits die älteste. Mir war klar: hier bleiben bis zum Pensionsalter von 63, das würde bedeuten, dass mein Leben immer schwieriger würde, immer mehr Druck von oben und von jungen, ehrgeizigen Kollegen. Vor einigen Monaten waren zum ersten Mal in der Geschichte des Konzerns flächendeckende Programme zum freiwilligen Ausscheiden, verbunden mit recht attraktiven Abfindungen aufgelegt worden. Ich hatte mich nach längerem Überlegen nicht dafür entschieden, unter anderem deshalb, weil ich sehr spät begonnen hatte, mich mit der konkreten Offerte auseinanderzusetzen. Ich hatte das Gefühl, die Zeit wäre für mich noch nicht reif. Allerdings bereute ich das schon kurz nach Ablauf der Frist der Programme – aber es war zu spät. Selbst ein Gespräch mit dem Personalbereich und meinem Vorgesetzten half nicht mehr – die Kontingente waren von den Mitarbeitern so gut angenommen worden, man konnte zusätzlich nun nichts mehr machen. In dieser Stimmung fuhr ich nach Wien und begann meine Coaching-Ausbildung, ganz klar mit dem Ziel, mir eine wichtige Zusatzqualifikation zu erwerben, wie lange auch immer ich noch im Unternehmen bliebe und wann immer auch „mein Moment" gekommen war.

Wer selbst an einer Coaching-Ausbildung teilgenommen hat, kennt das Gefühl: man startet in der Ausbildung mit viel Grundlagenwissen und mit den Theorien, die das wissenschaftliche Fundament der Ausbildung darstellen. In unserem Fall war das die systemische Theorie sowie der Konstruktivismus. Wiewohl mir klar war, dass eine systemische Ausbildung für meinen Hintergrund das Passende war und wiewohl ich eine Liebhaberin der Bücher von Paul Watzlawick war, hatte ich doch anfangs viele Momente des Haderns und der kritischen Auseinandersetzung mit der oft abstrakten Sprache der Systemiker und einigen Denkansätzen des Konstruktivismus. Gut gefiel mir, dass wir schon früh wichtige Instrumente im Coaching, also z.B. Fragetechniken, kennenlernten. Ich war ja eine Frau der Instrumente und Tools und galt in meinem beruflichen Umfeld stärker als Pragmatikerin denn als Methodenfrau.

Anfangs hatte ich doch viele Momente des Haderns und der kritischen Auseinandersetzung mit der oft abstrakten Sprache der Systemiker.

Wir standen nun in der Mitte des zweiten Moduls und unser Ausbilder hatte uns schon zu Beginn der Ausbildung angekündigt, dass wir bald „ins Tun kämen", also konkret das Coachen ausprobieren würden. Mir war an diesem Vormittag im November 2006 nicht klar, wie schnell dies für mich Realität werden würde. Jedenfalls war die Situation die, dass meine Kollegen und ich zu Beginn dieses Moduls den Wunsch geäußert hatten, einmal ein Democoaching unseres Ausbilders vorgeführt zu bekommen. Sozusagen ein Trockenlauf, bevor wir selbst den Sprung ins kalte Wasser würden wagen müssen. Und als nun unser Ausbilder am Morgen fragte, wer sich für ein solches Democoaching als Coachee zur Verfügung stellen würde, wer ein konkretes Anliegen hätte, zögerte ich nicht lange und hob meine Hand. Daraufhin wurde ich aus dem Stuhlkreis der Gruppe herausgeholt und war nun für die darauffolgende Zeit nicht mehr eine Kollegin im geschützten Rund der Ausbildungsgruppe, sondern der „Coachee". Ich saß meinem Ausbilder gegenüber, gut sichtbar für alle, und schilderte mein Anliegen. Dies bestand – wen wundert es nach dem soeben Geschilderten – in der Frage, wie ich meine weitere berufliche Entwicklung gestalten sollte, auf den Kern gebracht könnte man auch sagen: Bleiben oder gehen?

Mein Ausbilder ließ mich nun zunächst die Ausgangssituation schildern. Dies war für mich schon eine sehr intensive und anstrengende Sache, denn ich musste erzählen, wie ich mich mit dem Gedanken an einen schnellen Ausstieg getragen hatte, aber sozusagen zu spät kam und nun in einer Situation (gefühlt) gefangen war, die mir nicht wirklich angenehm war und die ich nicht mehr lange „ertragen" wollte. Schon die Schilderung meiner Entscheidung – gegen das sehr attraktive Abfindungsangebot, für das Bleiben und die Sicherheit – kostete mich viel Energie und brachte tausend Gefühle an die Oberfläche. Ärger, Frust, Reue, Unzufriedenheit, und einiges mehr. Nun besteht das Wesen des systemischen Coachings ja darin, dass lösungsorientiert gearbeitet wird und nicht allzu lange beim Problem verharrt wird. Günstig für mich, nur: wo war die Lösung und wie sah sie aus?

Mein Ausbilder startete mit vielen Fragen: zirkulären Frage, wie wir sie gerade in der Ausbildung gelernt hatten. Er fragte also nicht mich nach meinen Gefühlen und Wahrnehmungen, sondern fragte nach anderen Perspektiven. Meines Chefs, meiner Kollegen, meines Mannes und meiner Freunde. Als wir meine Lage aus verschiedenen Blickwinkeln beleuchtet hatten, malte er einen Zeitstrahl auf und fragte mich, wo ich in einem Jahr stehen wollte und wo in 3 bis 5 Jahren. Das Ende der Skala, also der Zeitpunkt 3 bis 5 Jahre, war schnell beschrieben: klar,

ich wollte selbständig sein als Beraterin, Trainerin und Coach. Schwieriger war es, ein Zwischenziel für x + 1 Jahr zu formulieren. Wie könnte ich meine derzeitige Situation so gestalten, dass sie für mich annehmbarer und lebenswerter würde? Eine weitere Frage war, was mich kurzfristig im Unternehmen hielt und was „die andere Seite" wäre, also all die Energiefresser und Druck auslösenden Faktoren. Beide Seiten hatten nach einiger Zeit ungefähr gleich viele Einträge, aber war nicht auch die Gewichtung ausschlaggebend?
War es nicht so, dass materielle Sicherheit, Annehmlichkeiten wie schöne Geschäftsreisen mit Luxushotels und soziale Kontakte die hohe Frustration über die Bewertungssysteme des Konzerns und die Energiefresser nicht aufwogen?

In meinem Kopf begann es sich bereits zu drehen und ich fühlte, dass für mich noch ein weiter Weg der Klärung bevorstand. Nur das Fernziel war für mich klar, das war unumstößlich. Sollte das schon eine Lösung sein? Mein Ausbilder war offensichtlich nicht dieser Meinung, sondern begann nun, die kurzfristige Perspektive zu beleuchten, und wandte eine zweite Technik an, die wir am Tag zuvor gelernt hatten: die Skalenfragen. Dies war eine Technik, deren Nutzen mir für das Coaching zwar einleuchtete, mit deren konkreten Anwendung ich allerdings als nicht zahlengetriebener Mensch eher Probleme hatte. Wie um alles in der Welt sollte ich mich perspektivisch in einem Jahr einordnen auf einer Skala von 1 bis 10, wenn 10 ein vernünftiges Maß an Arbeitsbelastung bedeutete und 0 absolute Überforderung? Dies nicht genug, kaum hatte ich es geschafft, mich in dieser Skala auf einen Punkt festzulegen und auch die berühmte Frage zu beantworten, was es denn bräuchte, um einen Punkt höher zu gelangen auf dieser Skala, führte mein Ausbilder auch schon die nächste Skala ein. Eines meiner kurzfristig formulierten Ziele war es, das Coaching-Know-how anzuwenden, wo also stünde ich in einem Jahr bezogen auf dieses Ziel? Und es wäre noch vergleichsweise einfach gewesen, diese Frage mit einer Skala zu beantworten, ich sollte die Antworten jedoch differenzieren nach dem Anwenden des Coachings im Job, im Freundeskreis sowie in meinem persönlichen Netzwerk.

Wie um alles in der Welt sollte ich mich perspektivisch in einem Jahr einordnen auf einer Skala von 1 bis 10?

Ich hatte zwischenzeitlich jegliches Gefühl für die Dauer unseres Democoachings verloren, ja, mir war nicht einmal mehr bewusst, dass dies ein Democoaching war. Vage nahm ich nur war, dass weitere Personen im Raum waren, von denen immer mal wieder eine den Raum verließ, offensichtlich um eine technische Pause zu nehmen. Ich selbst war der Coachee, absolut konzentriert und mittlerweile schon leicht erschöpft.

Es sollten noch zwei bis drei Skalen folgen: die Zahl der beschriebenen Flipcharts erhöhte sich auf mehr als eine Handvoll. Eine der noch wichtigen, zu bearbeitenden Fragen lautete, was ich klar nicht mehr tun wollte und wie ich damit in einem Jahr dastünde. Natürlich nicht nur in Bezug auf eine Einflussgröße, sondern mehrdimensional und aus verschiedenen Perspektiven. Zu meinem großen Glück trugen wir am Schluss alle Skalen auf einer Seite zusammen, die Seite hatte die Überschrift 31.12.2007. Nun konnte ich im Überblick sehen, wie ich mich aus jetziger Sicht in Bezug auf meine kurzfristigen Ziele einschätzte und was ich mir vornahm.

Wir schlossen das Democoaching ab. Ich war vollkommen erschöpft und hatte das Gefühl, mindestens 5 Stunden gearbeitet zu haben. Es waren exakt 2,5 Stunden gewesen, und nicht nur ich verlangte nun nach einer Pause, auch meine Ausbildungskollegen und auch mein „Coach“ gingen nun in die verdiente Mittagspause. Beim Mittagessen redeten wir über Alltagsthemen, ich war dankbar dafür. Erst an diesem Abend ließ meine Anspannung ein bisschen nach und meine Kollegen sagten mir, dass sie mich bewundert hätten für meinen Mut und meine Offenheit. Ich wiederum wusste, dass diese Sitzung etwas in mir geklärt hatte, auch wenn ich es noch nicht genau benennen konnte.

Das Ausbildungsmodul brachte uns noch selbst ins Coachen, und die Scheu war nun nicht mehr so groß, weder bei mir noch bei meinen Kollegen. Sicherlich würden wir nicht bei unserem ersten Mal mit so vielen zirkulären Fragen und mehrdimensionalen Skalen arbeiten, wie es in diesem Democoaching geschehen war, aber wir hatten nun einen Eindruck davon, wie die Instrumente und Fragetechniken anzuwenden waren.

Die Coaching-Ausbildung schlossen wir ein gutes halbes Jahr später ab, mittlerweile war es früher Sommer in Wien und die Stadt, die ich im Herbst und Winter kennengelernt hatte, zeigte sich von ihrer allerschönsten Seite. Zur Diplomfeier fuhren wir in ein Lokal an einem Donauarm, wir tranken Sekt und feierten uns als frischgebackene Coaches. Während der vergangenen 9 Monate hatte sich für jeden von uns etwas verändert, wir waren nicht mehr die gleichen Menschen, die sich zu Beginn der Ausbildung im November 2006 getroffen hatten.

Anderthalb Jahre nach dieser Diplomfeier schied ich nach 25-jähriger Konzernzugehörigkeit aus und begann meinen Weg in die Selbständigkeit. Heute bin ich erfolgreich tätig als Beraterin, Trainerin und Coach. Ich arbeite auf ganz ähnlichen Gebieten, wie ich es früher im Rahmen meiner Aufgaben getan hatte, sprich, ich bin bei meinen Kernkompetenzen geblieben. Ich reise nach wie vor, ich arbeite mit internationalen Teams und bewege mich viel in der Welt der multinationalen Konzerne. Statt Senatorstatus bei der Lufthansa und 5-Sterne Luxushotel in Asien bin ich nun ein Smart Flyer und nächtige in modernen Designhotels. Statt Regelkommunikation und Jour fixe zählen für mich Kooperationen mit unterschiedlichen Kolleginnen und Kollegen, von denen ich enorm viel lerne. Und, statt Anwesenheitskultur zu pflegen, geht es in meiner Arbeit darum, für meine Kunden die bestmögliche Lösung zu suchen, immer in Einklang mit meiner persönlichen Energiebalance. Wenn Freunde oder ehemalige Kollegen mich fragen, was sich für mich verändert hätte, so bezeichne ich es als größten Gewinn an Lebensfreude und Lebensqualität, dass ich über meine Zeit und meine Arbeit selbst bestimmen kann.

Statt Regelkommunikation und Jour fixe zählen für mich Kooperationen mit unterschiedlichen Kolleginnen und Kollegen, von denen ich enorm viel lerne.

Es gibt keine Energiefresser mehr, nun sagen wir, kaum mehr welche. Diejenigen, die es noch gibt, sind quasi hausgemacht und haben mit gewissen Schwächen im Thema Selbstorganisation am Arbeitsplatz zu tun. Der Druck aber, die Bewertungssysteme, die mich so viel Energie gekostet hatten, sie gibt es nicht mehr in meinem Leben. Und wenn ich zurückdenke an mein „erstes Mal" und das Flipchartprotokoll meiner Ausbildung zur Hand nehme, ist alles genau so eingetroffen, wie ich es mir an meinem Zeitstrahl für den Zeitraum 3 bis 5 Jahre aufgemalt hatte. Sicherlich ebenfalls kein Zufall, dass es nicht 5 Jahre, sondern nur 2 Jahre gedauert hatte bis zum entscheidenden Schritt der Veränderung. Manchmal wirkt das erste Mal eben beschleunigend (…).

Ich – ein Coaching-Klient? Das „erste Mal" eines Professors einer norddeutschen Universität

im Interview mit seinem Coach, Sylvia de Vries

Coach: Wie genau kam es zu dem Coaching? Wessen Idee war es?

Klient: Das Coaching war meine Idee, allerdings kam die Anregung von einem Freund, welcher selber als Coach für größere Unternehmen tätig ist. Dort ist es ja im Rahmen der Personalentwicklung völlig normal, dieses Instrument einzusetzen. Nicht so im akademischen Bereich, abgesehen von einigen Modellversuchen.

Coach: Welches Anliegen wollten Sie mit dem Coaching bearbeiten? War dies Ihnen so von Anfang an klar? Welche Fragestellung haben Sie dann tatsächlich bearbeitet?

Klient: Mein zentrales Anliegen war, Personal- und Führungskompetenz zu erlangen und in zweiter Linie meine Prioritätensetzung zu verbessern.

Als Professor wird man ja durch seine Ausbildung überhaupt nicht auf Führungsaufgaben, Personalmotivation, Mediation etc. vorbereitet. Das soll einem quasi bei der Berufung von irgendwoher in den Schoß fallen. Und dann steht man vor einer Arbeitsgruppe von 50 Leuten, die alle individuell sehr unterschiedlich sind, und deren

Hintergrund und Ausbildung von Sekretariat bis beinahe Professor gehen, mit den entsprechenden Unterschieden in Selbständigkeit, Eigenmotivation, Leistungsfähigkeit. Und nicht zu vergessen die Studierenden, die wieder ganz woanders abgeholt werden müssen.

Andererseits gilt z. Zt. im akademischen Bereich oft „big is beautiful" – wenn man also keine große Arbeitsgruppe hat, sind Ansehen und Einfluss im Kollegium entsprechend geringer. Dem kann man sich nur mit dem entsprechenden Selbstvertrauen entziehen.

Coach: Hatten Sie vor Beginn Vorbehalte gegenüber dem Thema „Coaching"? Falls ja, welche?

Klient: Durch persönliche Kontakte zu Kollegen, die selber Coaching durchführen, hatte ich keinerlei Vorbehalte. Allerdings teilweise eine falsche Vorstellung, die mehr in Richtung „Beratung" ging, oder dem Erlernen bestimmter Management-Techniken.

Coach: Welche Erkenntnisse haben Sie während des Coachings gewonnen und wie kam es dazu? Wie ist der „Knoten geplatzt"?

Klient: Schwierig, jetzt die Schlüsselerkenntnisse zu identifizieren.

Es tat zum einen extrem gut, sich mal explizit über viele Dinge klar zu werden, die man so im täglichen Betrieb einfach so aus dem Bauch heraus macht. Noch hilfreicher war es, sich mal die Dinge klarzumachen, die man nicht macht und scheut, und warum dies so ist. Das kann dann auch mal ins Eingemachte gehen, sprich in das eigene Selbstbild und dessen Wurzeln, auch um Ängste und Hemmungen.

Schon durch wenige aber gezielte Fragen startete bei mir ein Reflexionsprozess. Mir war auch nicht klar, dass Coaching ja keine Beratung im engeren Sinne ist, sondern im wesentlichen Hilfe zur Selbst-Reflektion. Das bedeutet auch, dass man selber am meisten tun muss, also sich nicht zurücklehnen und die Beratung auf sich einrieseln lassen kann.

Coach: Gab es besonders lustige, überraschende oder verrückte Momente im Coaching?

Klient: Überraschend war es für mich, dass ein erstes, so dahin gekritzeltes Schema mit allen Personen und ihren Beziehungen überraschend detailreich und stimmig war. Also gibt es ein recht präzises Bild vom interaktiven Netzwerk in der Gruppe, welches sich durch eine einfache Technik sichtbar machen lässt.

Coach: Wie hat sich das Coaching konkret auf Ihren beruflichen Alltag ausgewirkt? Was tun Sie nun konkret anders als vorher und wie hat sich Ihre Einstellung oder Haltung verändert?

Klient: Ich gehe jetzt an viele Konfliktsituationen in meiner Arbeitsgruppe viel gelassener heran. Ich kann auch bestimmte unbefriedigende Situationen so bestehen lassen und habe nicht andauernd ein schlechtes Gewissen, hier nicht einzugreifen. Denn nicht alles was wünschenswert wäre, lässt sich auch anpacken, wenn der kalkulierte Zeitbedarf z.B. an Konfliktmanagement zu groß wäre. Also lass ich bestimmte zu große Baustellen links liegen. Das wirkt sich natürlich auch positiv auf die private Zeit aus, denn man schleppt weniger Probleme in den Feierabend. Zum zweiten habe ich gelernt, dass ich zu oft denke, die anderen Mitarbeiter, Kollegen und Studierenden wüssten, was ich genau erwarte. Hier achte ich jetzt präziser darauf, meine Erwartungen konkret zu artikulieren, selbst auf die Gefahr hin, dass ich mich wiederhole.

Ich achte jetzt präziser darauf, meine Erwartungen konkret zu artikulieren.

Coach: Was war vielleicht nicht so gut im Coaching? Was hätte besser laufen können?

Klient: Ich hätte mich manchmal besser vorbereiten sollen.

Coach: Welche Rolle spielt Coaching für Sie ganz persönlich? Was ist der besondere Reiz? Was macht den Unterschied?

Klient: Ich würde es sehr begrüßen, im Abstand von 1–2 Jahren wieder einige Sitzungen absolvieren zu können, denn noch immer ändert sich das Aufgabenspektrum bei meiner Tätigkeit. Gegenwärtig wird es zum Beispiel immer wichtiger, uns in der Forschungsszene innerhalb Deutschlands zu positionieren, was auch Auswirkungen auf die Ressourcenverteilung hat. Salopp gesagt, muss ich hier immer häufiger die Ellenbogen ausfahren, was mir von meinem Naturell her gar nicht liegt. Aber ohne eine gewisse Durchsetzungskraft würde ich meiner Verantwortung für die Gruppe nicht gerecht. Auch dies eine Aufgabe, für die man im Laufe der Universitätskarriere nur sehr unvollkommen vorbereitet wird. Stattdessen zählt „learning by doing". Das kann klappen, aber auch fürchterlich nach hinten losgehen. Das ist sicher auch ein Grund, weswegen die universitäre Selbstverwaltung oft ein sehr zähes Geschäft ist. Alle fühlen sich als kleine Chefs. Bestimmte Verhaltensweisen, die in jedem Betrieb geächtet wären, werden hier eher toleriert. Allerdings ändern sich gegenwärtig hier die Standards und Spielregeln, hin zu einem kollegialeren und transparenten Umgang.

Statement zu diesem Coaching-Prozess von Sylvia de Vries:
Dieses Coaching war auch für mich dahingehend neu und hochinteressant, als dass es mein erstes Coaching im wissenschaftlichen Bereich war. Dies haben der Coachee und ich gleich im Kennenlern-Gespräch thematisiert, und er hat entschieden, dass ihm gerade die neue Perspektive eines Coaches aus dem wirtschaftlichen Kontext spannend erscheint. Eine Erfahrung, die ich an dieser Stelle recht häufig mache: wenn die Chemie zwischen den beiden Beteiligten stimmt und eine vertrauensvolle Zusammenarbeit möglich erscheint, ist das Thema „Feldkompetenz" oft nicht mehr so wichtig. Meine systemische Haltung als Coach, dass der Klient stets der Experte für seine inhaltlichen Themen bleibt und es meine Aufgabe ist, ihn durch die richtigen Fragen zur oben beschriebenen Selbst-Reflexion anzuregen, stellt das Konzept „Feldkompetenz" sowieso in einen anderen Blickwinkel.
Nichtsdestotrotz waren einige der Fragen, die ich dem Professor stellte, keine systemischen Coaching-Fragen, sondern tatsächlich Verständnisfragen, da der Sprachgebrauch zwischen Wissenschaft und Wirtschaft zum Teil recht unterschiedlich ist. Zumindest in meiner Wahrnehmung hat dies dem Gesamt-Prozess nicht geschadet. Im Gegenteil: manche Verständnisfrage zeigt ja gerade den Unterscheid des eigenen Systems zu anderen Systemen und diese Unterscheidung kann weiterführende Gedanken ermöglichen.
Es freut mich sehr, dass wir zur Zeit mit einer neuen Fragestellung in einem zweiten Coaching zusammenarbeiten.

Lösungsfokus: Vom Problem zur Lösung

Der Zauber im Coaching beginnt mit der Definition eines Ziels. Wir, die Autoren, können uns gar nicht mehr recht erinnern, wann wir dieses vielleicht wichtigste Erfolgsgeheimnis des Coachings in vollem Umfang begriffen haben: Problem und Lösung haben nichts gemeinsam.

Wenn Sie selbst coachen oder schon einmal ein Coaching genossen haben, dann ist das vielleicht nichts Neues mehr für Sie. Sollten Sie noch keine eigene Coaching-Erfahrung haben, kommt es Ihnen vielleicht geradezu verrückt vor. Hört man dies zum ersten Mal, ist es kaum vorstellbar. Wie jetzt: Problem und Lösung sollen nichts miteinander zu tun haben?

Problem und Lösung haben nichts gemeinsam, außer einer Sache: Derjenige, der die Situation als Problem oder problematisch beschreiben kann, der kann auch eine Lösung finden.

„Null Problemo!" (aus „Alf", TV-Serie)

Und der Begriff „Lösungsfokus" bedeutet: Wir schauen nicht auf das Problem, sondern bewusst auf das Finden einer Lösung. Es

geht nicht um die Analyse der Vergangenheit, sondern um eine gewünschte (subjektive) Verbesserung in der Zukunft (de Shazer, 2009). Wobei diese Zukunft in eben dieser Sekunde beginnen kann.
Daher stellt der Coach von Gesprächsbeginn an Fragen, die auf die Zukunft gerichtet sind. Er fragt, wie es der Probleminhaber künftig gerne hätte. Selbst zu einem Zeitpunkt, wo der Coach technisch gesehen noch gar nicht Coach ist, weil er hierfür noch keinen expliziten Auftrag bekommen hat (vgl. Kapitel „Auftrag", Seite 107).

Fragen nach der Zukunft und nach der Lösung „tun" etwas anderes, als Fragen nach der Vergangenheit und nach dem Problem. Vergangenheitsfragen führen zu Rechtfertigungen und zu einem „Zurechtlegen der Fakten". Das trifft für jeden Coaching-Prozess zu. Ganz besonders relevant wird diese Erkenntnis jedoch im firmeninternen Kontext. Hier können sich Mitarbeiter fast zu Rechtfertigungen genötigt fühlen. Denn Ursachenforschung verleitet zur Suche nach Schuldigen. Aus „Was ist das Problem?" wird „Wer ist das Problem?".
Dass wir Menschen es so sehr gewohnt sind, in Problemanalysen zu denken, dürfte etwas mit der Industrialisierung zu tun zu haben. Denn Analysen funktionieren ganz ausgezeichnet bei Maschinen. Jemand stellt fest, was das Problem ist und sucht nach der Ursache. Er fragt nach dem „Warum" und „Wieso" und leitet daraus logische Lösungen ab. Das funktioniert bei allen Systemen, die lineare Wechselwirkungen haben. Die dem einfachen Schema „aus A folgt B" gehorchen. Das trifft auf alle technischen Systeme zu und Heinz von Foerster nennt diese Systeme „trivial" (von Foerster, 2008, 54). Die Lampe brennt nicht. Warum ist das so? Die Glühbirne ist beispielsweise kaputt. Lösung: Tausche die Glühbirne aus und die Lampe brennt wieder.

Menschen und ihre Probleme funktionieren nicht linear.

Menschen und ihre Probleme funktionieren nicht linear, auch wenn wir das in vielen Fällen gerne so hätten (von Foerster, 2008, 54 ff.). Wenn es keine lineare „Wenn-Dann"-Kausalität in Menschen gibt, dann existiert auch keine direkte Verbindung aus Ursache, Problem und Lösung. Wenn Sie Lösungen finden möchten, schaffen Sie das in den seltensten Fällen über Problemanalysen (sofern es sich

um non-triviale Systeme, wie Menschen, handelt) (von Foerster, 2008, 56).
Allein die Beschreibung des Problems in allen Einzelheiten und die Art und Weise, wie wir uns damit beschäftigen, kann das Thema größer erscheinen lassen. Manchmal stabilisieren sich Probleme durch ihre Konkretisierung und es erscheint (nur noch) schwerer, jemals eine Lösung zu finden. Jeglicher Zugang zur Lösung wirkt dann wie versperrt.
Was uns in diesem Zusammenhang auch wichtig ist: Wenn wir sagen „weg vom Problem" und „hin zur Lösung", dann meinen wir nicht die Nutzung eines neuen Wortschatzes oder eine originelle Umformung, nach dem Motto: „Lassen Sie uns nicht mehr vom Problem reden. Sprechen wir lieber anstatt dessen von der H-e-r-a-u-s-f-o-r-d-e-r-u-n-g." Alleine die Tatsache, dass der Probleminhaber dem „Kind einen neuen Namen gibt", wird den Fokus auf das Ziel oder die Lösung nicht erzeugen.

Was jedoch definitiv einen Unterschied macht, ist die direkte Frage nach dem Ziel bzw. nach der Lösung: „Was ist Ihr Ziel in dieser Sache?" oder „Was wollen Sie erreichen?"
So fängt der Klient an, nach vorne zu schauen. Und wenn ihm das anfangs vielleicht nur im Sinne einer Negation gelingt, wie z.B. „Ich möchte nicht mehr, dass (…).", dann ist dies bereits ein wichtiger Schritt hin zur Lösung. Es ermöglicht dem Coach nämlich, zu fragen: „Aha – und was möchten Sie anstatt dessen?"
So ist der Einstieg geschafft. In der Folge achtet dann der Coaching-Anwender bewusst auf positive Formulierungen durch den Coaching-Klienten. Wichtig ist: hier geht es oft um eine sprachlich positiv formulierte Zielbeschreibung. Diese positive Formulierung hat rein gar nichts mit einer emotionalisierenden „Chakka-Chakka-Go-Go"-Strategie zu tun. Ganz nach dem Motto: Hauptsache positiv! Nein, *wir* betonen es deshalb, weil sich aus der der Erkenntnis, was jemand *nicht* oder *nicht mehr* möchte, definitiv noch keine direkten Kriterien für die Zukunft ableiten lassen. Denn dafür braucht es noch etwas anderes.
(Beispiel: Ziel: „Ich möchte nicht immer der Letzte im Wettlauf sein." – „Was wollen Sie statt dessen sein?" – Antwort: „Ich möchte nur manchmal der Letzte sein." oder „Ich will immer der Erste sein." oder „Mir reicht es gelegentlich der Vorvorletzte zu sein.")

Das Ziel ist das Ziel: Manchmal schon.

Coaching-Gespräche beginnen oft damit, dass zwei Menschen zusammentreffen, von denen der eine ein Problem hat und der andere berät. Dass tatsächlich aus dem Zusammentreffen zweier Menschen und dem Umstand, dass einer von beiden ein Problem hat, ein Coaching-Gespräch wird, hängt unter anderem davon ab, dass die beiden sich darauf einigen (vgl. Kapitel „Auftrag", Seite 107).

Warum nun diese wortreiche Annäherung an den Beginn des Coachings? Ein Sprung mitten ins kalte Wasser greift aus unserer Sicht zu kurz und geht direkt an der Pointe vorbei. Wir möchten Sie daher einladen, mit uns den Beginn eines Coachings Stück für Stück nachzuvollziehen. (Nicht zum Selbstzweck, sondern weil wir so unsere Erfahrungen teilen möchten.)

Nicht immer, wenn zwei Menschen zusammentreffen, hat einer ein Problem. „Gott sei Dank!", möchte man ausrufen. Nicht immer, wenn ein Mensch ein Problem hat, ist Coaching angezeigt (vgl. Kapitel „Coaching, wie wir es definieren", Seite 47). Nicht immer, wenn ein Mensch ein Problem hat, möchten wir coachend tätig werden. Nicht immer, wenn jemand ein Problem hat, möchte er dieses aufgeben oder seine Sichtweise darauf verändern. Und nicht immer, wenn jemand ein Problem hat, will er es sofort aufgeben. Und das alles ist aus unserer Sicht auch völlig in Ordnung so.

Egal, ob Sie als interner oder externer Coach tätig sind: Menschen werden gelegentlich erst einmal eine ganze Weile von ihrem Problem und über ihr Problem reden (wollen). Und auch das ist aus unserer Sicht völlig in Ordnung. Bevor der beratende Gesprächspartner irgendwie lösungsfokussiert einhaken kann, wird es eine Weile um das Problem gehen – und zwar genau so lang, wie es notwendig ist.

„Ich habe zwar keine Lösung, bewundere aber das Problem." (Ashleigh Brilliant)

Um aus einem Zusammentreffen ein Coaching-Gespräch werden zu lassen, sollte zu einem geeigneten Zeitpunkt der Probleminhaber ein Ziel formulieren. Diese Zielformulierung steht allerdings erst am Ende dieser ersten Phase eines Coachings. Um es mit den Worten von Insoo Kim Berg zu sagen: „Lösungsfokussiert sein bedeutet nicht automatisch, problemphobisch zu sein." „Problemphobie" ist ein von ihr häufig genutzter Ausdruck.

Als wir selbst unsere ersten Coaching-Ausbildungen als Teilnehmer genossen haben und sogar in den Lehrgängen, die wir selbst gehalten haben, lag lange Zeit unser Fokus darauf, den Probleminhaber so zügig wie möglich zu einer Zieldefinition zu führen. Und das kann in vielen Fällen auch sinnvoll sein und funktionieren. (Manchmal kommt vielleicht sogar ein Klient schon mit einer „perfekten" Zielformulierung durch Ihre Tür.)
Das Sprechen und Analysieren von Problemen wird in der lösungsorientierten Beratung für kaum sinnvoll oder hilfreich gehalten. Steve de Shazer sagt ganz treffend: „Problem talk creates problems, solutions talk creates solutions". Lösungsorientierte Coaches meiden deshalb solche Fragen, die den Klienten weiter in das Problem hineinführen und eine Problemtrance verstärken.
Andererseits plädieren wir hier für die Flexibilität im Einzelfall, denn ein „narratives Nacherzählen" des Problems kann Vorteile haben. Davon zu berichten und zu erzählen, kann den Erzähler strukturieren. Der Coaching-Klient hört seine eigene Zusammenfassung, und zwar so, wie die Situation *jetzt aktuell gerade* ist. Er verschafft sich selbst einen derzeitigen Überblick und „bringt sich" auf den neuesten Stand. In vielen Fällen hatten unsere Klienten auch wenige Gelegenheiten, von ihren Sorgen und Belastungen zu sprechen, und fühlen sich dann oft mit ihren Ängsten oder ihrem Ärger allein. Oder aber, der Probleminhaber hat sein Umfeld schon an den Rand des Wahnsinns getrieben, weil er ständig und nur noch über das übermächtige Problem gesprochen hat. Irgendwann wandten sich seine Zuhörer und Unterstützer ab oder reagierten genervt, sobald die Sprache wieder auf das scheinbar unlösbare Problem kam. Auch dann fühlen sich die Betroffenen nicht gehört und allein gelassen.
Und das alles kann sich der lösungsorientierte Coach zunutze machen. In der Anfangsphase, in der es um das Problem geht, passiert Beziehungsarbeit für das Coaching-System und es wird Vertrauen hergestellt, weil der Coachee erlebt: ich werde respektiert, man hört mir zu, ich habe Raum für meine Sorgen und Probleme.
Weiterhin besteht eine Chance im negativen und belastenden Inhalt des Gesprochenen: umso belastender der Klient die Situation empfindet, umso einfacher kann eine positive Grundstimmung für Veränderung entstehen. Das kann besonders für interne Coaches bedeuten, dass sich hier eine Gelegenheit für Coaching auftut. Lassen Sie also ruhig die Leute auch mal sprechen … vom Problem.

Kein Ziel ist das Ziel. Manchmal.
Es gibt sie: die Situationen im Berufs- oder Privatleben, in denen wir nicht nur kein Ziel sehen, sondern vielleicht auch gar keine Ziele sehen wollen. Wir bezeichnen das als unser Recht, im Problem zu bleiben. Unrecht ist es nämlich unserer Meinung nach, dies nicht zu akzeptieren oder sich darüber lustig zu machen. Es gibt Situationen, in denen der Probleminhaber kein Ziel formulieren möchte oder in der Sekunde, in der er das Ziel ausspricht, erkennt, dass er dieses Ziel gar nicht als seines sehen möchte. Er erkennt instinktiv, dass er das Problem aufgeben müsste, wenn er auch nur eine Sekunde länger gedanklich auf das Ziel schaut.

Verweile doch Du bist so schön. (J.W. Goethe)

Ein Coaching-Klient: „Ich schildere also mein Problem und schaue meinem Gegenüber dabei in die Augen. Ich versuche, seine Mimik und Gestik zu deuten und strukturiere zeitgleich meine Situation, indem ich darauf schaue. Und dann spüre ich, dass ich nichts ändern kann. Nicht jetzt. Ich kann etwas, das mit meiner schwierigen Situation verbunden ist, nicht aufgeben. Da ist noch etwas zu wichtig."

Lassen Sie also ruhig die Leute auch mal sprechen ... vom Problem.

Dies kann eine Erkenntnis sein. Dies nennt man Reflektieren. Coaching ist auch das: Der Klient kann im Problem bleiben und aus dem Coaching-Gespräch weggehen, nachdem er „einfach mal" darüber geredet hat. Vielleicht reicht es manchmal, zu wissen, wieso man eine Sache jetzt nicht angehen kann oder will. (Oder der Gecoachte versteht vielleicht, weshalb er etwas „so oder anders tut" und bleibt im Gespräch und somit im Coaching-Prozess.)
„Ich möchte noch wütend sein. Traurig sein.": Wenn ein Mensch dies für sich erkennt und formuliert, dann ist das Coaching häufig zu Ende. Wobei wir davon überzeugt sind, dass alleine die Erkenntnis des Probleminhabers (dass er das Ziel nicht erreichen, sondern im Problem verweilen möchte) das Problem verändert. Und manchmal ist die Erkenntnis noch einfacher: Wieso ich jetzt ein Thema nicht angehe, kann daran liegen, dass ich „nicht immer alles verändern muss" (auch wenn ich es könnte). Auch wenn das, was ich tue, ineffektiv oder ineffizient erscheint. „So zu sein" ist auch in Ordnung.
Was uns das Wichtigste ist: Im Coaching darf es, dafür stehen wir ein, nicht um „reparieren" gehen. Coaching kann hoch effizient

sein – aber nur, wenn der Probleminhaber das auch möchte. Es darf im Coaching nicht darum gehen, das Funktionieren des Menschen (wieder) herzustellen. Ein „immer nach Vorne" macht Coaching zu etwas Getriebenem. Hier sehen wir eine Überforderungs-Gefahr in der Lösungserarbeitung (die bei der Zielklärung beginnt). Wenn der Probleminhaber kaum einen Moment im Problem verweilen darf, weil er sogar hier sofort „weitergepeitscht" wird, dann entsteht eine Atmosphäre mit unberechenbaren Effekten.

Coaching (und hier zuallererst die Zielformulierung) darf aus unserer Sicht nicht dazu missbraucht werden, um jedem Preis „weiter, schneller und effektiver" zu sein. Das Ziel und die Lösung stehen ganz im Dienste des Problem- bzw. Situationsinhabers.
Vielleicht fällt es dem Coach in der konkreten Situation schwer, das zu akzeptieren. Da mag es dem externen Coach ebenso gehen wie dem internen Coach oder der coachenden Führungskraft. Dennoch gilt hier, sich in Respekt und Akzeptanz gegenüber dem Coaching-Klienten zu üben.
Wir gehen davon aus, dass Menschen, die führen und die sich für Personalentwicklung interessieren, andere Menschen unterstützen wollen. Verantwortungsbewusste Menschen, die im Unternehmen andere coachen und unterstützen möchten, wollen diesen helfen und sie nicht nur irgendwo (hin-) motivieren oder manipulieren.
Diese Sichtweise entspringt unserem positiven Menschenbild. Wir glauben nicht, dass alle Menschen immer manipulieren wollen. Ansonsten – wenn wir davon nicht ausgehen würden – dürften wir kein Coaching und keine Coaching-Seminare anbieten. (Genauso wenig wie asiatische Kampfsportarten unterrichtet werden dürften. Denn auch hier wird den Schülern Selbstverteidigung beigebracht, und die Kampfsportlehrer gehen nicht davon aus, dass ihre Schüler dies aggressiv einsetzen.) Auch wir entscheiden uns aktiv dazu (hier in diesem Buch und in Coaching-Lehrgängen), an ein positives Menschenbild zu glauben. Und daran, dass die Lernenden damit etwas Gutes bewirken wollen.
Im Coaching entsteht ein Raum, in dem Gedanken und Lösungen durchgespielt werden können: Ein geschützter Raum zum Ausprobieren. Ein geschützter Raum für Entscheidungen. Wie „Trockenschwimmen". Die Aufgabe des Coaches ist also, einen Raum entstehen lassen, in dem der andere sich nur auf sich konzent-

rieren kann. Hier wird er weder durch seinen Alltag noch durch Gefallsucht oder „soziale Angepasstheit" abgelenkt. Er sollte hier frei von Wettbewerb, frei von „Effektivität" und „Effizienz-Druck" entscheiden können.
Vielleicht fragen Sie jetzt: Und was ist, wenn die Führungskraft der Coach ist und auf diese Art ganz viel über den Coachee (seinen Mitarbeiter) erfährt? Weiß die Führungskraft dann nicht – nach einem Coaching – viel mehr oder etwas anderes über den Coachee? Ja! So ist es. Die Führungskraft erfährt unter Umständen etwas „Neues" über seinen Mitarbeiter. Und das ist dann einfach so. Es ist aus unserer Sicht auch nicht schlimm. Auch wenn die Führungskraft dann unter Umständen manche Grenzen des Coachees kennenlernt. Um diesem „privaten Moment", der sich in jeder Coaching-Beziehung aufmacht, gerecht zu werden, gibt es die Phase der Auftragsklärung. Innerhalb des Auftrags kann der Coachee entscheiden, ob er einen Coaching-Auftrag vergeben möchte und so eine Einladung aussprechen. Coaching schafft Kontakt, Beziehung, Nähe und Vertrauen (oder im Falle eines fehlenden Auftrages möglicherweise auch Misstrauen). Beginnt eine Führungskraft (oder innerhalb einer anderen Arbeitsbeziehung sich befindende Kollegen), ohne Auftrag zu coachen, so werden die natürlichen Nähe-Distanz-Grenzen überschritten. Da Coaching-Fragen sehr kraftvoll sind, wird diese Kommunikationsart ohne Auftrag häufig als „Übergriff" empfunden. Eine vorherige Einwilligung in das Coaching-Gespräch ist deshalb notwendig und erforderlich.
Und das entspricht auch unserer eigenen Praxiserfahrung und den Rückmeldungen, die wir aus der Praxis erhalten. Coaching-Klienten können jederzeit aus dem Beratungsprozess aussteigen und tun dies auch, wenn ihnen dabei etwas nicht gut tut. Und auch Coaches (interne wie externe) haben immer die Möglichkeit „nein" zu sagen.
In einem Coaching-Gespräch sitzen beide Beteiligten freiwillig in einem Boot. So wie beide dafür freiwillig eingestiegen sind, so können auch beide jederzeit entscheiden, wieder auszusteigen.

Literatur

de Shazer, S.: Worte waren ursprünglich Zauber. Heidelberg, 2009
von Foerster, H., Pörksen, B.: Wahrheit ist die Erfindung eines Lügners. Gespräche für Skeptiker. Heidelberg, 2008

Auftrag

„Gut gemeint ist das Gegenteil von gut." (Volksweisheit)

Diese Erkenntnis – oder oft auch nur die Wiederholung dieses einprägsamen Satzes – ist schon weit verbreitet und begegnet uns im Alltag immer wieder. Wollen wir an dieser Stelle etwas weniger werten, so könnten wir auch sagen: gut gemeint ist nicht zeitgleich auch gut gemacht. Und trotzdem fangen wir im Alltag häufig an, es gut zu meinen: uns für andere zu bemühen, für den anderen mitzudenken oder mitzuarbeiten. Und das alles ohne Einladung oder – wie wir es im Coaching nennen – ohne Auftrag.

Für das Gelingen von Coaching-Gesprächen ist die Auftragsklärung unerlässlich. Hiervon erzählt auch Manuela Kallinowsky in „Coaching als HR-Business Partner: Chancen & Grenzen" (Seite 117).

Die Auftragsklärung ist von zentraler Bedeutung für den Coaching-Klienten und auch für den Coach. Erst nachdem beiden klar ist, was im Weiteren passieren wird, sollte es losgehen.

Dies gilt für alle Coachings und im besonderen dort, wo Sie als Führungskraft, Kollege oder Personalentwickler in der Funktion als Coach tätig werden. Sprich: Sobald Sie in ihrer ursprünglichen Profession aktiv Coaching-Techniken anwenden und mit Ihrem Coaching-Klienten im Berufsalltag auch auf anderen Ebenen und anderen Funktionen zusammenarbeiten. Dann ist die Auftragsklärung von besonderer Wichtigkeit, denn hier sollten beide Parteien des Coaching-Prozesses klar wissen, welchen Hut Sie gerade aufhaben. In dem Zusammenhang sei erwähnt, dass es Stimmen gibt, die behaupten, Führungskräfte könnten ihre Mitarbeiter gar nicht coachen. Wir hingegen sind davon überzeugt, dass Coaching in der Führung möglich und in der modernen Führung sogar nötig ist.

Hier sollten beide Parteien des Coaching-Prozesses klar wissen, welchen Hut Sie gerade aufhaben.

Es ist unbestritten, dass eine Führungskraft erst einmal Aufgaben, Rahmen und Orientierung sowie Informationen liefern und mit klarer Kommunikation führen muss. Und sicherlich wird das auch weiterhin einen Hauptteil in der Führungsbeziehung zum Mitarbeiter ausmachen.

Es gibt aber eben auch all die Fälle, in denen es darum geht, Mitarbeitende aktiv und bewusst in die Selbstverantwortung zu führen. Nämlich in Projekten und Aufgaben, in denen der Mitarbeiter selbstverantwortlich Entscheidungen fällen soll und muss. Und hier ist Coaching erwünscht und notwendig. Überall dort also, wo Sie als Führungskraft entlastet werden wollen. Und überall dort, wo Sie selbst kein Experte sind und sich deshalb auf das eigenverantwortliche Handeln des Mitarbeiters verlassen müssen und wollen.

Als ein plakatives Beispiel sei der tägliche Kundenkontakt genannt. Hier gibt es in jedem Unternehmen (mehr oder weniger klar kommunizierte) Rahmenbedingungen zum Umgang mit Kunden. Diese Bedingungen sind vordefiniert. Und doch: all das, was Ihr Mitarbeiter tagtäglich im Kontakt mit seinen Kunden tut oder nicht tut, entscheidet er in jeder Minute seines Arbeitstages selbst. Und genau hier ist beispielsweise Raum für Coaching in der Führung: Innerhalb vordefinierter Rahmenbedingungen kann die Führungskraft ihre Mitarbeiter dabei unterstützen, eigenverantwortlich angemessene und passende Lösungen zum Umgang mit Kunden zu entwickeln.

Die Auftragsklärung

Eine Auftragsklärung kann – in welcher Situation Sie sich auch befinden – sehr zügig und in den allermeisten Fällen schnell und ohne große Worte durchgeführt werden. In der Not reicht es aus, z.B. zu fragen: „Ist es ok, wenn ich Dich dazu noch etwas frage?“ oder „Willst Du auf das Thema mal aus einer anderen Perspektive draufschauen?“ oder in manchen Fällen auch „Möchtest Du meine Meinung dazu hören?“ und ganz deutlich „Erzählst Du mir das, weil Du einen Ratschlag willst?" Der Benefit dieser Klärung ist jedoch enorm und deshalb in jedem Fall empfehlenswert. Der Auftragnehmer – hier der Coach – kann und sollte nur DAS liefern, was der andere ausdrücklich verlangt hat. Der Auftragnehmer ist verantwortlich dafür, den Auftrag (sauber) zu klären, bevor er ihn annimmt. Und: ein gut geklärter Auftrag ist die „halbe Miete" im Coaching-Gespräch! (Unserer Erfahrung nach profitieren hiervon nicht nur berufliche Interaktionen, sondern auch alle zwischenmenschlichen Lebensbereiche, in der andere uns verbal, nonverbal, „gefühlt" oder „gespürt" um Hilfe bitten.)

Sechs Fallen und sechs Erfolgsfaktoren

Wie überall im Coaching sind auch bei der Auftragsklärung die Fragen des Auftragnehmers (des Coaches) an den Auftraggeber (des Coaching-Klienten) das A & O. Die Auftragsklärung ist jedoch mehr als die bloße Frage: „Was müssen wir hier besprechen, damit Sie Ihrem Ziel näher kommen?" Mit der Auftragsklärung gestaltet der Coach aktiv das gesamte Beratungssystem und das wollen wir uns an dieser Stelle im Detail genau anschauen.

Erste Falle: „Der tut nichts – der will nur helfen."

Täglich begegnen uns im Berufs- und im Privatleben Situationen, in denen wir glauben, wir hätten einen Auftrag gehört. Vielleicht kennen Sie das auch: Sie servieren ihren Mitarbeitern, ihrer Frau oder ihren Freunden Lösungen, die gar keine Lösungen bestellt haben. In einem Restaurant würden wir uns sicher heftig beschweren, wenn uns der Kellner plötzlich einen Bohneneintopf serviert, nachdem wir ihn nach der Speisekarte gefragt haben. Er glaubte, gehört zu haben, dass wir den Eintopf bestellt haben, doch wir haben lediglich nach der Karte gefragt. Im Berufsleben sind wir und unsere Mitarbeiter offenbar schon daran gewöhnt, dass andere für uns ohne Auftrag handeln oder wir für andere ohne Auftrag tätig werden. Vielleicht kennen Sie auch einen Kollegen, der Sie – sagen wir einmal bei der täglichen Arbeit am PC – beobachtet. Diesem Kollegen erscheint Ihr Blick auf den Bildschirm etwas zu angestrengt und schon hören Sie ihn fragen: „Gibt es ein Problem?" Ihre prompte Antwort „Nein" verhallt ungehört in den Weiten des Großraumbüros. Sie hören eine direkte, auf den Punkt gebrachte Diagnose des Problems: „Das ken-

ne ich. Hatte ich letzte Woche auch …" und es folgt eine detaillierte Schilderung des vermeintlichen Problems. Sie sind noch völlig überrascht, dass Sie scheinbar einen Blick oder eine Körperhaltung eingenommen haben müssen, welche bei Ihrem Kollegen den Anschein erweckt, Sie hätten ein Problem. Zugleich fragen Sie sich, was Ihr Kollege an dem Wort „Nein" wohl missverstanden haben könnte. Und noch bevor Sie überhaupt klarstellen können, dass es sich keineswegs um eine schwierige Situation handelt, prasseln schon die gutgemeinten Lösungen auf Sie ein. Selbst ein deutliches „Es ist wirklich kein Problem." lässt den Kollegen nur an der Schwere des Problems festhalten: „Sie brauchen das jetzt nicht klein zu reden. Das ist allen in der Abteilung schon mal passiert und aus Fehlern kann man lernen …" An diesem Punkt stellt sich die Frage: Wie konnte das passieren? Wie konnte der Kollege einen Auftrag hören und tätig werden? Wir werden es nie erfahren.
Sie können jedoch für sich beschließen, im Coaching und in jeder anderen Situation keine gespürten Aufträge mehr zu (er)finden.

➔ **Finger weg von „gespürten" Aufträgen!**

Für Thomas Weiß ist die Auftragsklärung das A & O: In seinem Praxisbeitrag (Seite 127) schildert er eindringlich Auswirkungen und Konsequenzen ungefragten Coachings.

Zweite Falle: „Ich sehe was, was Du nicht siehst..."
Ihr Mitarbeiter schildert Ihnen wortreich eine Situation: „Gestern Abend, kurz nachdem Sie das Büro verlassen haben, rief Herr Müller an. Sie wissen doch, unser beste Kunde aus der Region Süd-West. Er war völlig außer sich und beschwerte sich über die schlechte Behandlung unserer Vertriebsniederlassung…"
Seien Sie ehrlich. An welchem Punkt einer wortreichen, episch-breiten Schilderung eines aufgeregten Mitarbeiters hören Sie nicht mehr einfach nur zu, sondern beginnen mit der Produktion eigener Lösungsvorschläge? („Ich muss Herrn Müller selber anrufen. Am besten noch Vormittags." oder „Im nächsten Vertriebsmeeting braucht es unbedingt endlich den Punkt Beschwerdemanagement.", etc.)
Sie haben eine Bestellung gehört und servieren Eintopf.
Vielleicht mögen Sie einwenden, dass ihre knappe Zeit als Führungskraft nicht zulässt, die gesamte Geschichte in all ihren Facetten bis zu Ende anzuhören. Und gerade mit diesem Argument

ist die Auftragsklärung von enormer Bedeutung: Fragen Sie Ihren Mitarbeiter, warum er Ihnen diese Geschichte erzählt und was er von Ihnen erwartet. Hierfür müssen Sie die Geschichte nicht einmal bis zum Ende anhören. Denn in der Antwort Ihres Mitarbeiters liegt der Schlüssel und eine Vielzahl an Möglichkeiten: Vielleicht möchte er, dass Sie tätig werden und Herrn Müller anrufen oder er möchte einen Ratschlag von Ihnen; vielleicht möchte er gelobt werden und Anerkennung hören, weil er das Problem längst erfolgreich gelöst hat. Bei der ersten Möglichkeit hätten Sie richtig geraten; im Falle der letzten Möglichkeit könnte es passieren, dass Sie nie von den Leistungen Ihres Mitarbeiters erfahren. Vielleicht möchte Ihr Mitarbeiter Ihnen von dem unfähigen Verhalten des Kollegen in der Niederlassung erzählen und er erwartet sich eine Maßregelung. Es ist auch möglich, dass er einen Fehler begangen hat und diesen einräumen möchte, damit kein anderer Kollege verdächtigt wird. Die Motive Ihres Mitarbeiters, und das, was er sich von Ihnen erwartet, können vielfältig sein und wir haben nur eine Möglichkeit, um genau herauszufinden, wieso er Ihnen die Begebenheit schildert: durch Fragen.

➔ **Die Auftragsklärung ist die Klärung der Erwartungshaltung des anderen!**

Dritte Falle: Jeder darf alles von mir erwarten.

Das Coaching-Gespräch hat, so wie eine Medaille, zwei gleichberechtigte Seiten. Sie müssen keineswegs die Erwartungshaltung des anderen erfüllen und den Auftrag um jeden Preis annehmen.

Lassen Sie uns kurz den Vergleich mit dem Restaurant wieder aufnehmen: In einem vegetarischen Restaurant können Sie zwar einen Schweinebraten erwarten und bestellen, es ist jedoch fraglich, ob man ihn auch liefern wird. Mitarbeiter können beispielsweise glauben, wir seien verpflichtet, sie bei der Zielerreichung zu unterstützen oder wir seien verantwortlich dafür, dass sie ihre Ziele erreichen. Ob und in wie weit das zutrifft, muss zunächst einmal die Führungskraft selbst entscheiden. Wenn Ihr Mitarbeiter lieber einen Ratschlag an Stelle eines Coachings haben möchte, müssen Sie entscheiden, ob Sie das auch liefern wollen. Sie können auch „nein" sagen. Und das zu jedem denkbar möglichen Auftrag.

Kollegen können beispielsweise erwarten, dass Sie sie bemitleiden, mit ihnen jubeln oder ihnen Recht geben. Sie möchten dann bestimmt kein Coaching – sie möchten Recht bekommen. Ob Sie das

Erwartete liefern, werden Sie im Rahmen der Auftragsklärung entscheiden müssen. Vielleicht kennen Sie auch diese Fälle: Menschen bitten um Ihr Vertrauen, bevor sie einen Sachverhalt schildern. Das ist grundsätzlich völlig in Ordnung. Sollten diese Personen Sie aber ins Vertrauen über eine dritte Person ziehen und Sie bitten, mit niemandem darüber zu sprechen, dann kann sich ein Paradoxon in der Auftragsklärung einstellen.
Es stellt sich Ihnen die Frage: Kann ich versichern, nichts weiter zu erzählen? Und dabei kommt es auf den Sachverhalt an, denn in manchen Fällen könnte der Inhalt Sie in Ihrer Funktion dazu verpflichten, Informationen weiterzugeben. Einen solchen Auftrag anzunehmen, kann Sie in Gewissenskonflikte bringen. Ein weiteres Beispiel könnte sein, dass eine Person sich Ihnen zu Details über einen Dritten anvertraut und Sie darum bittet, diese dritte Person weiterhin ganz neutral zu behandeln und zu sehen. In vielen Fällen ist es nicht vorhersehbar, wie Sie reagieren werden … weil es eben darauf ankommt (eben auf den Inhalt der vertraulichen Information). Ihre beste Freundin vertraut Ihnen an, dass sie von ihrem Partner, den Sie kennen und schätzen, oft geschlagen wird. Sie sollen es aber um Himmelswillen keiner Menschenseele erzählen (das ist zu schaffen) und Sie sollen sich bitte genauso wie vorher gegenüber dem Partner der besten Freundin verhalten (viel Glück dabei!).

„Today I´m handing out lollipops and ass-whoopins and right now, I´m all out of lollipops.“ (aus „Will & Grace“, TV-Serie)

➔ **Sie entscheiden, was Sie liefern wollen – im Zweifel: liefern Sie gar nichts!**

Vierte Falle: Ein Coaching ist ein Coaching ist ein Coaching ist ein …

Unter dem Begriff Coaching wird vieles zusammengefasst. Wir haben als Herausgeber und Coaches nicht den Anspruch, die „einzig richtige“ Form von Coaching zu betreiben und möchten an dieser Stelle die inflationäre Verwendung des Begriffes Coaching nicht vertiefen. Ein Aspekt in diesem Zusammenhang ist jedoch im Rahmen der Auftragsklärung unerlässlich: Sie und Ihr Coaching-Klient sollten die gleiche Vorstellung davon haben, was passiert, wenn Sie ein Coaching-Gespräch führen. Da es die verschiedensten Möglichkeiten gibt – und Ihr Coaching-Klient möglicherweise schon verschiedenste Erlebnisse oder Informationen über Coachings hat (vgl. Kapitel „Coaching, wie wir es definieren“, Seite 47) – sollten Sie ganz praktisch klarstellen, was Ihren Gesprächspartner erwartet – und was nicht.

➔ **Sagen Sie klar, was Sie zu geben bereit sind!**

Praxisbeispiel

Frau Baumann, 44 Jahre alt, ist seit 14 Jahren Abteilungsleiterin in einem mittelständischen Unternehmen. Ihr Team mit 20 Personen führt sie gerne und erfolgreich; sie hat sich in ihrer Position gut eingerichtet. Leider seien nun Umstrukturierungen geplant und unternehmensbedingte Zusammenlegungen verschiedener Abteilungen. Sie vermutet, dass auch ihre Abteilung betroffen ist und befürchtet, dass sie bei einer Zusammenlegung mit „der anderen Abteilung“ möglicherweise in Konkurrenz mit dem dortigen Abteilungsleiter kommen – und ihr Team verlieren – könnte. Aus diesem Grund möchte sie mit Hilfe eines Coachings an ihrer Durchsetzungskräftigkeit arbeiten, um bei Verhandlungen selbstsicher und bestimmt auftreten zu können. Im Zuge der Auftragsklärung und Erwartungen der Coaching-Klientin wird Frau Baumann gefragt: „Was müssen wir heute hier im Detail besprechen, damit Sie Ihrem Ziel (selbstsicher und gleichzeitig durchsetzungskräftig aufzutreten) näher kommen?“ Die Punkte, die Frau Baumann nun für eine gelungene und passende Lösung einbrachte, hatten mit dem zuvor formulierten Ziel nichts mehr gemeinsam. Sie will kein vergrößertes Team mit 40 Personen führen und möchte deshalb auch diese Verhandlungen nicht führen („Wieso sollte ich daran arbeiten, mich bei einer Sache durchzusetzen, wenn ich sie gar nicht erreichen will?“). Frau Baumann ist davon überzeugt, dass Erfolg und Effektivität des Teams maßgeblich von der „kleinen Teammitgliederanzahl“ abhängen. Sie beschließt deshalb, ihre Überzeugung bei ihrem Vorgesetzten in den kommenden Monaten zu platzieren und Gegenargumente für eine Zusammenlegung der Abteilungen zu sammeln. Mit dieser Erkenntnis will sie sich für den Erhalt ihres Teams – trotz der Umstrukturierungen – einsetzen.

Fünfte Falle: Sich verändernde Ziele und falsche Erwartungen
Angenommen, Sie haben detailreich geklärt, was Sie unter Coaching verstehen (oder unter jeder anderen Form von Unterstützung und Beratung). Und angenommen, Ihr Coaching-Klient (Ihr Auftraggeber) möchte genau diese Form der Unterstützung annehmen. Auch jetzt noch kann es zu unterschiedlichen Erwartungen zwischen dem Coach und dem Coaching-Klienten kommen. Es kann alles geklärt sein und trotzdem ganz anders kommen. Während des Gespräches wird vielleicht deutlich, dass Ihr Klient unter all den Schichten der „Erwartungshaltungen" und „eigentlich-wäre-es-wichtig"-Zielen sich etwas ganz anderes wünscht. Die Zeit schreitet voran und fast am Ende der gemeinsamen Gesprächszeit wird Ihnen klar: das Ziel und der Auftrag haben sich verändert (siehe hierzu auch Kasten auf vorheriger Seite)!
Hier würden wir Ihnen empfehlen: Stoppen Sie den Prozess und klären Sie erneut das Ziel und folglich Ihren Auftrag. Ein klarer Auftrag und Klarheit in der Zielvorgabe ist gewinnbringender, als ein halbherziges Lösungsbild zu erarbeiten. Was haben Sie von einem neuen Mantel im Kleiderschrank, den Sie nie anziehen werden?

➔ **Holen Sie sich einen neuen Auftrag, wenn sich das Ziel Ihres Gegenübers im Laufe des (Coaching-)Prozesses verändert!**

Sechste Falle: „Ich coache, also bin ich."
Zum Abschluss möchten wir nochmals den Fokus darauf legen, dass die Unterstützungsleistung natürlich nicht immer Coaching sein muss. Selbstverständlich kann auch einfach „da-sein" und zuhören enorm wichtig oder die Weitergabe einer Information notwendig sein, weil jemand ohne diese Information nicht vernünftig weiterarbeiten kann. Auch Ratschläge sind häufig angebracht (mit all ihren Chancen und Risiken) und zwar dort, wo es jemand ausdrücklich wünscht oder darum bittet. Es kommt eben darauf an, was der andere erwartet und sich wünscht und was Sie in der Folge zu geben bereit sind. Manchmal werden Sie vielleicht auch den inneren Drang verspüren, einen Ratschlag geben zu wollen; und sogar das ist möglich, mit beispielsweise der Frage: „Ich habe dazu eine Idee. Möchten Sie sie hören?" Sollte Ihr Gesprächspartner ablehnen, dann wissen Sie auch (dem Himmel sei Dank!), woran Sie sind.

➔ **Coachen Sie dort, wo es passt!**

Sechs Erfolgsfaktoren in der Auftragsklärung:
1. Finger weg von „gespürten" Aufträgen!
2. Die Auftragsklärung ist die Klärung der Erwartungshaltung des anderen!
3. Sie entscheiden, was Sie liefern wollen – im Zweifel: liefern Sie gar nichts!
4. Sagen Sie klar, was Sie zu geben bereit sind!
5. Holen Sie sich einen neuen Auftrag, wenn sich das Ziel Ihres Gegenübers im Laufe des (Coaching-)Prozesses verändert!
6. Coachen Sie dort, wo es passt!

Spezialsituationen in der Auftragsklärung: Die berühmt-berüchtigte „Chemie"!
Auftragsklärung bedeutet für uns auch Beziehungsklärung. Es ist kein Geheimnis, dass die Beziehung zwischen zwei Personen ein zentrales Element im Kontakt und bei der Begleitung von Menschen ist. Wieso ist nun eigentlich die Beziehung im Gespräch so wichtig? Und wobei soll die „gute Beziehung" genau helfen? Die Faktoren sind sicherlich vielfältig, individuell, persönlich, ganz subjektiv innerhalb des Systems und vielleicht manchmal eigenartig, aber in jedem Fall einzigartig, und, und, und (...).
Das alles im Blick behaltend könnte man sagen, dass ein Detail unserer Meinung nach bei den meisten „guten Beziehungen" heraussticht: ein gewisses Maß an gegenseitigem Vertrauen.
Kann ich als Coaching-Klient bei meinem Gegenüber darauf vertrauen, dass ich von ihm angenommen und wertgeschätzt werde, so beeinflusst dieses emotionale Wissen zwei Aspekte in der Coaching-Arbeit: zum einen erhöht es meine Konzentration auf mich selbst und ich kann ganz und gar bei mir und meinen Kompetenzen bleiben und zum anderen erlebe ich im Gespräch eine innerliche Entspanntheit (im Gegensatz zu Entspannung[1]), die mir Gelassenheit und Freiheit für neue kreative Gedanken ermöglicht.

1) „Entspanntheit": innerliche Gelassenheit mit kognitiver Wachheit und der Fähigkeit zu Fokussieren; Entspannung: körperliche (reduzierter muskulärer Tonus, u.a.) und mentale Entlastung mit erhöhtem Wohlbefinden, Zufriedenheit bis hin zu Müdigkeit/Schläfrigkeit

Vertraut ihr Coaching-Klient darauf, dass Sie ihn akzeptieren und wertschätzen, dann muss er sich nicht mehr damit beschäftigen, was Sie wohl von ihm denken und erwarten. Ganz egal, ob es um eine Führungssituation geht oder um „soziale Erwünschtheit" im Allgemeinen. Besteht das nötige Maß an Vertrauen, so kann der Klient sich voll und ganz auf sich konzentrieren. Er kann seine Ressourcen und Kompetenzen abrufen und dazu nutzen, kreativ zu arbeiten. Dann ist einzig und allein von Interesse, was er selbst für sich persönlich entwickeln kann. Eine vertrauenserweckende Atmosphäre sagt klar: „Ich – Dein Coach – vertraue auf Deine Kompetenzen, dass Du eine passende Lösung selbst entwickeln kannst." Und ob diese Atmosphäre entsteht oder nicht, darauf haben wir als Coach Einfluss. Ein erster Schritt zur Beziehungsklärung könnte im Selbstmanagement liegen: „Kann ich mit dem anderen?", „Mag ich mein Gegenüber oder kann ich ihn oder sie – ganz ehrlich und unter uns gesagt – nicht riechen?", „Wie authentisch kann ich mit dieser Person sein?", „Welche Möglichkeiten habe ich persönlich, um Vertrauen herzustellen?" Ein kurzer, ehrlicher Blick in die eigene emotionale Welt kann hier wertvolle Informationen liefern und einen enormen Einfluss auf die Auftragsgestaltung haben. Vertiefend legen wir Ihnen den Beitrag „Frau B. oder Das Problem hinter dem Problem" (Seite 133) ans Herz.

Bestimmten Menschen möchten Sie vielleicht ein intensives Coaching anbieten und anderen definitiv nur einen gut gemeinten Ratschlag geben. Deshalb gilt auch hier: Sie müssen nichts – aber Sie können alles anbieten, was Sie zu geben bereit sind. Wenn Sie sich über Ihre eigene Beziehung zum Gesprächspartner im Klaren sind, dann bereichert das ihre gemeinsame Arbeit und ermöglicht eine stabile Auftragsklärung. Sowohl während eines Coaching-Gesprächs als auch danach:

- Ungenügend geklärte Aufträge beeinträchtigen u.U. die Beziehung.
- Klare und wertschätzende Abgrenzung („Das biete ich Ihnen an und das leider nicht.") schafft Offenheit und authentischen Kontakt.

Denn ob und wie Sie die jeweiligen Aufträge klären, wird unserer Meinung nach in jedem Fall die Beziehung und Vertrauensbasis zum Gesprächspartner prägen. Und das sowohl im „Heute" als auch in der Zukunft.

Coaching als HR-Business Partner: Chancen & Grenzen

von Manuela Kallinowsky

Moderne HR-Verantwortliche von heute scheinen wahre Multi-Talente zu sein: ihre Arbeit beschränken sie nicht mehr nur darauf, die Payroll oder Arbeitszeit- und Vergütungssysteme zu optimieren, als Personal- und Organisationsentwickler die Entwicklung von Menschen und Organisationen voran zu treiben oder die Betriebsratsarbeit zu gestalten bzw. arbeitsrechtliche Fragestellungen zu lösen. In der Rolle des HR-Business Partners mit tiefer Kenntnis der Organisation, des Geschäftsmodells sowie der Ablaufprozesse diskutieren sie heute mit Führungskräften, Geschäftsführern oder Vorständen anstehende strategische Entscheidungen über Produkte, Standorte oder Kunden und gestalten dabei als Sparringspartner die Geschäftsstrategie aus HR-Perspektive mit (vgl. hierzu ULRICH, Dave, Human Resource Champions: The Next Agenda for Adding Value and Delivering Results, 1996).

Gleichzeitig wird die Gestaltung und Steuerung von Changeprozessen für Unternehmen zunehmend zum erfolgskritischen Wettbewerbsfaktor. Die aktive Begleitung und das Coaching von Führungskräften und Schlüsselpersonen in Veränderungskontexten ist hierbei besonders wichtig, damit diese Personen ihr Potenzial in den anstehenden Herausforderungen wirksam entfalten können. Mit Blick auf die Heerscharen von Coaches auf dem freien Markt und die vielfältigen Angebote für externes Coaching stellt sich die Frage, welche Rolle die HR-Business Partner sinnvollerweise einnehmen können und wo die Grenzen eines organisationsinternen Coaching-Ansatzes liegen.

Denn: als Macher und HR-Spezialist für die vielfältigen Themen- und Problemstellungen im schnelllebigen Arbeitsumfeld sind die Aufgabenschwerpunkte der HR-Business Partner oft ergebnisorientiert. Mit ihrer inhaltlichen Fachkompetenz stiften sie dabei den expliziten Nutzen für die Organisation. Ist ein Coaching gemäß der reinen Lehre in dieser Aufgabenstellung überhaupt möglich? Auf den ersten Blick ganz anders ist das Rollenverständnis des systemisch geprägten Beraters und Coaches, der sich als Begleiter zur Weg-Findung innerhalb des sozialen Systems bzw. des sozialen Kontextes (z.B. der Abteilung, des Bereiches, des Unternehmens oder des Konzerns etc.) definiert und den Coachee ziel- und lösungsorientiert auf seinem Weg unterstützt. Der Coachee selbst bleibt dabei stets ergebnisverantwortlich. Der Coach hilft, die Handlungsoptionen zu eruieren, die eigenen Ziele bewusst zu setzen und unterstützt dabei mit geeigneten Methoden und Fragen. Er berät, stellt in Frage und fordert heraus. Im Fokus stehen dabei also stets die Hilfe zur Selbsthilfe und das Finden der eigenen Lösung für den Coachee.

In diesem Beitrag werde ich beleuchten, wie zielführend meine „ersten Gehversuche" als HR-Business Partner im innerbetrieblichen Coaching auf Basis meines systemisch-konstruktivistisch geprägten Denkansatzes waren. Welche Zielgruppen konnte ich damals bzw. kann ich grundsätzlich als HRler in welchem Kontext ergebnisoffen beraten und begleiten? Wo sind für mich als Personalverantwortliche ggf. Risiken eines solchen Beratungsansatzes?

Bei näherem Blick wird schnell klar: HR-Business Partner in der Rolle als interner Coach für Führungskräfte oder Mitarbeiter in Schlüsselpositionen können einen hohen Mehrwert liefern: sie kennen die Organisation mit ihren Herausforderungen und Schwachstellen. Sie arbeiten regelmäßig mit den Key Playern und wissen um die „Klippen und Stromschnellen". Sie sind i.d.R. kurzfristig(er) verfügbar und rasch anschlussfähig an den

Coachee. Auf Basis einer systemisch-konstruktivistischen Coaching-Ausbildung können sie ihre Beratungskompetenz mit dem organisationsinternen Know-how verbinden und interne Beratungsprozesse effektiv und zielführend gestalten.

In meiner langjährigen Erfahrung als HR-Business Partner und Personalleiterin hat sich herauskristallisiert, dass es eine wichtige Voraussetzung für ein erfolgreiches internes Coaching und das notwendige Beratungssetting gibt: die eigene intra-personale Rollenabgrenzung und Auftragsklärung im Vorfeld. Um Rollenkonflikte und -konfusionen zu vermeiden: sowohl für mich selbst im Beratungskontext als auch für den Coachee ist es wichtig, dass ich mir selbst darüber klar bin, in wessen Auftrag und in welcher Rolle ich unterwegs bin.

Vor meinem ersten Coaching habe ich mich daher mit folgenden Schlüsselfragen auseinander gesetzt – und tue dies bis heute:

- Was ist das Anliegen der Führungskraft bzw. des Mitarbeiters? Geht es ihm um eine Fachberatung zu HR-Spezialthemen oder um eine Begleitung bei der persönlichen Wegfindung? Ist das Anliegen abgrenzbar und in überschaubaren Beratungssequenzen bearbeitbar? Habe ich die hierfür notwendigen zeitlichen und inhaltlichen Ressourcen?
- Bin ich als organisationsinterner Coach neutral und kann daher ergebnisoffen beraten? Habe ich aufgrund meiner Rolle als HR-Verantwortliche in der Organisation genügend „geistigen Abstand", d.h., kann ich entsprechend dissoziieren und mich vom Problem des Coachees entfernen, um eine Metaperspektiven einzunehmen?
- Wann und wie lange bin ich als systemischer Berater für den Coachee hilfreich? Kann ich jede seiner Lösungen in meiner Rolle annehmen? Wann muss ich die Rolle des Coaches verlassen bzw. in welchem Kontext darf ich sie nicht annehmen, da meine HR-Verantwortung als Business Partner ein anderes Rollenverhalten erfordert? (Beispiel: Ein Callcenter-Mitarbeiter verhält sich wiederholt anmaßend und beleidigend gegenüber seinen Kunden, es gab bereits mehrere gravierende Beschwerden. Seine Führungskraft ist unsicher, was zu tun ist. In meiner Rolle als HR-Verantwortliche ist klar,

dass dem Mitarbeiter das Fehlverhalten deutlich aufgezeigt werden muss. Bei erneuter Wiederholung müssen disziplinarische Maßnahmen eingeleitet werden. In diesem Fall wäre eine rein ergebnisoffene Beratung der Führungskraft nicht opportun.)

- Wünscht sich die Führungskraft oder der Mitarbeiter von sich aus ein Coaching-Gespräch und versteht er, in welcher Rolle ich berate (als systemischer Berater oder als HR-Fachspezialist)? Kann ich seinen Bedürfnissen gerecht werden? Vertraut er meiner Neutralität und ist daher Offenheit und Vertrautheit möglich?

In unserer schnelllebigen Zeit ist der persönliche Beratungsbedarf von Führungskräften und Mitarbeitern sehr hoch.

In unserer schnelllebigen und von Veränderungsprozessen dominierten Welt ist der persönliche Beratungsbedarf von Führungskräften und Mitarbeitern sehr hoch und entsteht oft kurzfristig bzw. anlassbezogen. Die folgenden Beispiele waren die Schwerpunkte meiner ersten innerbetrieblichen Coachings. Sie zeigen, wie breit gefächert die Themenstellungen sein können und wie ein organisationsinterner Coach im abgesteckten Setting und auf Basis einer klaren Auftragsklärung wirken kann:

- Ein Bereichsleiter möchte seinen Bereich zukunftsorientiert neu ausrichten. Die zukünftige Aufbauorganisation steht bereits fest. Nun gilt es, die bestehenden Mitarbeiter auf die neuen Stellen zu verteilen. Da sich die Führungsspannen deutlich vergrößern und es weniger Führungsstellen mit neuen Anforderungsprofilen geben wird, wird es diverse „Gewinner und Verlierer" geben, was dem Bereichsleiter sehr unangenehm ist. Der Bereichsleiter bittet mich um ein Beratungsgespräch. In einem ca. einstündigen Termin arbeiten wir an seinen beiden Anliegen: er möchte für sich reflektieren, wo die betroffenen Mitarbeiter aktuell inhaltlich und persönlich stehen, wo deren Erwartungshaltungen liegen und inwieweit er diesen mit seinen Zukunftsplänen entsprechen kann, d.h., er möchte den Kontext des Veränderungsprozesses bearbeiten. Darüber hinaus möchte er für sich herausarbeiten, wie er die vermeintlichen Verlierer in den Veränderungsprozess einbinden und mitnehmen kann, ohne sie allzu sehr zu frustrieren bzw. zu verlieren. Die Gestaltung der Beziehung zu diesen Personen ist ihm ein großes Anliegen.

- Eine weibliche Führungskraft im mittleren Management stört sich an dem – in ihren Augen – machohaften diskriminierenden Verhalten eines männlichen Kollegen. Sie ist unsicher, wie sie sich verhalten soll. In einem Beratungstermin bearbeiten wir dieses Anliegen in Form eines Rollenwechsels, d.h., die Führungskraft übernimmt die Rolle des Kollegen. Ich schlüpfe in ihre Rolle, wir simulieren ein mögliches Konfliktgespräch. Auch hier bildet die Beziehungsgestaltung den Kern des Anliegens. Die Führungskraft lernt neue Verhaltensoptionen kennen, da ich in ihrer Rolle verschiedene neue Handlungsoptionen anbiete und sie sich in der Rolle des Kollegen mit dessen potenziellen Denkmuster und seiner Haltung auseinandersetzt. So kann die Führungskraft eine für sie stimmige Lösung herausarbeiten.
- Ein Young Professional, der in einem internen Förderprogramm für Führungsnachwuchskräfte weiterentwickelt wird, wurde zeitgleich von zwei Führungskräften innerhalb der Organisation angesprochen und bekam zwei sehr attraktive Stellenangebote: die eine Stelle ist eine weiterführende neu geschaffene Funktion als Projektleiter für ein Großprojekt, die zweite Stelle ist die Übernahme einer klassischen Führungsrolle als Altersnachfolge in einer mittelgroßen Abteilung. Beide Funktionen sind sehr attraktiv, die Entscheidung fällt ihm daher sehr schwer. Mit seinem Anliegen wendet er sich an mich: Was soll ich tun? Was ist besser für mich? In seinem Prozess der Selbstklärung kann ich ihn als systemischer Coach unterstützen, seine Lösung zu entwickeln.
- In einem mittelständisch geprägten Tochterunternehmen wurde die Geschäftsführung von zwei auf drei Personen erweitert. Der aus einer anderen Konzern-Gesellschaft neu bestellte Geschäftsführer tritt nun als dritte Person in die bereits seit längerer Zeit bestehende Geschäftsleitung ein. Er ist unsicher, wie er gegenüber seinen beiden neuen Kollegen auftreten und sich positionieren soll. Er möchte seine ersten 100 Tage in der neuen Rolle gut vorbereiten und bittet mich um beratende Unterstützung. In einem Führungswechsel-Coaching bearbeiten wir über einen Zeitraum von vier Mona-

ten seine jeweils relevanten Anliegen, v.a. zur Selbstklärung („Wie trete ich gegenüber meinen neuen Kollegen, meinen neuen Direct Reports und gegenüber dem BR auf? Wie möchte ich wahrgenommen werden? Was sind meine wichtigsten Botschaften?") sowie zur Kontextklärung („Wie werden mich meine neuen Kollegen empfangen? Welche Rolle kann ich sinnvollerweise wahrnehmen? Wie wurde die Rolle bislang und von wem ausgefüllt?").

Insbesondere bei diesen ersten Beratungsterminen empfand ich es als sehr hilfreich, mich „streng" an die klassische Schrittfolge des Coaching-Prozesses zu halten. Als Neuling auf dem Parkett der systemischen Beratung bot mir dieses Vorgehen Sicherheit und Klarheit hinsichtlich Struktur, Zeitfenstern und Rollen. Wie sahen diese ersten (internen) Beratungsprozesse bzw. Coachings im Detail aus?

Den Einstieg in das Beratungsgespräch gestaltete ich klassisch in Form der Begrüßung und des „Warm-Up". Da ich die Coachees aus dem betrieblichen Kontext bereits kannte, war diese Phase entsprechend kurz. Es folgte die Frage nach den Rahmenbedingungen, d.h., dem Anlass für das Gespräch („Worum geht es genau?"), dem zur Verfügung stehenden Zeitfenster sowie weiteren ggf. wichtigen Einflussfaktoren und Spielregeln. Wichtig war hier die frühzeitige Rollenklärung, d.h., die Klarheit für beide Gesprächspartner, ob ich das Gespräch tatsächlich als Coach führe oder eher in meiner Kompetenz als Expertin für ein Fachthema bzw. für mein „offenes Ohr" als Kollegin gefragt bin. Nahm ich den Auftrag als Coach an, musste die gedankliche Vorentscheidung klar getroffen sein.
In einer vertiefenden Sequenz wurde das Anliegen noch stärker „ausgeleuchtet", d.h., der Blickwinkel des Coachees wurde durch Fragen (z.B. „Was genau ist Ihr Ziel?", „Woran werden Sie merken, dass Sie das Ziel erreicht haben?") oder einfache Formen der Visualisierung erweitert und vom Problem hin zu einen möglichen Ziel entwickelt. Das Umfeld, angrenzende Themen sowie weitere Betroffene wurden mit in das Blickfeld aufgenommen. Besonders wichtig für die weiteren Beratungssequenzen erschien mir damals (wie heute) die anschließende Fokussierung des An-

liegens: Möchte der Coachee sein Anliegen als sog. „Ich-Thema" bearbeiten, bei dem es um eine Selbstklärung geht, liegt seine Energie eher auf der Klärung eines Beziehungsthemas oder ist die Reflektion des Kontextes, d.h., des größeren Rahmens (z.B. der Abteilung oder des Bereiches) zielführend?

Meine ersten Schritte auf dem Coaching-Parkett haben mir deutlich gemacht, dass der gemeinsame Konsens zwischen Berater und Coachee über den Fokus bedeutend ist für die weitere Gestaltung des Settings. Und dass die Entscheidung hierfür stets beim Coachee liegt. Zielführende Fragen zur Fokussierung sind: „Wie kann ich nun heute für Sie hilfreich sein?" oder „Was möchten Sie heute erreichen?". Gleichzeitig konnte ich zusätzliche Perspektiven anbieten, z.B. durch Aussagen wie „Ich höre aus Ihren Worten noch folgendes... Möchten Sie auch hierüber sprechen?".

Meine ersten Schritte auf dem Coaching-Parkett haben mir deutlich gemacht, dass der gemeinsame Konsens zwischen Berater und Coachee über den Fokus bedeutend ist.

Auch die bereits mehrfach erwähnte wiederholte Selbstklärung und Abgrenzung als interne Beraterin war in dieser Phase des Coachings sehr wichtig: Kann ich meinen Coaching-Auftrag bei dem Anliegen des Coachees vollumfänglich erfüllen? Muss ich meine Coaching-Rolle verlassen und eine andere HR-Rollen (z.B. die des Spezialisten für Arbeitsrecht) einnehmen, da meine unternehmensinterne Rolle als HR-Verantwortliche bzw. das inhaltliche Thema des Coachees dies erfordert? Komme ich als HRler in einen Intra-Rollenkonflikt? Macht es mehr Sinn, das Coaching (jetzt oder zu einem späteren Zeitpunkt) an einen externen Coach zu vergeben, da der Prozess zu zeitaufwendig ist oder ich selbst Teil des „betroffenen Systems" bin etc.?

Besonders intensiv war für mich die Arbeit an der konkreten Lösung des Coachees. Hier hat sich stets gezeigt, ob der Coachee durch meine Fragen seine Ziele erreichen bzw. seine Lösung entwickeln konnte. In dieser nächsten Gesprächssequenz steigerte sich die Tiefe und Intensität des Gesprächs deutlich, da wir gemeinsam auf die Vorgeschichte blickten und bisherige Lösungswege sowie unterschiedliche Perspektiven und Befindlichkeiten der weiteren Mitbeteiligten analysierten. Der Kontakt zwischen mir und dem jeweiligen Coachee sollte hier dem Arbeitsauftrag der Beratung (Hilfe zur Selbsthilfe) entsprechen. Das heißt, ich habe stark darauf geachtet, dass der Coachee der „Arbeitende" war und blieb! Mein Gesprächsanteil als Beraterin betrug daher idealerweise deutlich unter 50 %. Ich hielt relevante Zwischenergebnisse fest und spiegelte durch Kurz-Feedbacks wider: „Ich habe verstanden, dass…" oder „Bei mir ist angekommen, dass…"

Durch sogenannte Systemische Interventionen, wie z.B.

- systemische Fragen (z.B. zirkuläre Fragen, Wunder-Fragen, Skalenfragen etc.)
- Visualisierungen (mit Gegenständen, Skalen, Bildern, Metaphern, Systemdiagrammen, Aufstellungen, Pantomimen etc.)
- Kommentare in Form von Statements, Provokationen, Feedback, Spiegelungen, Reframing, die ich dem Coachee stets als solche kenntlich mache: „Darf ich Ihnen meine Wahrnehmung schildern? Was löst das bei Ihnen aus?"

setzte ich bedarfsgerechte und zielgerichtete Impulse im Beratungsprozess.

Insbesondere bei der Suche nach den verschiedenen Lösungsoptionen und den Schritten zur Umsetzung der Lösung waren und sind diese Interventionen hilfreich. Die Herausarbeitung der Zielerreichungskriterien ermöglicht dem Coachee, das Ziel bzw. die Lösung aus weiteren Perspektiven zu beleuchten („Woran werden Sie erkennen, dass Ihr Problem erfolgreich und nachhaltig gelöst ist? Woran noch?"). Bereits in meiner Coaching-Ausbildung hatte ich gelernt, dass all diese Fragetechniken und Interventionen als Anregungen und Impulse dienen, die handlungsorientiert, behutsam und wohl dosiert eingesetzt werden. Als Beraterin respektiere ich stets die Autonomie des Coachees und vertraue in dessen Problemlösungskompetenz. Seine Lösung steht stets vor meiner gedanklichen Lösung!

Zur Abrundung der Lösungsarbeit und zum Abschluss der Beratungssequenz nutze ich auch heute noch gerne folgende zukunftsorientierte Fragen:

- Was fällt Ihnen noch zu diesem Thema ein?
- Wo sind wir jetzt angelangt? Was ist noch offen?
- Was kann ich heute noch für Sie tun?

- Was werden Sie morgen früh / beim nächsten Treffen etc. als erstes tun? Was werden die folgenden nächsten Schritte sein?
- Wie zufrieden sind Sie mit dem heutigen Termin?

Anders als bei einem Coaching durch einen externen Berater bewegten wir uns, die Coachees und ich, weiterhin in unseren verantwortlichen Rollen im Unternehmen. Wir sind uns dort regelmäßig in den verschiedensten anderen Themenstellungen begegnet und haben zusammengearbeitet. Daher war es besonders wichtig, dass jeder der oben beschriebenen Beratungstermine inhaltlich und formal endete. Die im geschützten Setting des Coachings bearbeiteten Themen und Anliegen wurden eindeutig und mit einer verbindlichen Verabredung über die nächsten Schritte abgeschlossen. Auch die erneute Bestätigung der Vertraulichkeit der Inhalte durfte nicht fehlen.

Anders als bei einem Coaching durch einen externen Berater bewegten wir uns, die Coachees und ich, weiterhin in unseren verantwortlichen Rollen im Unternehmen.

Fazit: Die verschiedenen Beratungskontexte mit meinen ersten „internen" Coachees haben bestätigt, dass in den Unternehmen ein hoher und oftmals kurzfristiger Bedarf sowie ein steigendes Interesse an qualifizierter und vertrauensvoller Beratung bzw. Coaching besteht, v.a. zur kurzfristigen Unterstützung in der Entscheidungsfindung im komplexen und schnellen Arbeits- und Führungsalltag. Diese Rolle nehme ich auch heute noch gerne an.

Dennoch sehe ich auch die Grenzen dieses Beratungsansatzes: Bei längeren und (zeitlich) sehr intensiven Beratungsprozessen kann ein Coaching durch einen externen Coach sehr sinnvoll sein. Gleiches gilt für Beratungsanliegen von Führungskräften im Top-Level, wo das Thema „Augenhöhe" mit dem internen Berater problematisch werden kann, ähnlich wie bei „politisch" heiklen Anliegen, bei denen die notwendige Neutralität eines internen Coaches gefährdet ist. Ein Coaching durch einen Externen ist auch dann die bessere Lösung, wenn der Coachee selbst unsicher ist oder keine ausreichende Vertrauensbasis besteht – egal von welcher Seite aus dies so gesehen wird. Als HR-Verantwortliche übernehme ich dann stets die Rolle, einen geeigneten Coach zu empfehlen und den Beratungsprozess aus Sicht des HR-Fachspezialisten zu begleiten.

Als interne Coaches können HR-Business Partner ihr Verständnis für die unternehmerischen Zusammenhänge und ihren breiten Zugang zu Führungskräften und Mitarbeitern in Schlüsselpositionen sinnvoll nutzen. Beides können sie zielführend kombinieren mit systemischer Beratungskompetenz. Insbesondere bei zeitlich oder inhaltlich klar abgrenzbaren Anliegen, die in einem überschaubaren Beratungssetting bearbeitbar sind, kann ein interner Berater einen echten Mehrwert stiften. Um ihren verschiedenen Rollen gerecht zu werden, müssen die Personaler reflektiert sein und sich stets bewusst machen, „welchen Hut" sie sich zu welchem Thema aufsetzen. Sie sind dafür verantwortlich, keinen Intra-Rollen-Konflikt entstehen zu lassen und den Auftrag umfassend zu klären, bevor sie einen Coaching-Auftrag annehmen.

Der systemisch-konstruktivistische Ansatz und meine ersten erfolgreichen Schritte als interner Coach haben mir gezeigt, dass die Rolle des Personalers weit über inhaltliche Experten-Themen hinaus gehen kann. Dies macht meinen Job spannender, bunter und reichhaltiger. Und da nicht nur ich, sondern auch das Unternehmen und v.a. die Coachees davon profitieren, gehe ich davon aus, dass sich dieses Aufgabenspektrum zunehmend zur „Standard-Anforderung" in den Aufgabenbeschreibungen von HR-Business Partnern entwickeln wird.

Mach's mit – Auftragsklärung schützt!

von Thomas Weiß

Ich habe noch deutlich die warnenden Worte eines meiner Dozenten im Rahmen meiner Coaching-Ausbildung in den Ohren: „Beim Coaching ist es wie beim Sex: Niemals ohne." Gemeint war mit dieser frivol-schlüpfrigen Metapher die exakte Auftrags- und Zielklärung zu Beginn eines jeden professionellen Coaching-Prozesses. Was beim Sex das schützende Kondom sei – wohlgemerkt zu beiderseitigem Nutzen –, sei beim Coaching die Auftrags- und Zielklärung – ebenfalls mit Schutzfunktion für beide Parteien, Coach und Klient.

Das Thema schien wichtig zu sein, zumindest wurde ihm im Rahmen der Ausbildung viel Raum gegeben. Freilich ständig begleitet von der Ungeduld der Teilnehmer, die weniger von Qualitätsmanagement, Transparenz und Rahmenbedingungen hören wollten, als vielmehr hungrig waren nach Tools, Tools und noch einmal Tools. Doch der Ausbilder ließ sich nicht abbringen. Ergänzte seine Sex-Metapher, die eher Heiterkeit als ernsthafte Auseinandersetzung produzierte, durch Zitate einschlägiger Coaching-Größen. Bezog sich auf Christopher Rauen, der von der Annahme ausgeht, dass Coaching nur „unter bestimmten Rahmenbedingungen Wirkung entfalten könne" – darunter eben zuvorderst eine transparente und gegebenenfalls schriftliche Auftragsklärung. Schließlich rundete er seine Ausführungen durch ein griffiges Tool von Martina Schmidt-Tanger ab: C.L.E.E.R.I.T. Danach sei es unabdingbar, sich vor dem eigentlichen Interventionsprozess durch gezielte Fragen Klarheit über den Auftrag zu verschaffen, um so entscheiden zu können, ob a) überhaupt ein Coaching-Auftrag vorliege und b) welche Ziele und Intentionen dieser verfolge. Die Kernbotschaft hieß auf den Punkt gebracht: Kein Coaching ohne Auftrag!

Gefüttert mit diesem Grundprinzip und ausgestattet mit einem Koffer randvoll mit Tools wurde ich entlassen in die große weite Welt der (un)begrenzten Coaching-Möglichkeiten. Die Tragweite und emotionale Tiefenwirkung der erlernten Werkzeuge und Methoden war mir zu diesem Zeitpunkt allenfalls aus Gruppenübungen im geschützten Rahmen der Ausbildung bekannt. Neugierig auf all die potentiellen Klienten und Einsatzmöglichkeiten, die da kommen mögen. Überzeugt von den lukrativen Erfolgsaussichten einer selbstständigen Coaching-Existenz. Und begierig darauf, all die Interventionsmöglichkeiten in der Realität auszuprobieren; und das selbstverständlich unter professionellen Rahmenbedingungen.
Was ich zu diesem Zeitpunkt nicht wissen konnte, war die Tatsache, dass es von diesem Zeitpunkt an mehr als zwei volle Jahre dauern sollte, ehe der erste offizielle Coaching-Auftrag an mich herangetragen werden würde. Vielleicht hat eine innere Stimme des latenten Skeptikers versucht, mich darauf hinzuweisen, doch nach außen hin war diese nicht hörbar artikuliert. Zwei lange Jahre mühevoller Akquise- und Konzeptarbeit folgten. Zwei lange Jahre intensiver Netzwerk- und Kontaktpflege, zwei lange Jahre nachhaltiger Seminar- und Multiplikatorentätigkeit. So lange dauerte es, bis die Öffentlichkeit Vertrauen in meine Beratungskompetenz aufbaute, bis die Berührungsängste mit Coaching im Allgemeinen und meiner Person im Besonderen schwanden und Klienten den Weg zu mir fanden. Und nun war er endlich da, der erste von außen an mich herangetragene und nach allen Regeln der Kunst geklärte Auftrag!
Doch war dieser Auftrag – übrigens eine Prozessberatung im unternehmerischen Kontext – wirklich „mein erstes Mal"? Offiziell mit Sicherheit, auch buchhalterisch. Alles fein säuberlich doku-

mentiert: Beiderseits unterzeichneter Beratungsvertrag. Schriftliche Auftragsklärung mit Zielvereinbarung. Verlaufsprotokolle mit Kurzbeschreibungen der angewandten Interventionen und deren Resultate. Rechnungen. Protokollierte Evaluation. Alles wie aus dem Lehrbuch.

Doch was ist mit all den Coachings, die ich in den beiden Jahren davor durchgeführt hatte? Ohne offiziellen Auftrag. Ohne Rechnung. Ohne artikulierten Veränderungswunsch. Ja ohne, dass es dem „Klienten“ überhaupt bewusst gewesen wäre, dass er auf meinem Klienten-Stuhl saß. Einfach nur, weil ich aus dem veränderten Bewusstsein heraus nicht anders konnte, als zu coachen. Einfach nur, weil ich – bewusst oder unbewusst – nach Gelegenheiten suchte, meine Coaching-Praxis zu vertiefen. Einfach nur, weil sich in mir eine Art Missionarisierungsstreben nach Verbesserung der Welt, nach Lösung aller sich mir eröffnender Probleme emanzipierte.

Ja, ich habe gecoacht ohne formellen Auftrag. Und das dutzende Male. Anfangs war mir das allenfalls halbbewusst. Erst in der metakommunikativen Reflexion meiner Alltagsgespräche wurde mir klar, dass ich Spaß daran hatte, die Grenzen zum Coaching zu überschreiten und meine neuen Gesprächs- und Fragetechniken mit Genuss anzuwenden. Das erste einschneidende Erlebnis in dieser Richtung war ein intensives Vieraugengespräch mit einer damaligen guten Bekannten von mir, einer alleinerziehenden Mutter, die mir mit Wehmut und Selbstvorwürfen ihre aktuelle Lebenssituation schilderte. Sie bereue es, wegen der Kinder ihr Studium kurz vor dem Examen abgebrochen zu haben; jetzt sehe sie keine berufliche Perspektive, sei örtlich gebunden und habe keine Chance auf Veränderung. Dies mache sie unglücklich und unausgefüllt.
Wie wenn jemand auf einen unbewussten Trigger-Knopf in mir gedrückt hätte, reagierte ich wie in einem seminaristischen Rollenspiel: „Du sagst, es macht Dich unglücklich, dass Du örtlich und beruflich so sehr eingeschränkt bist. Gibt es etwas, was Du mit diesem Verhalten sicherstellst?“ Bravo! Eine Paraphrase, gepaart mit einer gezielten Veränderungsfrage. Sehr schnell kamen wir in dem Gespräch auf ihre ureigenen Ängste vor Veränderung zu sprechen, auf die mentalen Hemmschwellen, die ihr im Weg

stehen, um sich ernsthaft mit alternativen Wegen der Persönlichkeitsentwicklung zu beschäftigen. Zwei Wochen später informierte sie mich darüber, dass sie Kontakt zu ihrer alten Hochschule aufgenommen und nach Wiedereinstiegsklauseln gefragt habe. Drei Monate später zog sie mit Sack und Pack in eine Einzimmerwohnung in ihrem Studienort. Heute ist sie praktizierende Lehrerin. Der Kontakt zu mir ist abgerissen.

Ein weiteres Beispiel: An einem Sonntagnachmittag war ich bei einem befreundeten Ehepaar zum Grillen eingeladen. Das Gespräch kam zwanglos auf die aktuelle Lebenssituation des Paars: Er, ein erfolgreicher Werbedesigner, sie eine erfolgreiche Eventmanagerin in der Hotellerie. Beide tätig an unterschiedlichen Orten. Die Beziehung fand vorwiegend an Wochenenden statt, flankiert von weiten und kostenintensiven Fahrtstrecken und zerrissenen Beziehungsnetzwerken. Unzufrieden mit der Gesamtsituation begannen sie, mögliche Zukunftsvisionen zu entwerfen. Der Trigger-Knopf in meinem Kopf war längst betätigt worden. Schnell und hastig, von den neugierigen Blicken des Pärchens begleitet, holte ich mir Zettel und Stift, beschriftete mehrere Bodenanker und machte ihnen mit wenigen Worten ihre Tetralemma-Situation klar. Wenige Minuten später durchliefen beide unabhängig voneinander den Bodenanker-Parcours, visualisierten innerlich verschiedene Ist- und mögliche Zukunftszustände, beantworteten Fragen und führten sich ihre Situation aus verschiedenen Blickwinkeln vor Augen. Ein konkretes Ergebnis hatte dieses „Coaching unter Freunden“ zwar nicht, doch der kognitive Prozess war in Gang gesetzt. Wenige Monate später zog die Gattin zum Gatten, gab ihren Job auf und orientierte sich beruflich in eine komplett andere Richtung. Ein Paradigmenwechsel, der noch vor Wochen undenkbar gewesen wäre, mit weitreichenden Konsequenzen für die Beziehung. Schade, dass sie nun nicht mehr in meiner Nähe wohnen.

Ich gewann mehr und mehr Spaß daran, die Wirkmechanismen von Coaching im persönlichen Umfeld auszutesten, unabhängig davon, ob ich dazu ermuntert, geschweige denn beauftragt worden wäre. Selbst Gespräche mit guten Freunden avancierten zunehmend, ja fast schon automatisiert zu Coaching-Sequenzen.

So erinnere ich mich noch gut an ein längeres Telefonat mit einem meiner besten Freunde, dessen mehrjähriger beruflicher Auslandsaufenthalt sich belastend auf sein Familiensystem auswirkte. Mir nichts dir nichts waren wir mitten in einem tiefen Gespräch über Werte, Glaubenssätze und sich daraus ergebende Konsequenzen für den weiteren Lebensentwurf.
Gespräche waren eben keine einfachen Gespräche mehr. Sie waren Testfelder für den Ernstfall mit unbekannten Konsequenzen.

Mir nichts dir nichts waren wir mitten in einem tiefen Gespräch über Werte, Glaubenssätze und sich daraus ergebende Konsequenzen für den weiteren Lebensentwurf.

Beispiele dieser Art ließen sich noch viele auflisten: Der Vereinskollege, dessen sportliche Performance unter einer ungeklärten Beziehungssituation litt. Die Freundin, der ein unangenehmes Gespräch mit ihrer Führungskraft ins Haus stand und geradezu nach Selbstklärung zu rufen schien. Der Mitarbeiter, der unter Mobbing-Attacken litt und sich darüber in ein schier unlösbares Kuddelmuddel aus systemischen Verstrickungen vertiefte. Noch bevor der erste offizielle Coaching-Auftrag an mich herangetragen wurde, hatte ich die gesamte Bandbreite durch. Ich nahm Einfluss, überall und zu jedem Zeitpunkt. Zwar nicht im Sinne von Ratschlägen oder Verhaltensanweisungen – so viel ethische Grundhaltung hatte ich mir von der Ausbildung herübergerettet –, aber durch Fragen und bewusst eingestreute Tools, ständig bestrebt, Alternativen vor Augen zu führen, Denkblockaden aufzubrechen und Veränderung schmackhaft zu machen. Ich coachte vierundzwanzig Stunden am Tag, sieben Tage die Woche. Bis meine Identität – gleichsam infiziert von einem Virus – vollkommen in der Coaching-Tätigkeit aufzugehen schien.

Solche Veränderungen der eigenen Persönlichkeit merkt man selten selber; man braucht die Rückmeldung aus der Umwelt. Meistens sind es gute Freunde, die uns den entscheidenden Fremdbildabgleich liefern. Bei mir war es einer meiner besten Freunde, der mir beiläufig bei einem Feiertagsbier – ich war gerade wieder mal im Begriff, ungefragt in Coaching-Allüren zu verfallen – den Riegel vorschob: „Sag mal, kann man sich mit Dir eigentlich nicht mehr normal unterhalten? Ich will jetzt kein Gespräch, das auf irgendeine Veränderung oder Einsicht abzielt. Ich will jetzt nicht gecoacht werden.“ Das hat gesessen. Das ließ mich aufhorchen.

Mit einem Mal wurde mir bewusst, wie oft ich ungefragt Einfluss genommen hatte. Ja, wie ich übergriffig gewesen war. Wie oft ich dabei die Prinzipien Freiwilligkeit und Transparenz missachtet hatte. Wie viele Richtungsentscheidungen hatte ich in meinem nahen oder zumindest erweiterten persönlichen Umfeld angestoßen. Freilich nicht zum Schaden meiner „Klienten", zumindest hoffe ich das. Doch kommt es darauf an? Oder steckt nicht allein schon in diesem Bewertungsversuch eine Übertragung meiner eigenen Bewertungskriterien?

Selbstverständlich ist das so. Und gerade deshalb sind Auftragsklärungen und ein formell gesteckter Coaching-Rahmen so wichtig, ja geradezu essentiell.
Ich jedenfalls coache seit diesem Feiertagsbier nicht mehr ohne, zumindest versuche ich das. Wenn ich in persönlichen Gesprächen Coaching-Grenzen tangiert sehe, weise ich strikt darauf hin. Die Zeiten, in denen ich im privaten Umfeld ungefragt gecoacht habe, sind vorbei. Auch und gerade zu Übungszwecken sollen und dürfen Freunde, Bekannte und Verwandte nicht missbraucht werden. Dafür gibt es Peer Groups, Hospitationen, Intervisionen.
Menschen sind keine Versuchskaninchen. Auch nicht beim Coaching. Auftragsklärung schützt! Also: Mach´s mit!

Frau B. oder Das Problem hinter dem Problem

von Claudia N., Personalentwicklerin in einem Schweizer Industrieunternehmen, Basel

Mit halbem Ohr verfolgte ich mit, wie die Abendnachrichten über ein soziales Projekt berichteten, das irgendetwas in mir antippte. Ich ging dem aber nicht weiter nach. Einige Wochen später stieß ich auf einen Zeitungsartikel über eben dieses Sozialprojekt. Diesmal nahm ich mir ein paar Minuten Zeit und las es genauer: Ein gemeinnütziger Verein hatte vor einigen Jahren das Projekt „Miteinander gut leben!"* initiiert, das nun eine erste Zwischenbilanz zog. Es ging darum, Menschen in schwierigen Lebenssituationen sozusagen auf nachbarschaftlicher Ebene im Alltag zu unterstützen. Als Beispiel wurde der Fall eines älteren Mannes genannt, dessen Frau vor einigen Monaten gestorben war. Eine ehrenamtliche Helferin des Projektes „Miteinander gut leben!" unterstützte ihn seit einigen Wochen dabei, seinen Alltag neu zu regeln, Arztbesuche zu organisieren oder mal eine Stunde mit ihm Kaffee zu trinken und ihm zuzuhören, wenn er sich einsam und traurig fühlte. Die ehrenamtlichen Helfer waren allesamt Laien (keine ausgebildeten Therapeuten, Psychologen oder Coaches) und aus dem nahen geographischen Umfeld des Betroffenen; sie boten ihre Unterstützung mehrmals pro Woche an, bis sie nicht mehr nötig war.

Dann kam mir die Idee: Ich könnte dem Projekt „Miteinander gut leben!“ anbieten, die Helfer kostenlos zu coachen. Ich konnte mir vorstellen, dass es für diese unter Umständen belastend sein musste, Menschen in so schwierigen Lagen zu unterstützen, ohne selbst eine professionelle Ausbildung zu besitzen oder kontinuierliche Unterstützung zu erhalten. So könnte ich einen Beitrag leisten und gleichzeitig meine Coaching-Kompetenzen schärfen. Unterm Strich wäre also allen gedient.

Ich kontaktierte den Leiter des Projektes, Herrn H., und schilderte ihm meine Idee. Er war begeistert und lud mich kurz darauf zu einem ersten Gespräch ein. Wir trafen uns zum Mittagessen. Herr H. war mir auf Anhieb sympathisch: um die fünfzig, beruflich tief verwurzelt im Sozialbereich, aber gleichzeitig unternehmerisch denkend (eine seltene Kombination, meiner bisherigen Erfahrung nach) und offensichtlich ein großer Umsetzer, wie ich seinen Schilderungen entnahm. Die Chemie zwischen uns stimmte sofort.
Wir waren gerade angeregt mitten im Gespräch über das Projekt „Miteinander gut leben!“, seine Entstehungsgeschichte und bisherigen Ergebnisse, als sich eine Frau zu uns setzte: Frau B. wurde mir als Mitarbeiterin von Herrn H. vorgestellt. Sie würde bei dem Gespräch dabei sein.
Aha. Ich war etwas irritiert, da mir ihre Rolle nicht ganz klar war. Ich beobachtete eine Zeit lang, ob sich Frau B. irgendwie am Gespräch beteiligte, und als sie dies nicht tat, beschloss ich, mich einfach weiter auf Herrn H. zu konzentrieren. Nebenbei bemerkt war Frau B. jener Typ Sozialarbeiterin, bei der ich schon von weitem das Motto „Wir haben uns alle ganz doll lieb und tanzen in den Sonnenaufgang.“ vermutete (Schlabberlook und selbstgehäkelter Schmuck) – nicht ganz meine Wellenlänge.
Wie auch immer: Herr H. und ich kamen gut voran in der Diskussion, wie meine Idee in sein Konzept passen könnte und ich dankte Gott im Stillen dafür, dass er meine Ansprechperson war und nicht seine Mitarbeiterin.

Wir beendeten das Gespräch nach einer guten Stunde und Herr H. kündigte an, dass er sich in 1–2 Wochen noch einmal melden würde, wenn er das Thema intern diskutiert und abgeklärt hätte.

Ich war zufrieden mit dem Verlauf und freute mich schon auf das, was noch kommen würde.
Ich hätte mich nicht so früh freuen sollen…

Etwa eine Woche später informierte mich Herr H. per Mail, dass er seine Funktion im Projekt gerade zurückgelegt habe, weil er eine Tätigkeit in der Wirtschaft angenommen habe, die ihn sehr reize. Frau B. würde seine Nachfolgerin und diese würde mit mir Kontakt aufnehmen. Ich war platt. Mir schwante nichts Gutes. Eine Zusammenarbeit mit Frau B. konnte nur spannend werden, um es mal euphemistisch zu formulieren. Sympathie auf den ersten Blick war es ja wohl auf beiden Seiten nicht gewesen. Im Sinne der Sache beschloss ich jedoch, einfach abzuwarten, was weiter passieren würde. Ich würde ja weniger mit ihr als mit den Helfern zu tun haben.
Dann kam eine Mail von Frau B., in der sie mich bat, meine Idee doch in ein kurzes schriftliches Konzept zu verpacken und ihr zu schicken. Ich tat es. Dann hörte ich lange nichts mehr. Zwei Monate später riss mir der Geduldsfaden und ich mailte ihr noch einmal, ob mein Angebot noch interessant für sie sei oder ob es hinfällig wäre. Ich würde meine Freizeit gern verplanen. Da rang sich Frau B. zu einer Antwort durch, und wir trafen uns noch einmal zum Mittagessen. Ich spürte schon Tage zuvor ein leicht widerwilliges Bauchgrummeln beim Gedanken an dieses Gespräch. Ich fand es unhöflich, mich im Vorfeld so lange warten zu lassen – dafür, dass ich ein kostenloses Angebot gemacht hatte, das laut Herrn H. super zum Projekt passte.

Frau B. erschien im schon bekannten Outfit, und ich musste innerlich grinsen. Sie schien mir etwas nervös, was mich entspannte. Denn ICH war nervös, weil es für mich ungewohnt war, meine Coaching-Tätigkeit anzubieten, gleichzeitig aber hohe Ansprüche an mich selbst stellte und wusste, dass ich noch nicht viel Erfahrung vorzuweisen hatte. Auch hasste ich es, mich selbst zu verkaufen. Aber da musste ich jetzt durch.

Frau B. begann die Geschichte ganz von vorne und fragte, wie ich auf die Idee gekommen war, dieses Angebot zu machen (hatte sie im ersten Gespräch nicht zugehört?). Ich erzählte es also noch einmal. Dann hinterfragte sie meine Ausbildung (hatte sie meinen mitgeschickten Lebenslauf nicht gelesen?). Ich erzählte ihr meinen Werdegang noch einmal. Auch die Details meines Konzeptes ging sie Schritt für Schritt noch einmal durch (hatte ich unklar formuliert?). Ich erklärte alles geduldig noch einmal. Was meine Motivation für dieses Angebot sei? Ich erklärte auch das noch einmal.

Dann fing sie wieder von vorne an: Ob ich Probecoachings machen könnte, bei denen sie dabei sein könnte, um einen Eindruck von meiner Coaching-Kompetenz zu erhalten? Ich erklärte ihr, dass das der Vertraulichkeit des Coachings widerspreche und das Einverständnis des Coaching-Klienten voraussetze. Sie erklärte, dass Anfragen der Helfer für Coachings über sie laufen müssten und ich erklärte ihr noch einmal (obwohl es bereits mit Begründung im Konzept stand), dass dies ein möglicher Weg sein könnte, ich aber Bedenken hätte. Es wäre wichtig, dass es auch die Möglichkeit gäbe, direkt Kontakt zu mir herzustellen, falls jemand die absolute Vertraulichkeit suchte. (Ich vermutete, dass gerade Helfer sich oft scheuen, zuzugeben, dass sie selbst Hilfe benötigen, da das ihrer Rolle widersprechen könnte.) Sie wünschte sich als Ort der Coachings das Büro des Projekts „Miteinander gut leben!" und ich plädierte – wie bereits im Konzept – aus Gründen der Vertraulichkeit für neutralen Boden.
Langsam wurde ich ärgerlich, beschloss aber, Haltung zu bewahren: Frau B. hatte wohl einfach kein Wissen darüber, was Coaching ist und wie es funktioniert. Oder war ich tatsächlich nicht gut genug für dieses Coaching? Selbstzweifel begannen, an mir zu nagen. Ich bereute, dass ich mich ihr zuliebe in den Nichtraucherteil des Lokals gesetzt hatte, denn eine Zigarette hätte mich jetzt deutlich entspannt.

Frau B. rührte in ihrem Tee herum und schien immer noch unschlüssig. Sie begann erneut, laut über meine Kompetenz nachzudenken. Schleife Nummer vier. Plötzlich schwante mir etwas. Vielleicht ging es hier gar nicht um die Sache, sondern um etwas ganz anderes?
Ich lehnte mich zurück, sah sie ein paar Minuten an, ohne auf ihre Frage geantwortet zu haben und fragte dann: *„Frau B., worum geht es hier eigentlich? Ich spüre sehr viel Misstrauen Ihrerseits*

gegen mich und weiß nicht genau, woher das kommt. Geht es tatsächlich um meine Kompetenz und mein Konzept oder geht es um etwas anderes?"
Sie starrte mich völlig perplex an und errötete. Sie begann, nervös auf ihrem Stuhl herumzurutschen. – Punktlandung? Aber Frau B. schwieg.
Jetzt entschied ich mich innerlich, den Betroffenen-Hut kurzzeitig gegen den Coach-Hut auszutauschen, damit wir hier weiterkamen, und legte nach: *„Frau B., durch Ihre Fragen nach meinen Kompetenzen scheint mir, dass Ihnen Ihre Kontrolle über meine Coaching-Tätigkeit fast am Wichtigsten ist – selbst wenn es zum Nachteil des Projekterfolges wäre. Das irritiert mich. Was genau ist Ihr Thema?"* [Lektion: Einladung zur Problemschilderung.]
Sie zerlegte nervös ihre Serviette in Kleinteile und wirkte plötzlich wie ein kleines unsicheres Mädchen. Nun schwieg ICH und wartete einfach ab. [Grundregel: Warten können.]
Nach einiger Zeit fing sie an, ihren eigenen Hintergrund zu erklären: Sie hatte das Projekt sehr kurzfristig übernehmen müssen und war sich noch in vielem unsicher. Dieses zusätzliche Angebot überforderte sie ein wenig. Klang logisch, schien mir aber zu einfach als Lösung. Ich drückte ihr dennoch mein Verständnis für diese Situation aus und dass es sicher nicht einfach sei, so ein erfolgreiches Projekt zu übernehmen und weiterzuführen. Sie bejahte erleichtert, und ich merkte, dass so etwas wie ein zartes Bändchen des Vertrauens zwischen uns entstand. [Lektion: Bau eine Beziehung zu deinem Coachee auf – etwas spät, aber immerhin.]
Ich fragte, ob ich ihr ein paar weitere Fragen stellen dürfte ,und als sie bejahte, fragte ich sie zuerst nach ihrem eigenen beruflichen Werdegang. Sie erzählte von ihren Stationen im Sozialbereich, wie herausfordernd diese Arbeit war und wie viel Energie sie hineingesteckt hatte. Und dass sie selbst gerade eine Ausbildung in NLP begonnen hatte.
Ich fragte nach, was sie denn an dieser Ausbildung fasziniere und wie sie ihr für ihre Arbeit helfen könne. Sie schilderte dies in lebhaften Farben und baute dann selbst die Brücke zu meinem Angebot und wie dieses „ihr" Projekt weiter vervollständigen könnte [Lektion: Bisherige Lösungsversuche.]
Ich vermutete, dass wir nahe am eigentlichen Punkt waren, aber wir waren noch nicht ganz dort. Ich fragte: *„Was müssten wir beide*

denn jetzt hier klären, damit Sie für sich eine gute Entscheidung für oder gegen mein Angebot treffen können?" [Lektion: Auftragsgestaltung.]
Sie schwieg lange. Schließlich sagte sie, dass es für sie wichtig wäre, zu wissen, was denn genau mein berufliches Ziel sei und wie das mit meinem Angebot zusammenhänge.
Da fiel endlich der Groschen bei mir.
„Welcher meiner Zukunftspläne könnte Ihnen denn Angst machen?"
[Ich hatte aus reinem Spaß am Coaching-Gespräch eine offene Frage formuliert, obwohl ich die Antwort inzwischen wusste, lethologische Haltung hin oder her – aber: Lektion: die Antwort/ Lösung muss vom Coachee kommen.] Sie schwitzte und rang sich nach einigem Zögern dann zu folgender Antwort durch: *„Ich habe Angst, dass Sie im Grunde meinen Job möchten."*
So. Jetzt war es draußen. Das war das Problem hinter dem Problem.

Wir atmeten beide tief durch.
„Ich habe von Anfang an gesagt, dass ich hauptberuflich als Personalentwicklerin arbeite und dies auch weiterhin tun werde. Mein Angebot ist eine ehrenamtliche Tätigkeit in meiner Freizeit. – Was müsste passieren, damit Sie das hören können?"
Sie versank in Gedanken und meinte nach einigen Minuten: *„Ich weiß es nicht."* Nach langem Nachdenken: *„Ich brauche mehr Sicherheit."* [Lektion: Zielformulierung.]
„Was könnten Sie denn tun, um mehr Sicherheit zu gewinnen?" – „Ich weiß es nicht."
„Was würde Ihnen denn Herr H. raten, wie Sie mehr Sicherheit gewinnen könnten?" [Lektion: Lösungsgestaltung/Expertenrat einholen.]
„Er würde mir wahrscheinlich empfehlen, alles langsamer anzugehen und erst mal Schritt für Schritt in das Projekt hineinzuwachsen." – „Und wie fühlt sich das für Sie an?" – *„Gut! Der Gedanke an mehr Zeit gibt mir Luft."* Sie setzte sich aufrecht hin und entspannte sich körperlich merklich.

„Woran werden Sie denn merken, dass Sie Ihre derzeitige Unsicherheit überwunden haben?" [Lektion: Lösungsgestaltung im Indikativ: was macht der Coachee anderes, wenn er sein Ziel erreicht hat?] –

„Ich habe einen Überblick über das Projekt und seine Strukturen, ich kenne alle Helfer und die Situation ihrer Klienten."
„Wie gehen Sie mit einem Angebot wie meinem um, wenn Sie Ihr Ziel erreicht haben, in das Projekt hineingewachsen zu sein?" [Lektion: Lösungsgestaltung / Was tut der Coachee, wenn er sein Ziel erreicht hat?]
„Ich wäge ab, inwieweit es inhaltlich sinnvoll ist und auch, ob ich es vielleicht selbst abdecken könnte und möchte." Interessant. Diesen Aspekt hatte ich bislang gar nicht bedacht (...). (Upps, wieder der Betroffenen-Hut...)

„Das hört sich gut an. Was werden Sie jetzt als erstes tun?" [Lektion: Bildung konkreter Maßnahmen.]
Sie überlegte kurz, dann sagte sie mit fester Stimme: *„Ich brauche Zeit, mich in das Projekt „Miteinander gut leben!" einzuarbeiten. Kann ich Sie in einem Jahr noch mal kontaktieren, wenn ich dann noch das Gefühl habe, dass Ihre Unterstützung eine Hilfe für unser Projekt wäre?"„Geht klar. Können wir so machen. Ich weiß nicht, ob es für mich dann noch stimmig ist, aber das werden wir ja sehen."* (Ok, das war nicht ganz ehrlich, denn ich hatte innerlich längst beschlossen, dass für mich eine Zusammenarbeit mit Frau B. nicht in Frage kam.)
Ich lehnte mich zurück. *„Wie fühlen Sie sich jetzt?"* [Lektion: Abschluss.]
Spontan: *„Erleichtert."* Es kam so etwas wie ein zaghaftes Lächeln in meine Richtung.
Wir tranken unseren Kaffee aus und verließen das Restaurant. Zu meiner Überraschung stellte sie mir noch eine Frage, als sie sich verabschiedete: *„Woran haben Sie gemerkt, dass es mir mit dem Thema nicht gut geht?" – „Als Coach lernt man, gut hinzuhören, ob hinter dem vorgetragenen Problem vielleicht noch ein anderes stecken könnte."*, antwortete ich. Und: *„Sie haben übrigens gerade jenes Probecoaching erhalten, das Sie von mir sehen wollten."* Dann ging ich endlich eine rauchen.

Manchmal bleibe ich in alltäglichen Gesprächssituationen stecken und erst der Einsatz von Coaching-Tools bzw. mein Einnehmen einer Coach-Haltung bringen wieder Fluss ins Geschehen.

Fazit: Manchmal bleibe ich in alltäglichen Gesprächssituationen stecken und erst der Einsatz von Coaching-Tools bzw. mein Einnehmen einer Coach-Haltung bringen wieder Fluss ins Geschehen.

hen. Das habe ich an diesem Beispiel wieder einmal deutlich erlebt. Spannend finde ich es, dass Coaching bzw. eine Coaching-Grundhaltung in der Gesprächsführung auch dann funktioniert, wenn eine Gesprächssituation nicht das offizielle Schild „Coaching-Gespräch" umgehängt hat. Relevant ist nur, dass einer der Gesprächspartner ein echtes Problem hat, das er irgendwie lösen möchte, und dass der andere Gesprächspartner eine Coaching-Haltung einnimmt (und vielleicht ein Mal kurz nachfragt, ob es ok ist, „Fragen zu stellen").

Diese inkludiert auch die Grundhaltung, dass man nichts über den anderen und dessen Problem weiß – und sich damit auch kein Urteil anmaßen darf. Meine abwertende Grundeinstellung gegen einen bestimmten Typ Sozialarbeiterin hat Frau B. daher sicherlich gespürt, allerdings fälschlicherweise als berufliche Konkurrenz ausgelegt. Meine neutralere, wertschätzende Haltung in der Coach-Rolle erleichterte mir den Zugang zu ihr und erst das Aufbauen einer Beziehungsebene brachte das Gespräch ins Rollen.

Das für mich Faszinierendste an diesem Gespräch war mein zum Teil bewusster, zum Teil unbewusster Wechsel zwischen den zwei Rollen Betroffene / Coach. Spannend fand ich, dass auch Frau B. mich mal in der einen, mal in der anderen Rolle ansprach, ohne sich dessen während des Gesprächs vermutlich bewusst zu sein. Diese Doppelrolle ist in einer normalen Coach-Situation unüblich, denn normalerweise ist man als Coach nicht auch Betroffener (in diesem Falle würde man das Coaching ablehnen und dem Coachee einen anderen Coach empfehlen). Im Berufsalltag als Personalentwicklerin mache ich jedoch häufig die Erfahrung, dass Coaching-Tools gerade in schwierigeren Gesprächssituationen sehr hilfreich sind; bin ich selbst auch Betroffene eines Themas, erlebe ich es jedoch stets aufs Neue als Herausforderung, den Schritt aus der persönlichen Betroffenheit heraus zu schaffen und das Gespräch mit einem anderen „Hut" weiterzuführen. Gelingt mir dieser – nicht immer einfache – Schritt, ist das Ergebnis meist erfolgreich.

Das Schöne an dieser Episode: Letztendlich habe ich bekommen, was ich wollte – ich konnte meine Coaching-Kompetenzen üben (…).

* Projektname von den Herausgebern verändert.

Wege zur Lösung

Steht das Ziel fest und ist der Auftrag geklärt, ist manchmal selbstverständlich noch die Frage offen, wie ich als Coach den Klienten unterstützen kann, sein Ziel nun tatsächlich zu erreichen. Das Herzstück des Coaching-Prozesses: die Entwicklung von Lösungswegen. Sie ist eingerahmt von allem, was zuvor und was danach besprochen wird.

Ein Klient kommt zu einem Coach, und häufig sieht er sich von Schwierigkeiten und Problemen umzingelt. Mit Hilfe seines Beraters definiert er als erstes ein Ziel. Durch die Zieldefinition verlässt er seine Problem-Trance (siehe Kasten „Und wenn es das alles gar nicht braucht?"), und es stellt sich die Frage, ob der Klient jetzt bereits weiß, wie er an das begehrte Ziel kommt.

Auf den folgenden Seiten lenken wir Ihren Blick nun bewusst nicht nur auf Techniken, Interventionen oder gar auf einzelne Coaching-Fragen, sondern wir laden Sie ein, andere wichtige Aspekte erfolgreicher Lösungswege zu betrachten.

Die Unterstützungsmöglichkeiten als Coach beinhalten nämlich, neben (natürlich wieder) Ihrer (Arbeits-)Haltung auch z.B. Ihre Fähigkeit, eine passende Atmosphäre zu schaffen, in der Lösungen erst möglich werden (vgl. hierzu auch De Jong/Berg, 2004).

Und wenn es das alles gar nicht braucht?
Manchmal braucht es im Coaching all das nicht. Alleine der Umstand, dass ein Coachee ein Ziel definieren kann, das ihm bis dahin „undenkbar" erschien, kann oftmals eine völlig ausreichende Hilfe sein. Denn ohne die Unterstützung eines Coaches ist die Lösung manchmal einfach nicht sichtbar. Der Coaching-Klient befindet sich sozusagen wie am Rande eines Schwarzen Loches, in dessen Zentrum das Problem mit einer unglaublichen Anziehungskraft wirkt. Alles, was er unternimmt, führt in kreisenden Bewegungen hin zum Problem. Gunter Schmidt und Steven Gilligan sprechen hier seit den 1980er Jahren, wie wir finden sehr passend, von einer „Problem-Trance". Übertragen auf unser London-Beispiel (siehe nächste Seite) bedeutet das: Können manche Coachees erst einmal die Problemtrance verlassen und ihr Ziel definieren („Ich will nach London!"), so brauchen Sie keine weitere Hilfe mehr für die Details. Jetzt da sie wissen, wohin sie gehen möchten, wissen sie ganz alleine, wie sie zum Ziel kommen. Die Hauptarbeit ist getan – der Rest ist einfach! Der Coach sollte in diesen Fällen nicht erschrecken, wenn sein Klient nach der Zielformulierung – bildlich gesprochen – aufspringt, sich die Jacke schnappt und mit einem hektischen „Dankeschön, Sie schicken mir dann die Rechnung, ja!" geht. Er hat es dann meist einfach eilig, all das zu tun, was es eben jetzt zu tun gibt. Er hat unausgesprochen aber klar vor Augen, was die nächsten Schritte sind und will nun Gas geben, um sein Ziel zügig zu erreichen.
Packen Sie dann bestenfalls Ihre Methoden und Interventionsmöglichkeiten wieder ein, denn hier gilt: Wollen Sie nicht „mehr" als Ihr Klient! Oder einfacher: Bitte nicht helfen, es ist so schon schwer genug! Der Kernauftrag ist erledigt und einen weiteren Auftrag gibt es vorerst nicht (vgl. auch Kapitel „Auftrag", Seite 107).

Betrachten wir für einen Augenblick das gesamte Coaching-Gespräch wie die Planung einer Reise: Der Weg zur Lösung (der Weg zum Reiseziel) ist dann das „Herzstück" der ganzen Planung.

Im übertragenen Sinne sagt der Klient beispielsweise: Ich will nach London (= Reiseziel). Ist das (Reise-) Ziel erst einmal bekannt stellen sich als nächstes logischerweise Fragen nach den beschreitbaren Wegen dorthin. Den Wegen hin zur Lösung: „Wie komme ich nach London?“, „Welches Verkehrsmittel nutze ich idealerweise?“, „Wann muss ich dort sein?“, „Wie schnell will ich reisen?“, „Wo auf der Strecke nach London übernachte ich?“ und vielleicht auch „Was will ich dort erleben?“ Um das geht´s in dieser Phase des Coaching-Gesprächs.

Die Leistung des Coaches bei der Suche nach Lösungswegen liegt darin, den Klienten zu befähigen (zu unterstützen, zu begleiten oder wie auch immer Sie es nennen wollen), eigene Wege zum Ziel zu finden. Es geht nicht darum, den Weg vorzugeben wie ein Navigationsgerät, das an jeder Wegbiegung detaillierte Anweisungen gibt: Geradeaus. Jetzt rechts. In 100 Metern bitte wenden.

Nein: Im Grunde ist es sogar das genaue Gegenteil davon. Das, und wie Coaching ihr Leben nachhaltig verändert hat, beschreibt auf anschauliche Weise Veronika Merighi in „Erfolgskonzept: Klare innere Haltung“(siehe Seite 155).

Der Rahmen und was er alles kann.

Wir haben in unseren Coachings und als Coaching-Ausbilder gute Erfahrungen damit gemacht, den Klienten einen Rahmen auf ein Blatt Papier oder eine Flipchart malen zu lassen.

Abb. 1: Der Rahmen ermöglicht (als Methode) eine Strukturierung der Gedanken des Coachees. Er lässt Gestaltungsräume erkennen. Wir unterscheiden den gesetzten Rahmen (= 1) von den gestaltbaren Bedingungen (= 2; innerhalb des Rahmens).

Durch den Rahmen entstehen ein Innen und ein Außen („As soon as you draw a line you may create a universe […]“ vgl. Spencer Brown). Man kann in dieser Coaching-Phase nun grundsätzlich zwei Dinge (oder beides) tun: Entweder dem Klienten dabei helfen, den Innenraum auszufüllen bzw. zu gestalten, oder seinen (Denk-) Rahmen in Frage zu stellen und gegebenenfalls zu verändern (vgl. auch „die Türmetapher“ von Christian Neumann, Kapitel „Einleitung“, S. 39).

Der Rahmen kann aber nicht nur als Methode genutzt werden, sondern auch als Modell. Als Methode hilft er dabei, die Grenzen der eigenen Handlungsfähigkeit zu verdeutlichen und eine Unterscheidung (zwischen gesetzt und gestaltbar) möglich zu machen.
Als Modell hilft er bei der Beschreibung dessen, was bei der Lösungsfindung genau passiert und wie das „Lösungen finden“ funktioniert. Hier steht der Rahmen für all die Bedingungen, die der Coachee aus seiner momentanen Sicht nicht verändern und auch nicht gestalten kann. Innerhalb des Modells kann der Rahmen mit jedem anderen Tool kombiniert werden. Wie beispielsweise mit systemischen Coaching-Fragen, symbolischen Darstellungen, Körperarbeit, (u.v.m.), womit der Coaching-Klient dann sein Lösungsbild skizzieren und im Detail entwerfen kann.

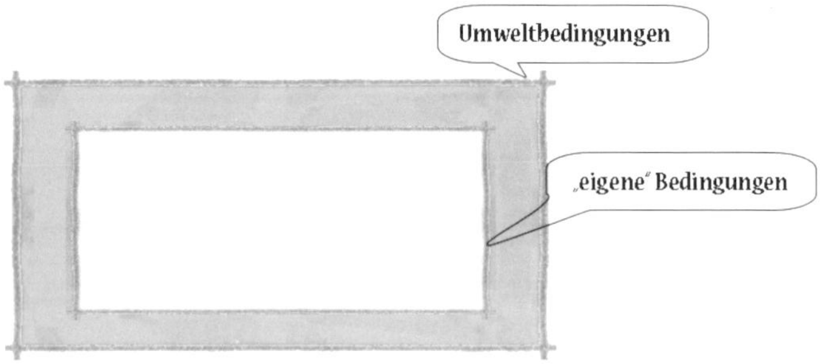

Abb. 2: Die Unterscheidung zwischen äußeren (Umwelt-) Bedingungen und die, aus Sicht des Coachees, „eigenen“ Bedingungen eröffnet im Coaching-Gespräch unterschiedliche Handlungsoptionen. Umweltbedingungen werden häufig als „kann ich nicht ändern“ erlebt, eigene Bedingungen als „will ich nicht ändern“.

Weiter unterscheiden wir beim Rahmen zwei essentielle Bestandteile: Der innere Rahmen soll für die „(Coachee-) eigenen" Bedingungen stehen, der äußere Rahmen für die Umweltbedingungen (siehe Abbildung 2).

Bittet man hier den Coachee, eine andere Perspektive einzunehmen und bewusst auf den inneren und äußeren Teil des Rahmens zu schauen, kann dieser weitere Unterscheidungen treffen. Viele Coaching-Klienten empfinden diese Unterscheidung als hilfreich, weil Sie mit den eigenen Rahmen noch einmal anders umgehen können als mit jenen, die von Dritten oder von ihrer Umwelt insgesamt gesetzt werden.

Der Coach kann die Rahmenbedingungen nutzen, um sie beispielsweise in Frage zu stellen:
Was wäre, wenn eine bestimmte Rahmenbedingung nicht vorhanden – oder anders – wäre? Der Coachee, der sich unter Termindruck in seinem Projekt befindet, profitiert beispielsweise von der Frage: „Was würden Sie tun, wenn Ihnen ‚alle Zeit der Welt' zur Verfügung stünde?" So funktionieren hypothetische Fragen (siehe Abbildung 3).

Abb. 3: So funktionieren hypothetische Coaching-Fragen: Was wäre anders und was würden Sie anderes tun, wenn (...)[eine bestimmte Rahmenbedingung] nicht existierte oder kein Problem wäre?

Fragt der Coach danach, was sein Klient alles tun könnte, um den Gestaltungsspielraum innerhalb des Rahmens noch kleiner zu machen, so nutzt er paradoxe Fragestellungen: „Was können Sie tun, um das Problem noch zu verschlimmern?“ (siehe Abbildung 4a).

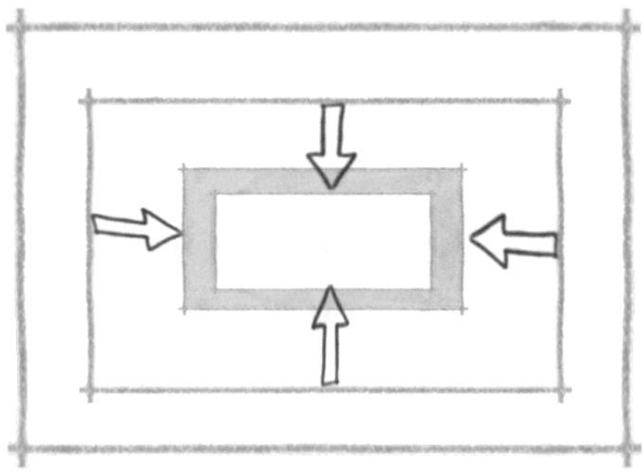

Abb. 4a: So funktionieren paradoxe Coaching-Fragen: Was könnten Sie tun, um Ihren Handlungsspielraum (innerhalb Ihres Rahmens) zu verringern?

Hat nun der Klient (zwar gedanklich, aber aktiv) seine Möglichkeiten reduziert (und seine passive oder „ideenlose“ Position verlassen), so kann er im nächsten Schritt den Fokus verändern. Der Coach kann jetzt mit der Frage „Und was können Sie nun im Gegenteil dazu tun?“ weitere Handlungsmöglichkeiten eröffnen (siehe Abbildung 4b).

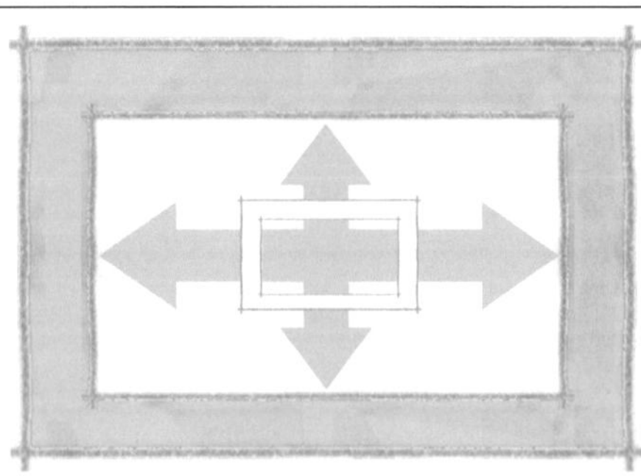

Abb. 4b: Kennt ein Coachee seine Möglichkeiten, das Problem zu verschlimmern (den Handlungsraum zu verringern), so kann er anschließend häufig auch ein entsprechend gegenteiliges Tun formulieren (um den Raum komplett oder an einer bestimmten Stelle zu vergrößern).

Weiters können Sie als Coach hinterfragen, ob der Coachee die Rahmenbedingungen grundsätzlich lieber gestalten möchte oder sich von ihnen gestalten bzw. verunstalten lassen möchte.

Fragen Sie Ihren Coachee, wie eine Lösung außerhalb des Rahmens aussähe (siehe Abbildung 5).

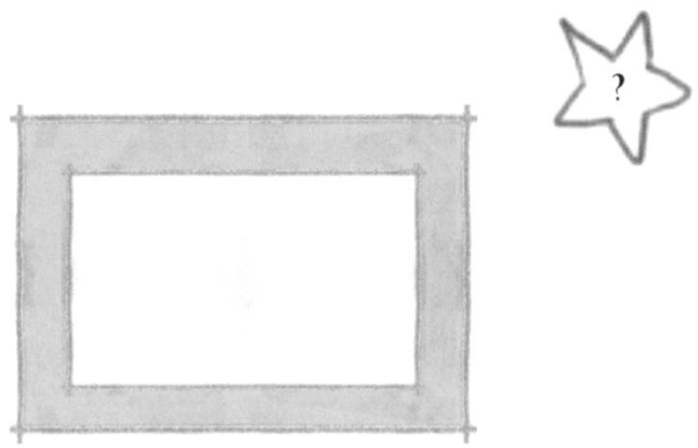

Abb. 5: Wir können den Coachee einladen, zu schauen, wie eine Lösung „außerhalb des Denkrahmens" aussehen könnte.

Befindet sich der Coaching-Klient in einer „Entweder-Oder"-Situation, so setzen wir gerne das Tetralemma ein: ursprünglich eine Logikfigur aus dem indischen Kulturkreis. Widersprüche scheinbar gegensätzlicher Positionen (entweder-oder) werden durch Kombinationen überwunden.
Unser Münchner Kollege Matthias Varga von Kibéd hat dies, im wahrsten Sinne, in den systemischen Beratungskontext gestellt und nutzt es sehr erfolgreich in seiner richtungsweisenden Systemaufstellungsarbeit (unbedingt lesen: „Ganz im Gegenteil" von Matthias Varga von Kibéd und Insa Sparrer).
Er beschreibt mit vier (griech. tetra = vier, Präfix) Positionen das Eine, das Andere, Beides und Keines von Beiden und ergänzt es um eine „übersehene" fünfte Position: Nichts von Alldem.

In unserer Arbeit im Einzelcoaching nutzen wir das Tetralemma, um die Denkrahmen unserer Coachees in „Entweder-Oder"-Situationen zu erweitern.

Abb. 6: „Entweder-Oder?“

Immer wieder scheinen Menschen sich in einem Dilemma zu befinden (siehe Abbildung 6): „Gehen oder Bleiben“ (beim Partner, im Beruf, …) oder bei „Qual der Wahl“ (München oder Hamburg, Monika oder Sabine, Wohnung A oder Wohnung B, …).
Im Coaching kann es gelingen, das Gefühlte „Schwarz-Weiß“ aufzulösen, indem der Coach fragt: „Was wäre denn beispielsweise Beides?“ (siehe Abbildung 7).
Wir geben damit dem Hilfesuchenden die Gelegenheit, neben Schwarz und Weiß auch Grautöne zu entwickeln (und den Denkrahmen zu erweitern):

Abb. 7: „Entweder-Oder-Beides?“

Und weiter können wir fragen, wie „Keins von Beiden“ (weder „das Eine“ noch „das Andere“) aussähe, um weitere Grautöne im Schwarz-Weiß-Dilemma zu finden (siehe Abbildung 8):

Abb. 8: „Entweder-Oder-Beides-Keines?"

In einem letzten Schritt können wir die noch übersehenen Alternativen (das, was sozusagen außerhalb des Denkrahmens liegt) erfragen: „Was wäre nichts von Alldem?" (siehe Abbildung 9).

Abb. 9: „Entweder-Oder-Beides-Keins von Beidem-Nichts von Alldem?"

Werkzeuge zur Lösung

Der Coachee entwickelt alle notwendigen Schritte und bewegt sich auf verschiedenartigen Wegen in Richtung auf sein Ziel. Hier kann der Coach sich mit allem, was er bewusst oder intuitiv weiß, mit seiner Kreativität, seiner Erfahrung und seiner Persönlichkeit einbringen. Hier kommt oft alles zum Einsatz, was ein Coach in seiner

„Werkzeugkiste“ hat: die gesamte Bandbreite seines Könnens wird ausgebreitet.
Menschen, die Coaching als Werkzeug nutzen ohne als (Profi-)Coach zu arbeiten, nutzen die Techniken häufig anders als „Profi-Coaches“. Sie nutzen Coaching in anderen Zeitfenstern und vielleicht auch unter anderen Zielvorgaben und mit anderen Mitteln bzw. Utensilien. Und das ist auch gut so.

Beim Thema Werkzeug möchten wir auch einen kurzen Blick auf die berühmt-berüchtigte „Spielzeugkiste“ (siehe Kasten) werfen:

„Spielzeugkiste“
Die berühmt-berüchtigte „Spielzeugkiste“ von Coaches: Manchmal schauen Partner, Familienmitglieder oder Freunde von Coaches ganz ungläubig bis verwirrt, wenn sie einen zufälligen Blick auf gewisse Arbeitsutensilien erhaschen. Da gibt es Murmeln, Knöpfe und Karten. Wolle, Bälle, Buntpapier und Knete. Wassergläser, Plastiktiere und Stoffaffen (neben Flipchart, Moderationskarten und bunten Stiften). Was gibt es nicht alles an Instrumenten, die aus der Kindergartenwelt entliehen sind oder zu beachtlichen Preisen von Spezialanbietern für Coaching- und Beratungsbedarf zur Verfügung gestellt werden.
Über Sinn oder Unsinn eines jeden einzelnen lässt sich sicherlich streiten.
Unsere Thesen zu „Spielzeug“ in der Coaching-Praxis:

- Der Coach ist für den Prozess verantwortlich (vgl. Interview mit Christian Neumann, Kapitel „Einleitung“). Und er ist auch verantwortlich für die Wahl der passenden Mittel.
- Im geschützten Zwiegespräch lassen Menschen sich leichter auf ungewöhnliche Herangehensweisen ein.
- Alles, vom dem der Coach überzeugt ist, dass es nicht funktioniert, wird auch nicht funktionieren. Davon sind wir so fest überzeugt: wir würden darauf wetten. Der Umkehrschluss trifft leider nicht zu: Nur weil der Coach an seine Methode, seine Metapher oder an sein „Spiel“ glaubt, muss es dennoch nicht funktionieren.

- Viele Instrumente passen im Coaching-Kontext viel besser, als man vielleicht vermutet (wenn man diese in der Ausbildung erlernt oder in einem Buch davon liest). Probieren Sie einfach Verschiedenes aus, und …
- … wenn beim ersten Mal das „Mittel der Wahl" nicht passt, machen Sie es nicht passend. Am besten: loslassen und etwas anderes versuchen! (Mehr vom Selben hilft nicht.)
- „Alles hilft, was dem Coachee hilft": Irritation kann gelegentlich hilfreich sein – aber sicher nicht immer. Wenn ein Klient partout nicht malen, basteln, kleben, klöppeln oder knüpfen möchte, dann lassen Sie ihn bitte in Ruhe damit.
- Das Instrument muss zum Coach und zum Klienten passen: In der Arbeit mit Lehrkräften sind manchmal andere Tools hilfreich als mit CEOs. Wobei die Variation hier nur marginal sein muss: Symbolische Darstellungen funktionieren sowohl mit Spielfiguren als auch mit Milchdöschen, Kaffeelöffeln und Zuckertüten. (Die Verwendung von Alltagsgegenständen erleichtert unserer Erfahrung nach eher ein „Einlassen des Klienten auf die Methode" als die Verwendung von Spielzeugen.)
- Sie müssen nicht basteln, tanzen und reimen können, um als Coach wirksam, hilfreich und erfolgreich zu sein. Wir selbst stellen gerne komplexe Sachverhalte mit Hilfe von Symbolen dar und nutzen Wassergläser zur Beschreibung knapper Ressourcen. Malen, Basteln oder Tanzen nutzen wir bislang nicht.
- Alles, was klebt, färbt, verschüttet oder gegessen werden kann, verwirrt Coaching-Klienten mehr als unessbare Dinge in festem Aggregatzustand. Was nicht bedeuten soll, dass man diese Dinge nicht einsetzen kann. Aus unserer Sicht helfen „mildere Mittel" dem Hilfesuchenden oft leichter, an sein Ziel zu gelangen.
- Nur in einem Ausnahmefall darf sich der Inhalt nach der Methode richten und nicht umgekehrt, und das ist während/in der Coaching-Ausbildung (in einem eng gesteckten Rahmen, zu Demonstrationszwecken oder zum Einüben der Methode).

Wir sind der Überzeugung, dass ein „guter" Coach nicht derjenige ist, der die meisten Techniken kennt und die größte Auswahl an verschiedenartigen Methoden hat. Ein guter Coach bringt vor allem eine klare und reflektierte Haltung in den Coaching-Prozess ein und führt den Coachee systematisch und ruhig durch den Prozess. Prozesskompetenz, veredelt mit Methodenkompetenz. Zu wissen, „was braucht es wann", zeichnet unserer Meinung nach unterstützende und erfolgreiche Coaches aus.

Für alle Coaches, egal in welchen Zusammenhängen sie Coaching-Techniken einsetzen, ist und bleibt die größte Herausforderung: Welche Frage/Intervention setze ich wann ein und wann nicht? Wie stelle ich die Frage? Und was passiert, wenn der Hilfesuchende mit der Frage oder Intervention nichts anfangen kann?

Folgendes hat sich in diesem Kontext grundsätzlich bewährt:

- Wenn ein Klient mit einer Frage nichts anzufangen weiß, ist es sinnvoll, eine ganz andere Frage zu stellen. Es ist meist nicht hilfreich, sich oder die Methode zu erklären und was man mit (der nicht verstandenen) Frage bezwecken wollte.
- Stellen Sie nur eine Frage auf einmal.
- Seien Sie nach einer Frage still und hören Sie zu. (Und bitte unterscheiden Sie hier das einfache Schweigen und „nichts sagen" vom „wortlosen Zuhören und ganz aufmerksam beim Anderen sein".)
- Unterstützen Sie mit Fragen nach dem „wie" und fragen Sie nicht unbeauftragt nach dem „ob".
- Und immer wieder wichtig: Vertrauen Sie bei der Suche nach Lösungen ganz auf die Lösungskompetenz Ihres Klienten. Versuchen Sie, klar und konsequent Ihre eigenen Zweifel ihm gegenüber wegzuschieben.

Die Botschaft an den Klienten ist klar. Sie entsteht aus unserer Coaching-Haltung (vgl. Kapitel „Coaching, wie wir es definieren", Seite 47) und lautet: „Grundsätzlich können Sie das schaffen, grundsätzlich können Sie Ihr Ziel erreichen, wenn Sie das wollen." Die Lösung liegt immer schon im Hilfesuchenden.
Dies ist eine wichtige, wenn nicht die wichtigste Grundannahme im Coaching überhaupt. Lesen Sie zu diesem Thema auch die

Schilderungen einer Coaching-Klientin in „Coaching: Ein Weg zu innerer Wandlung" (Seite 161). Die Weisheit, Kompetenz, Lebenserfahrung und nicht zuletzt der Mut der Klienten, sich auf das Abenteuer „Veränderung" einzulassen, machen den Coaching-Prozess erst aus. Kein Tool der Welt kann das erzeugen. Ihre Erfahrungen hierzu teilt unsere Kollegin Ute Zander in „Ist Spaß haben Arbeit?" (ab Seite 169).

Spiele, Instrumente, Fragen, Modelle oder Tools: all das ist nichts ohne die Lösungskompetenz des Klienten und ohne das entsprechende Vertrauen in eben diese Kompetenz (sowohl beim Coach als auch beim Klienten).

Die Arbeitsatmosphäre

Einige (Coaching-) Wege zur Lösung können sich für manche Klienten wie ein „nettes Gespräch in netter Umgebung" anfühlen. Entspannend, locker und ohne Druck oder Anstrengung. Andere Coachees (oder dieselben Coachees zu anderen Zeiten) empfinden das Coaching-Gespräch wie „Schwerstarbeit" und sind nach getaner Arbeit redlich erschöpft (vgl. dazu auch den Erfahrungsbericht von Brigitte Ott-Göbel im Kapitel „Coaching, wie wir es definieren", ab Seite 87).

Dabei darf nicht unerwähnt bleiben, dass Sie als Coach natürlich die Wahrnehmung Ihres Auftraggebers zu einem gewissen Grad mitgestalten können. Ob Ihr Klient gar nicht bemerkt, dass Sie arbeiten und er eine Kaffeehaus-ähnliche Stimmung erlebt, liegt natürlich (auch) an Ihnen. (Ihr Klient sagt dann vielleicht: „Nur in entspannter Atmosphäre kann ich kreativ denken.")

Wenn Sie eine andere Atmosphäre bevorzugen, so können Sie ihr bewusst einen Hauch Leistungs- und Arbeitsorientierung beimischen (sodass Ihr Coachee „sieht", dass Sie arbeiten und am Ende vielleicht sagt: „Mensch, der kann was!"). Und auch das können Sie je nach Laune und Coaching-Klient variieren und aktiv einsetzen.

Manche unserer Coachings finden im Freien als Spaziergang statt, andere am Schreibtisch „face to face" oder in der Lobby eines Ho-

tels. Telefoncoachings bieten sich bei dringenden Themen und zeitgleich räumlicher Distanz an; wenn es sozusagen nicht anders geht.
Vielleicht wollen Sie, gerade wenn Sie als interner Coach arbeiten, einen Ort außerhalb der Firma für ein Coaching-Gespräch wählen, um auf diese Weise Augenhöhe herzustellen oder Sie entscheiden sich bewusst, im Büro zu bleiben. Spielen Sie als Coach einfach mit verschiedenen Orten und Settings. Es passt immer das, was dem Coaching-Klienten hilft und was auch Sie zufrieden macht.
So können Sie (sogar) die Gestaltung der Arbeitsatmosphäre und die Wahl des Ortes als Werkzeug aktiv nutzen, um das Coaching-Gespräch und damit den Erfolg zu gestalten.

Zusammenfassend kommt es auf dem Weg zur Problemlösung des Klienten auf drei zentrale Elemente an:

- auf die Wahl und den Einsatz der Fragetechniken und Werkzeuge,
- auf die Haltung des Coaches (so wie in allen anderen Phasen des Coaching-Prozesses auch) und
- auf das Vertrauen beider Beteiligten in die Lösungskompetenz des Klienten.

Literatur

Varga von Kibed, M., Sparrer, I.: Ganz im Gegenteil: Tetralemmaarbeit und andere Grundformen Systemischer Strukturaufstellungen – für Querdenker und solche, die es werden wollen. Heidelberg, 2005

Berg, I. K., De Jong, P.: Lösungen (er-)finden. Das Werkstattbuch der lösungsorientierten Kurztherapie. Dortmund, 2003

Erfolgskonzept: Klare innere Haltung

von Veronika Merighi

Systemisches Coaching. Etwas, das mein Leben nachhaltig verändert hat. Ich habe dadurch vieles gelernt: Zuzuhören, mich zurück zu nehmen, die Meinung anderer zuzulassen, Dinge auch aus einer anderen Perspektive zu sehen.
Natürlich war ich nervös, vor meinem ersten „echten Coaching-Gespräch." Was ist, wenn ich schon den Einstieg verpatze oder wenn ich den Faden verliere, womöglich keine geeignete Methode finde?
Einen Fall zu behandeln, der nicht von meinen Kollegen aus meinem Lehrgang, sondern von einer völlig fremden Person stammte, die mit einem akuten Problem zu mir kam und sich Hilfe erhoffte. Das war schon was. Also hab ich mich gut vorbereitet, bin noch mal die diversen Methoden durchgegangen, besonders jene, bei denen ich mich halbwegs sicher fühlte. Trotzdem hatte ich „Muffensausen".

Mein erster Coachee war eine klassische Ehefrau und zweifache Mutter Mitte dreißig, deren berufliches Engagement darin bestand, in Teilzeit „etwas dazu zu verdienen." Sie war nett, freundlich, adrett, hübsch und einiges über ihrem Normalgewicht und ziemlich groß für eine Frau. Die Botschaften ihrer Körpersprache waren: Nur nicht auffallen. Ich mach das schon. Bin bemüht, den

mir gestellten Aufgaben sowohl in der Familie wie im Job gerecht zu werden. Ich funktioniere.
Der Grund, warum sie mich kontaktiert hatte, war das Angebot ihres Arbeitgebers, eine anspruchsvollere Tätigkeit in Vollzeit zu übernehmen. Sie wollte eine Standortbestimmung, reflektieren, wo sie gerade steht und wie ihre nächsten Schritte aussehen sollten.

Nachdem ich ihr die Vorgehensweise erklärt hatte, machten wir uns daran, meinen Auftrag zu definieren. Was sollte das Ergebnis dieses Gespräches sein? Mit welcher Erkenntnis wollte sie aus diesem Termin gehen? Das war relativ einfach:

- Soll ich das Angebot annehmen?
- Bin ich dem gewachsen, kann ich die Anforderungen erfüllen?
- Schlußendlich – soll ich den Job annehmen?

Nachdem ich erfreulicherweise erkennen konnte, dass die Atmosphäre passte und auch die Chemie zwischen uns stimmte, begannen wir damit, ihre berufliche Situation zu beleuchten. Sie war zu Beginn ein wenig zurückhaltend und abwartend, taute aber zunehmend auf. Ich fragte mich, wer von uns beiden wohl nervöser sei. Wenn sie wüsste, dass sie meine erste Klientin ist!

Sie erzählte über ihren Tätigkeitsbereich innerhalb des Unternehmens, doch ich konnte bei ihr irgendwie keinen persönlichen Bezug zu ihren Aufgaben erkennen. Die Frage nach der Freude an ihrem Job schien sie zu verunsichern. Ich wurde zunehmend sicherer und stellte die Frage, warum sie denn gerade diesen Job mache?
Und jetzt ging´s los. Es sprudelte nur so aus ihr heraus. Ehemann, Kinder, Hausbau, keine Hilfe innerhalb der Familie. Erzogen zum Funktionieren. Immer wieder der Versuch, aus diesem klassischen Alltagstrott heraus zu kommen. Daher auch der Job im kaufmännischen Bereich des Unternehmens. Dieser entsprach zwar ihrer Ausbildung, schien sie aber nicht zu begeistern. Der ganze Frust über ihre persönliche Situation brach regelrecht aus ihr heraus.
Mit dieser heftigen Reaktion hatte ich nicht gerechnet. Ich kam gar nicht dazu, meine tollen systemischen Fragen zu stellen,

sondern hatte, ehrlich gesagt, meine liebe Not damit, ihr inhaltlich zu folgen. Ich tat das, was mir bei meiner Ausbildung am Schwersten gefallen war: Ich ließ sie einfach reden und hörte zu. Mein Job war es nun, mich zurückzunehmen und mir bewusst zu machen, dass ich ihr vertraute, dass sie ihre Lösung ganz allein finden konnte. Meine (neue) innere Haltung war gefragt und ich strengte mich an. Offensichtlich war das „darüber sprechen" ein Akt der Befreiung für sie und „meine Arbeit mit mir selbst" ermöglichte den dafür nötigen Raum. Es dauerte mindestens 15 Minuten, bis sie erschöpft inne hielt. Und nun war auch die Zeit gekommen, meine systemischen Fragen zu stellen:

- *Wer ist denn für Ihre Situation verantwortlich?*
- *Warum lassen Sie sich so vereinnahmen?*
- *Fühlen Sie sich für die anderen verantwortlich?*
- *Wem gegenüber sind Sie verpflichtet?*
- *Was tun die anderen Familienmitglieder für Sie?*
- *Was möchten Sie eigentlich für sich?*
- *Was möchten / müssen Sie tun, um Ihre Situation zu ändern?*

Für jede dieser Fragen fand sie eine Antwort. Einmal schwerer, einmal leichter, mitunter offensichtlich schmerzhaft.

Für jede dieser Fragen fand sie eine Antwort. Einmal schwerer, einmal leichter, mitunter offensichtlich schmerzhaft. Es war wirklich Schwerstarbeit für sie. Aber ich konnte ganz klar erkennen, wie gut es ihr tat, endlich einmal darüber sprechen zu können, ernst genommen zu werden, jemandes Aufmerksamkeit für sich zu haben. Dadurch wurde ich natürlich auch entspannter und souveräner und hatte das Gefühl, den richtigen Weg gewählt zu haben.
Allerdings mussten wir wieder zurück zum Auftrag, denn dieser hatte sich im Laufe des Gespräches doch ziemlich verändert. Von „Soll ich den Job annehmen?" zu „Was möchte ICH eigentlich?".

Dann stellte ich ihr die Frage, welche im Nachhinein betrachtet wohl die entscheidende war.
„Was können Sie tun, um sich wieder in Ihrer Haut wohl zu fühlen und so zu leben, wie Sie es möchten?"
Dann entstand eine minutenlange Pause, in der sie wirklich intensiv nachdachte, um dann ganz leise und irgendwie ver-

wundert festzustellen, daß „ich das alles eigentlich gar nicht so möchte".
Sie würde gerne eine Ausbildung zur Maniküre und Pediküre machen und selbstständig mit einem „fliegenden Salon" arbeiten. Aber das sei wohl nicht wirklich realisierbar, weil die Familie, ihre Verpflichtung als Ehefrau und Mutter, und und und ...

Aber eigentlich ginge es ja nur darum, dass sie sich endlich durchsetze und konsequent bleibe. Mit ihrem Mann und den Kids eine genaue Aufgabenteilung vereinbare und nicht nach ein paar Tagen wieder in das alte Muster zurück falle und das Dienstmädchen für alle spiele. Dann bleibt halt der schmutzige Pulli liegen, wo er liegt, dann hat „Mann" halt keine sauberen Socken, wenn er die Wäsche nicht macht. Dann gibt´s halt abends kalte Küche, wenn Mama im Abendkurs ist und niemand kochen will.
Es war für mich beeindruckend zu sehen, wie diese Frau mit sich selber im Zwiegespräch stand und wie sehr sich ihre Körperhaltung während dieses Prozesses veränderte. Sie saß plötzlich aufrechter, ihre Stimme wurde bestimmender und sie war irgendwie präsenter.

Offensichtlich hatte sie ihren Weg gefunden und wusste nun, was für sie zu tun war. Ich stellte ihr die Skalenfrage: *„Auf einer Skala von 0 bis 10, wenn 0 ‚Ich weiß nicht, was ich tun.' soll und 10 ‚Ich weiß ganz genau, was ich tun werde.' ist. Wo standen Sie vor unserem Gespräch und wo stehen Sie jetzt?"* Da erkannte sie 2:7. Das war schon ganz schön hoch.
„Was fehlt auf 8?"
„Ich muss es einfach tun!"
Ich war zufrieden, und sie fühlte sich wirklich besser und klarer. Wir haben dann noch einen genauen Zeitrahmen für ihr Vorhaben erarbeitet und einen Notfallplan, falls dieser schief laufen sollte. Frohen Mutes verließ sie dann das Meeting.
Wochen später lief sie mir dann freudestrahlend über den Weg, eigentlich lief sie mir nach, um zu erzählen, was sich nicht alles seit diesem kurzen Zeitraum geändert hatte.
Sie hat ihrem Mann und ihren Kindern erklärt, dass sie nicht länger die unbezahlte Aushilfskraft für die ganze Familie sein will. Dass sie sich jetzt beruflich und persönlich weiterentwickeln will

und ab sofort ein Plan zur Aufgabenteilung in Kraft tritt, an den sich alle zu halten haben.
Zuerst wurde sie nicht wirklich ernst genommen und belächelt, aber das erste Mal ist es ihr dann wirklich gelungen, stark zu bleiben und sich nicht umstimmen zu lassen. Sie hat Abendkurse für ihre Ausbildung belegt. Dies war auch mit ihrem Teilzeitjob vereinbar. Das Jobangebot ihres Arbeitgebers hat sie dankend abgelehnt.

Sie strahlte mir regelrecht entgegen, schien auch schon etwas an Gewicht verloren zu haben und wirkte total energiegeladen und positiv auf mich. All das ist jetzt schon einige Jahre her. Mein erster Coachee hat „seine" Sache wirklich durchgezogen, sie hat diese Ausbildung beendet und praktiziert jetzt schon einige Zeit nebenberuflich. Es ist anstrengend, aber macht ihr Riesenspaß!

Und damit sind wir auch schon beim Grund, warum ich mich so gerne mit Coaching befasse.
Natürlich verliefen nicht alle Gespräche so „einfach" und unproblematisch. Es gab auch durchaus Coachees, die mich mehr als gefordert haben. Wo durchaus eine Ehrenrunde notwendig war und auch welche, die immer wieder mal mit einer Problemstellung in verschiedenen Varianten bei mir auftauchen.
Doch bisher, ich hoffe das bleibt auch so, war ich von absoluten Fehlschlägen verschont. Und das verdanke ich auch einer klaren inneren Haltung.

Der Moment, in dem der Klient seine Lösung erkennt, wenn ihm szs. der Knopf aufgeht: da ist ein Ausdruck des Erkennens im Gesicht dieser Menschen…

Es gibt auch lustige Erlebnisse. Mein kürzestes Gespräch dauerte nicht mal 15 Minuten. Nach der ersten Frage strahlte mich dieser Klienten plötzlich an, dankte mir und verließ das Zimmer. Er ließ mich einigermaßen konsterniert zurück. Das war für mich irgendwie unbefriedigend. Ich war noch nicht einmal „warmgelaufen". Aber auch das hab ich gelernt, zu akzeptieren. Für den Coachee muß es passen! Ab und zu läuft er mir noch über den Weg und grüßt ganz freundlich. Also scheint es gepaßt zu haben.

Der Moment, in dem der Klient seine Lösung erkennt, wenn ihm szs. der Knopf aufgeht: da ist ein Ausdruck des Erkennens im

Gesicht dieser Menschen… Das sind Momente voller Klarheit und oft auch Zufriedenheit und innerer Ruhe, die mir persönlich unendlich viel geben. Ich sehe mich als Unterstützer, Sparringpartner, Reflektor für meine Klienten. Es freut mich, wenn sie mir nach einiger Zeit Feedback geben. Die Gewissheit, jemandem zur Seite gestanden zu haben, dem das Leben Aufgaben bereit hielt, deren Lösungen alleine nicht zu finden waren, macht mich zufrieden. Und das ist, im besten Sinne des Klienten, nur mit einer lethologischen Coaching-Haltung möglich. Ich bin dankbar, denn das kann ich jetzt. Und das hat einen unwiderruflich positiven Einfluss auf meine Arbeit und mein Leben.

Coaching: Ein Weg zu innerer Wandlung

von Sonja V., Bankerin und Senior Analystin im Kreditbereich einer Großbank, München

Am 16. März 2011 nahm ich zum ersten Mal in meinem Leben ein Coaching in Anspruch. Ich war zu diesem Zeitpunkt an einem Punkt angelangt, an dem ich quasi nicht mehr wusste, wie es (beruflich) in meinem Leben weitergehen sollte. Die damit verbundene Unsicherheit und Unzufriedenheit hatten mich in ein tiefes Loch gezogen. Meine Freunde und meinen Ehemann hatte ich mit meinen immer wieder gleichen Problemen und ungelösten Fragen längst überstrapaziert – sie konnten mir a) nicht helfen und waren es b) leid, von mir immer die gleiche Leier zu hören. Sinnvolle Ratschläge erhielt ich nicht mehr, nur noch ein „das wird schon wieder", „da musst du jetzt mal durch" und „ich weiß auch nicht, wie ich dir da helfen soll". Mein Ehemann machte dann den Vorschlag, dass ich mir professionelle Hilfe holen sollte. Nach einigen Gesprächen und verschiedenen Überlegungen wurde mir ein Coach empfohlen. Ich habe anschließend begonnen (willkommen im Google-Zeitalter), mich zu informieren, und letztendlich schien mir die Beraterin vertrauenserweckend. So habe ich mir ein Herz gefasst und sie einfach angerufen.

Aber nun erzähle ich erst einmal, wer ich bin und warum ich überhaupt ein Coaching benötigt habe. Ich bin Bankerin; schon seit 24 Jahren (43 Jahre alt); zum zweiten Mal verheiratet – diesmal glücklich – und kinderlos. Den Beruf der Bankkauffrau habe ich, wie damals noch sehr üblich, nach dem Abitur und einer dreijährigen Banklehre ergriffen. Vor 24 Jahren war das Berufsbild eines Bankers ein vollkommen anderes als heute. Banker waren Personen, denen man großes Vertrauen entgegen brachte. Es waren Menschen, die mit dem Geld ihrer Kunden verantwortungsvoll umgingen. Und es war ein Umfeld, in dem die Bankinstitute nicht unter solch immensem Druck standen, Profite zu erzielen, wie in der heutigen Zeit. Ich hatte diesen Beruf ergriffen, da ich eine anspruchsvolle Tätigkeit machen und gleichzeitig Kontakt zu Menschen haben wollte. Ich wollte beratend tätig sein und den Kunden für ihre Geldgeschäfte die bestmögliche Lösung bieten. Das ist mir auch zehn Jahre lang in der Funktion als Privatkundenberaterin geglückt.

Ich habe es geliebt, „meine" Kunden zu betreuen, für sie da zu sein und für sie kleinere und größere Probleme zu lösen und ihnen als kompetente Ansprechpartnerin zur Seite zu stehen. Aber dann änderten sich die Zeiten; das wirtschaftliche Umfeld wurde schwächer und der Umgang mit den Kunden rauer. Mir wurde immer klarer, dass sich das Berufsbild und die Anforderungen stark änderten und ich eigentlich keine Beraterin mehr war, sondern eine profitgetriebene Verkäuferin – mit immer neuen Zielvorgaben für den Verkauf von Bankprodukten, die mit „solider" Beratung nicht zu erfüllen waren; und schon gar nicht mehr mit meinem Gewissen zu vereinbaren. Ich habe es z.B. einfach nicht fertig gebracht, einer 70-jährigen alten Dame einen Bausparvertrag aufzuschwatzen; oder einen Berufsanfänger bis zur Halskrause mit Bankprodukten und Versicherungen auszustatten – Kolleginnen von mir konnten das, ich nicht.

Irgendwann war der Zeitpunkt für eine Veränderung und für einen Tapetenwechsel gekommen.

Irgendwann war der Zeitpunkt für eine Veränderung und für einen Tapetenwechsel gekommen, und ich machte mich auf die Suche und Wanderschaft zu neuen Arbeitgebern und hoffentlich wieder besseren Bedingungen.
Ich wechselte binnen zweier Jahre zweimal den Arbeitsplatz in München (diesmal als Analystin im Kreditbereich). Nach diesen

zwei Wechseln spürte ich zum ersten Mal eine tiefe Unzufriedenheit mit meinem Beruf (ich war damals 35 Jahre alt). Die Tätigkeit erfüllte mich einfach nicht mehr.
Die berufliche Odyssee dauerte dann acht Jahre an – inkludierte eine Scheidung und eine neue glückliche Ehe, vielzählige Wohnortwechsel, ein abgeschlossenes bankfachliches Studium, berufliche Aus- und Weiterbildungen, private Auf- und Abbrüche – und so fand ich mich (nach einem kurzen Intermezzo und Flop in Hamburg) 2010 zurück in München. Und das in meinem alten Job als Kreditanalystin, bei meinem alten Arbeitgeber. Nichts hatte sich verändert.

Nichts hatte sich verändert – aber ICH hatte mich verändert. Nach der ersten Freude beim Neuanfang, so viel Glück gehabt zu haben und wieder im alten Umfeld arbeiten zu können, kamen schnell die alten Zweifel hoch. Wollte ich wirklich da weiter machen, wo ich (aus gutem Grund) aufgehört hatte? Wie lange wollte ich so weiter machen? Gab es wirklich keine Alternativen für mich? Welche Arbeit macht mir wirklich Spaß? Wo und wie könnte ich meine Fähigkeiten und Neigungen noch besser einbringen? Warum war ich schon wieder so unzufrieden? Was fehlte mir wirklich? Warum war die erste Freude und Dankbarkeit so schnell der Unzufriedenheit und Unsicherheit gewichen? Konnte es einen Ausgleich neben der Arbeit für mich geben? Habe ich die Kraft, noch einmal den Arbeitgeber zu wechseln oder gar einen neuen Beruf zu ergreifen? Möchte ich überhaupt noch einmal den Arbeitgeber wechseln oder einer anderen Tätigkeit nachgehen?
Dies waren die Fragen, auf die ich (und mein Umfeld) keine Antworten hatten. Und mit diesen Fragen ging ich in mein erstes Coaching.

Der Erstkontakt mit Email und Telefon war ganz unkompliziert und mein Coach war mir auf Anhieb sympathisch, was mich beruhigte. Sie stellte einige Fragen zu dem Grund meiner Anfrage. Und schon da fiel mir auf: so einfach war das natürlich für mich nicht zu erklären, weil mir mein Problem schon sehr komplex erschien und eine lange Geschichte hatte. Aber ich war erleichtert, dass ich mich nun mit meinen Problemen einem „Profi" anvertrauen konnte.

Ich empfand das alles als sehr spannend. Endlich hatte jemand Lust, sich mit meinen Themen zu beschäftigen und mir zu helfen. Allein die Aussicht auf dieses Gespräch ließ meine Stimmung in den nächsten Tagen steigen.

Mein Coach schickte mir zur Vorbereitung und Selbstreflexion einige Fragen und einen „Lebenslinienbogen“. Auf diesem Bogen sollte ich wichtige Lebensereignisse eintragen und auch, wie wohl, ausgeglichen und glücklich ich mich bei dem jeweiligen Ereignis und in der jeweiligen Lebensphase gefühlt habe. Zunächst dachte ich „oh je, was soll ich da denn jetzt alles eintragen"? Ich fing mit dem Eintrag einiger Ereignisse an, und es ging dann wie von selbst. Ich erinnerte mich an längst vergangene Ereignisse – positive wie negative; und konnte mich meistens noch sehr genau an die damit verbundenen Gefühle erinnern.

Bei dieser Arbeit hatte ich mehrere wichtige Erkenntnisse:

- ich hatte insgesamt schon ganz schön viel erlebt
- mein Leben war stets sehr in Bewegung gewesen
- die Mehrzahl der Lebensereignisse waren positiv
- die negativen Lebensereignisse waren sehr einschneidend und haben oft eine Änderung meines Umfeldes (insbesondere räumlicher Art/Umzüge) mit sich gebracht
- bisher hatte ich es nach negativen Erlebnissen immer geschafft, wieder in eine positive „Wohlfühlzone“ zu gelangen
- ich habe bisher viel Glück gehabt
- ich bin immer wieder von lieben Menschen bei den einzelnen Lebensphasen begleitet worden

Kurz darauf erhielt ich dann eine Reihe Fragen, wie z.B.: Was ist das derzeit größte Problem? WAS innerhalb dieses Themas/dieser Situation wollen Sie genau ändern? (Wie wünschen Sie sich, mit der Situation umzugehen / diese zu erleben / die Situation zu beurteilen? / etc.)? Was haben Sie schon alles getan, um die Situation zu verbessern / zu ändern? Sagen wir, das Coaching-Gespräch ist erfolgreich verlaufen und Sie gehen nach Hause: Was ist dann für Sie anders? Welche sonstigen Themen müssen wir alle in unserem Gespräch in Betracht ziehen und besprechen, sodass Sie hinterher sagen: es ging genau um DAS, was mir gerade am wichtigsten ist! Und welche Themen sollten wir besser nicht anschneiden? „Was würden Sie sagen ist zwar wichtig, aber es gehört NICHT zum Thema / nicht in unser Gespräch? Wenn Sie sich in manchen Lebenssituationen bewusst dazu entscheiden, es sich gut gehen zu lassen … was machen Sie dann?"

Diese Fragen waren sicherlich sehr anspruchsvoll, aber ich konnte mit ihnen umgehen und sie haben mir sehr geholfen, meine Situation noch einmal zu reflektieren und mich auf das Gespräch vorzubereiten. Ich nahm mir einige Zeit für die Beantwortung und schickte die Antworten vorweg an meinen Coach.

Diese Fragen waren sicherlich sehr anspruchsvoll, aber ich konnte mit ihnen umgehen und sie haben mir sehr geholfen, meine Situation noch einmal zu reflektieren und mich auf das Gespräch vorzubereiten.

Am 16. März war es dann so weit. Ich fieberte dem Termin am Abend den ganzen Tag entgegen. Was würde mich erwarten? Würden sich meine Erwartungen erfüllen? Konnte mir eine bis dahin fremde Person wirklich bei den Fragen weiterhelfen, an denen mein engstes Umfeld scheiterte?
Die Spannung stieg: Was würde nun genau passieren?

Wir gingen in einen Coaching-Raum und mein Coach bat mich, ihr noch einmal mein Anliegen zu schildern und ihr zu sagen, welches Ziel ich mit unserem Gespräch erreichen möchte. Dann fragte sie mich, welche Möglichkeiten und Lösungen ich sehen würde und was genau wir „ansehen" sollten.
Ich erzählte über meinen bisherigen beruflichen Werdegang, über meine ursprüngliche Motivation, den Beruf als Bankkauffrau zu ergreifen, meine diversen gescheiterten Arbeitgeberwechsel, immer auf der Suche nach der beruflichen Erfüllung, getrieben von der Hoffnung, dass beim nächsten Mal alles besser wird. Zur Sprache kam auch die (beruflich bedingte) häufige Abwesenheit meines Mannes, den ich oft sehr vermisse. Außerdem schilderte ich die vage Hoffnung, die Zusage auf eine interne Stellenausschreibung in dem Bereich Personalentwicklung zu erhalten. Nach einer Weile stand die Frage im Raum, ob ich über eine berufliche Änderung nachdenken sollte oder aber über einen möglichen besseren Umgang mit der vorhandenen Situation?
Da geschah etwas Merkwürdiges. Plötzlich und sehr spontan platzte es aus mir heraus: *„Nein, ich möchte nicht den Arbeitgeber*

wechseln; ich möchte bleiben!" Es war für mich selbst sehr überraschend, mit welcher Überzeugung ich diesen Satz gesagt hatte. Denn ich hatte mich ja wochenlang mit möglichen Alternativen beschäftigt.

Damit war die Richtung für unser weiteres Gespräch klar, und ich hatte irgendwie das Gefühl, dass eine schwere Last von mir abgefallen war. Es ging nun darum, wie ich das Bleiben besser leben und aushalten könnte – und welche Möglichkeiten ich ggf. bei meinem derzeitigen Arbeitgeber hatte, meine Situation zu verbessern und für mich akzeptabler zu machen. Dabei haben wir herausgearbeitet, dass ich ggf. auch im eigenen Unternehmen andere Positionen finden könnte, die meinen Neigungen mehr entsprachen und die mich inhaltlich mehr erfüllen würden.

Plötzlich und sehr spontan platze es aus mir heraus: „Nein, ich möchte nicht den Arbeitgeber wechseln; ich möchte bleiben!"

Neben diesen beruflichen Aspekten ging es dann aber auch darum, wie ich die derzeitige Situation am Arbeitsplatz (die ich sicherlich erst mittelfristig ändern könnte) besser aushalten könnte. Was könnte ein Ausgleich für mich neben der Arbeit sein?

Mein Coach stellte mir viele Fragen, und Stück für Stück arbeiteten wir heraus, dass ein wichtiger Punkt für mich der Austausch mit Gleichgesinnten ist. Ich mag soziale Kontakte und bin insbesondere an dem Austausch mit (gleich gesinnten) Frauen interessiert. Darüber hinaus würde ich gerne eine Aufgabe übernehmen, bei der ich mich um andere kümmern oder etwas organisieren kann. Möglich wäre z.B. die ehrenamtliche Mitarbeit bei einem sozialen Projekt oder einer sozialen Vereinigung. Und da ich Tiere sehr gern mag, war sogar die Anschaffung eines Haustieres im Gespräch. Alle Optionen wurden beleuchtet und genau betrachtet.

Mein Coach arbeitete mit einem Flipchart, und die besprochenen Details fanden so einen Platz auf einem weißen Blatt und konnten priorisiert werden. Wir fokussierten uns im Gespräch darauf, wie sich meine Situation bei der Erreichung von bestimmten Möglichkeiten verbessern würde bzw. wann ich den optimalen Ausgleich erreicht hätte. Am Schluss war der nächste Schritt – direkt nach meinem Coaching – geplant (und das inklusive Datum und

Uhrzeit): ich nahm mir vor, eine „to do" Liste anzufertigen, die konkrete Maßnahmen enthielt, wie ich die diversen Ausgleichsmöglichkeiten in die Tat umsetzen konnte.

Nach zwei Stunden hatte ich (und ich vermute, auch mein Coach) das Gefühl, dass wir das Ziel unseres ersten Gesprächs erreicht hatten. Meine Beraterin sagte, ich solle nun erst mal alles sacken lassen und dass wir dann jederzeit bei Bedarf ein oder mehrere weitere Gespräche führen könnten.

Ich ging mit einem sehr guten Gefühl nach Hause. Meine Situation schien mir gar nicht mehr so aussichtslos zu sein. Ich hatte neue Perspektiven, und um die wollte ich mich nun kümmern.
Inzwischen sind fast acht Wochen vergangen. Meine Hoffnung, dass es mir nach dem Gespräch leichter fällt, meinen Alltag zu leben und mit meiner Situation klar zu kommen, hat sich voll erfüllt. Dabei hat sich noch nicht einmal (rein äußerlich) viel verändert. Die „to do" Liste habe ich tatsächlich zeitnah angefertigt.
Und das, was mir derzeit am wichtigsten ist, nämlich mein privates soziales Netzwerk auszubauen, habe ich auch schon aktiv in Angriff genommen. Ich habe durch meine Initiative einige neue, interessante Frauen getroffen; mal sehen, ob sich diese Kontakte vertiefen lassen. Und ich freue mich, in zwei Wochen an einem hochinteressanten Seminar teilzunehmen, das sich mit Intuition und Verstand beschäftigt und wer weiß, vielleicht treffe ich auch dort einige interessante Menschen.

Wie schon gesagt hat sich rein äußerlich noch gar nicht so viel verändert. Es ist vielmehr eine innere Wandlung, die geschehen ist. Meine spontane Entscheidung, mit meiner derzeitigen Situation für's Erste zu leben und diese ggf. mittelfristig zu verändern, hat mich zur Ruhe kommen lassen. Sie hat zu einer gewissen Gelassenheit beim Umgang mit meiner täglichen Arbeit geführt. Und auch dazu, dass ich die positiven Aspekte meiner Tätigkeit wieder mehr schätzen kann und diese wieder mit mehr Freude ausführen kann.
Wie nachhaltig dieses Ergebnis ist, kann ich jetzt noch nicht einschätzen. Dafür sind auch die möglichen Änderungen, die sich jederzeit in meinem beruflichen (oder auch privaten) Umfeld er-

geben können, viel zu unberechenbar. Aber ich weiß jetzt, dass Coaching für mich ein Weg ist, auf drängende Probleme eine Antwort zu finden. Und das gar nicht durch Tipps und gute Ratschläge durch die Außenwelt – die Lösung lag in mir – ich brauchte nur die Hilfe, sie zu finden.

Ist Spaß haben Arbeit?

von Ute Zander

Nach meiner ersten Coaching-Ausbildung war klar: im Coaching arbeite ich mit den unterschiedlichen Techniken, um gemeinsam mit dem Coachee notwendige und gewünschte Veränderungen in Gang zu setzen. Dass es den Klienten nicht immer und in jedem Fall leicht fällt, diese Veränderungen umzusetzen, war offensichtlich. Auch ich kannte in meinem eigenen Leben die Ziele und Pläne, die zwar gesetzt, die aber trotzdem nicht leicht umzusetzen waren.

„Manchmal liegt das daran, dass eine Veränderung deshalb nicht stattfinden ‚darf', weil eine ganz grundsätzliche Haltung dadurch mitverändert werden müsste.", sagte mein Coaching-Ausbilder damals. Das leuchtete mir sofort ein: Grundsätzliche Haltungen verändern wir nicht „mal eben" nebenbei. Aber was ist hier der Schlüssel? Ich bin davon überzeugt, dass die Antwort darauf in der Arbeit mit Leit- und Glaubenssätzen liegt. Erst dann, wenn der Coachee versteht, um welche grundsätzliche Haltung es gerade geht, kann er entscheiden, ob er sein Verhalten verändern möchte oder nicht.

Als ich das erste Mal mit inneren Leitsätzen im Coaching gearbeitet habe, ging es um die Frage, ob Spaß bei der Arbeit erlaubt ist:

Meine Coaching-Ausbildung liegt ein halbes Jahr zurück und ich bin schon fleißig am Arbeiten. Die „Geschäfte" laufen von Anfang an gut, wie man so schön sagt, und ich bin begeistert.
Freitagabend, 17:55 Uhr: noch ein letzter Coaching-Termin und dann geht es ins Wochenende. Ich bin gespannt, denn Claudia B. sehe ich heute zum ersten Mal. Am Telefon hat sie sich als Teamleiterin eines mittelständischen Handelsunternehmens vorgestellt. Die große, dunkelhaarige Frau Ende 30 sieht angestrengt aus. Und nervös. Kaum hat sie Platz genommen, sprudeln die Beschwerden gerade so aus ihr heraus.
„Eigentlich dürfte ich gar nicht hier sein", beginnt sie, *„Wissen Sie, wir stehen gerade mitten in der SAP-Einführung und ich habe echt Besseres zu tun, als mich hier bei Ihnen auf die Couch zu legen."* Sie versucht zu lächeln. Innerlich schmunzle ich. *„Und trotzdem gibt es etwas so Dringendes, sodass Sie sogar den Stress auf sich aufnehmen, einen zusätzlichen Termin wahrzunehmen?"*
„Ja", stimmt sie mir zu, *„es hat mit meinem Team zu tun. Ich finde keinen Draht mehr zu ihnen. Und das mitten in dieser schwierigen Situation! Sie reden nicht mehr mit mir. Und weichen mir aus."*
„Woran merken Sie das?", fange ich mit offenen Fragen an.
„Na, ganz einfach, sie stehen zum Beispiel während der Arbeitszeit auf dem Flur herum und quatschen, und wenn ich sie dann ermahne, ernte ich nur Schweigen."
„Womit genau sind Sie unzufrieden?", frage ich weiter.
„Mich nervt, dass sie das Ganze gar nicht ernst nehmen, während ich mich hier totschufte. Sie ‚plaudern' auf dem Flur und behaupten auch noch, das wäre Arbeit."
Nach einigen Minuten, in denen sie ihre Situation genau ausgeführt hat, halte ich den Augenblick für geeignet, für Frau B. das Gehörte zusammenzufassen.
In meinen Augen ist das Zusammenfassen während eines Coaching-Prozesses sehr hilfreich, denn es können damit zwei wichtige Dinge angestoßen werden: das Verständnis der Klientin für gewisse Zusammenhänge und Vertrauen in unsere Beratungsbeziehung. Zum einen kann der Coachee dabei ihr eigenes Verständnis von dem, was sie gesagt hat, überprüfen, und hat die Möglichkeit, sich selbst und ihr Handeln zu reflektieren. Zum anderen kann sie beobachten, dass ich ihr genau zuhöre, versuche, sie zu verstehen, und in diesem Moment aufmerksam und ganz

für sie da bin. Letzteres halte ich für eine wichtige Arbeitsgrundlage im Coaching.
„Habe ich Sie richtig verstanden, dass Sie davon ausgehen, dass Ihr Team die momentane Projektphase nicht ernst genug nimmt und sie deshalb langsam aber sicher nervös werden? Und auf der anderen Seite behauptet das Team das Gegenteil und wirkt gekränkt?"
„Richtig", seufzt Claudia B., zum ersten Mal, seitdem sie hier ist, und wirkt etwas erleichtert.

Zu erzählen, wie sehr sie die Situation belastet, und im wahrsten Sinne des Wortes mal „Dampf abzulassen" und „ihr Herz auszuschütten", schien sie zu lockern. Während sie spricht, beginnt sie bereits ohne mein Zutun zu strukturieren und zu priorisieren („Also, es wäre ja nicht so schlimm, wenn […]" und „Der springende Punkt – also, das was mich wirklich am meisten aufregt – ist […]"). Die Teamleiterin fühlt sich von ihrem Team nicht ernst genommen, weil „die" so locker beim Arbeiten wirken. Für den Geschmack von Frau B. viel zu locker, denn nach ihrer Auffassung kann man nicht hart arbeiten und gleichzeitig Spaß haben. Diesen Glaubenssatz wiederholte sie in der Anfangsphase des Coachings sehr häufig. „Wenn ich nicht ernst bei der Sache bin, kann ich mich doch nicht konzentrieren! Und dann geht´s los mit Flüchtigkeitsfehlern. Das können wir aber momentan nun wirklich nicht gebrauchen!" Sie erzählt, dass Ihr Misstrauen gegenüber ihrem Team in einer Situation gipfelte, in der sie letzte Woche drei Kollegen lachend und scherzend in der Kantine traf. Und seither passt es einfach nicht mehr.

Zu erzählen, wie sehr sie die Situation belastet, und im wahrsten Sinne des Wortes mal „Dampf abzulassen" und „ihr Herz auszuschütten", schien sie zu lockern.

Erst die Arbeit, dann das Vergnügen. *„Angenommen, Sie hätten irgendwann früher – vielleicht am Anfang ihrer Karriere – während der Arbeitszeit mal so gelacht. Was könnte da gewesen sein?"*
Sie überlegt eine Weile und sinniert: *„Habe ich mal so gelacht?"* Pause. *„Naja. Vielleicht nicht so. Aber ich erinnere mich an meine Einsteiger-Zeit und mein allererstes größeres Projekt: nach einem Mittagessen standen wir beieinander und erzählten uns gegenseitig ganz begeistert, wie jeder von uns daran beteiligt war, einen groben Abstimmungs-Fehler in letzter Minute noch zu klären. Bevor es sozusagen zur vermeintlichen ‚Katastrophe' kam. Wir haben damals alle viel gelacht*

und ganz offen und ehrlich erzählen können. Damals habe ich sogar etwas von meinen Fehlern erzählt. Diese Leute kannte ich und vertraute Ihnen aber auch besonders."
„Das ist interessant.", ich bleibe am Ball.
Die Klientin fuhrt fort: *„Und wissen Sie, damals dachte ich mir auch schon hinterher – ich glaube, das habe ich sogar mit meiner Kollegin besprochen –, was sich wohl die anderen in der Kantine denken, wenn wir hier so ausgelassen sind. Das hat mich damals schon beschäftigt."*
„Ich habe den Eindruck, jetzt lerne ich noch eine weitere Seite von Ihnen kennen." „Ja", bestätigt Frau B., *„irgendwie war ich damals ganz anders als jetzt."*
Sie schweigt und schaut in sich hinein. *„Was geht in Ihnen vor?"* frage ich leise. *„Ich denke an früher … und wie ich da anders war."*
Ich erlebe nun Frau B. in einem ganz anderen Erfahrungsbereich. Die taffe Teamleiterin erscheint mir für einen Moment nachdenklich und fast verletzlich. An der Stelle schließe ich verschiedene offene Fragen an, und an einem gewissen Punkt erzählt meine Klientin: *„Eigentlich bin ich in vielen Teilen auch so wie mein Team. Aber ich versuche es nicht zu zeigen. In meiner heutigen Position erscheint mir das nicht professionell genug."*
„Was heißt für Sie persönlich, professionell zu sein?"
An diesem Punkt des Coachings frage ich nach der Bedeutung des Begriffs „professionell" und was Frau B. damit verbindet. In ihrer Antwort kann der Coachee möglicherweise einen dahinterliegenden inneren Glaubens- und Leitsatz erkennen und grundlegende Überzeugungen hören.
„Professionell sein heißt für mich, hart zu arbeiten." Die Klientin schaut mir überzeugt in die Augen. *„Und wie sieht ‚hart arbeiten' für Sie ganz genau aus?"*, hake ich nach.
„Naja. Hart zu arbeiten, das heißt eben streng, konzentriert und irgendwie auch ‚hart sein'. Auf dem Flur herumzustehen und zu blödeln ist für mich kein hartes Arbeiten. Das erscheint mir lächerlich und unprofessionell. Und so möchte ich nicht sein."

Wir sind an einem wichtigen Punkt, das spüre ich. Jetzt mit inneren Glaubenssätzen weiter zu arbeiten, wäre genau das Richtige, doch ich muss gestehen: ich werde etwas nervös. Ich versuche, mich zu erinnern, was ich gelernt habe, und versuche herauszufinden, auf welchem Hintergrund Claudia B. diese für sie sehr grundsätzlichen Glaubenssätze entwickelt hat. Gleichzeitig möchte ich dem Punkt „Auftragsklärung" gerecht werden, weiß aber nicht genau „wie". Also probiere ich etwas aus: *„Bevor wir im Coaching weiterarbeiten, möchte ich etwas ansprechen: ich habe den Eindruck, wir sind jetzt an einem Punkt, in dem es auch um ganz grundsätzliche Einstellungen in Ihrem Leben geht. Meiner Erfahrung nach kann es hilfreich sein – vor allem wenn Sie Ihr momentanes Verhalten verstehen und vielleicht sogar verändern möchten –, sich selbst zu fragen, anhand welcher grundsätzlichen Leit- und Glaubenssätzen Sie sich orientieren. Das könnten Sätze sein, die auf den ersten Blick gar nicht so viel mit ihrem Job zu tun haben. Wäre das in Ordnung für Sie?"* Frau B. reagiert auf meine Frage zunächst erstaunt. Sie fragt mich, was Leit- und Glaubenssätze genau sein sollen und ich erzähle ein bisschen darüber. Sie überlegt und wirkt durch meine Erklärung geradezu elektrisiert. *„Wenn ich es richtig überdenke, stehe ich in meinem Leben an etwas wie einem ‚Wendepunkt'. Wenn man das so nennen kann. Mich dauernd anzustrengen, stresst mich mehr und mehr. Also ja! Ich möchte das ändern (…)"*

Und plötzlich geht es nicht mehr um das Team, sondern nur noch um sie selbst. Wir haben vereinbart, herauszubekommen, wie Claudia B. zu „Arbeiten und Spaß haben" steht. Oder auch zu Anspannung und Entspannung, denn mittlerweile ist ihr klar, dass Stress für sie etwas mit fehlender Entspannung zu tun hat. Vielleicht auch mit zuwenig Spaß bei der Arbeit.
Claudia B. erzählt folgendes: *„Meine Eltern haben ihr Leben lang hart gearbeitet. Sie hatten eine kleine Bäckerei, die sie von meinem Großvater übernommen haben. Schon morgens um vier ging es los, da war wenig Zeit für Freizeit, Entspannung und Spaß."*
„Wie haben Sie es als Kind dann erlebt, zu Hause zu lachen oder mit Freunden zu spielen?" Claudia B. wirkt nachdenklich, fast grimmig. *„Spaß gab es bei uns nicht. Glaube ich. Wenn ich lachen wollte, bin ich zu Freunden gegangen. Besonders eine Freundin habe ich immer um ihre Familie beneidet, deren Haus war immer voll, da war immer was los. Die pure Lebensfreude! Aber bei uns… wenn ich gelacht habe, bekam ich gleich ein schlechtes Gewissen, so als hätte ich was Verbotenes getan. Das ist Zeitverschwendung, sagte meine Mutter immer, Herumalbern ist was für Faulenzer und Nichtsnutze, wir hingegen verdienen unser Brot im Schweiße unseres Angesichts."*

„Welcher unausgesprochene Satz galt bei Ihnen zu Hause?“, frage ich. Eigentlich „wissen“ wir beide schon, wie der Satz lauten wird, aber jetzt soll er endlich ausgesprochen werden. *„Dass das Leben nur aus Arbeit besteht“*, sagt Claudia B. leise. Und nach einer Weile fügt sie selbst hinzu: *„Wer da noch Spaß haben wollte, hat sich fast strafbar gemacht, zumindest schuldig.“*
Schon damals, im Coaching mit Frau B., habe ich den Moment, in dem dieser Glaubenssatz aufgedeckt wurde, als sehr intensiv empfunden. Man konnte förmlich spüren, wie das Denken und Fühlen des Coachees in diesem Moment aktiv waren. Irgendwo im Gehirn oder im Herzen – oder in beidem zeitgleich – wurde Schwerstarbeit geleistet und dieses seelische Geräusch konnte man förmlich hören.
„Und wie sehen Sie das heute?“, frage ich *„Spaß – Arbeit – Schuld?“* Stille. Irgendwann antwortet sie doch noch: *„Das Schuldgefühl ist für nichts gut. Mich wegen Spaß bei der Arbeit schuldig zu fühlen, das bringt mir gar nichts.“* Und nach einer Weile setzt sie hinzu: *„Den Spaß zu vermeiden behindert mich sogar – in meiner Entspannungsfähigkeit. Denn eigentlich brauche ich gerade jetzt Spaß und Lebensfreude besonders. Als Stresspuffer nämlich.“*
Nach dieser ersten Coaching-Einheit folgten weitere Treffen, in denen wir über ihren Stressabbau sprachen. Zu reflektieren, woher ihr Stress kommt, was Ihr Anteil daran ist und wie sie Drucksituationen schlimmer oder weniger schlimm machen kann: meiner Überzeugung nach wäre all das ohne das Wissen um die eigenen Glaubens- und Leitsätze nicht lösbar gewesen. In der Folge erarbeitete meine Klienten sich eine gute Basis, auf deren Grundlage typische Techniken der Stressbewältigung effektiv verankert waren.
Und natürlich ging es auch irgendwann wieder um die Frage, wie sie wieder besser mit ihrem Team zusammenarbeiten kann.
Am Ende möchte ich sagen: es hat sich für uns beide gelohnt. Claudia B. konnte recht schnell und sehr nachhaltig einen wichtigen Veränderungsschritt in einer kritischen beruflichen Phase vollziehen. Ich selbst habe als Coach ebenfalls profitiert: seitdem nutze ich innere Glaubenssätze häufig und arbeite wesentlich effektiver; und übrigens: ich habe dadurch auch selbst mehr Spaß bei der Arbeit.

Maßnahmen und Abschluss

„Es gibt nichts Gutes außer man tut es …“, wie oft wurde dieses Zitat nach Erich Kästner wohl schon herangezogen. Jeder weiß es: die Planung geeigneter Schritte schließt jedes gelungene Coaching-Gespräch ab. Schließlich handelt es sich im Grunde beim Coaching um eine Trockenschwimm-Maßnahme. Im Rahmen des Coaching-Gesprächs haben sich Sichtweisen verändert, Situationen, Erfahrungen und „Wissen“ wurden neu und/oder anders bewertet. Aber draußen in der „realen“ Welt, also außerhalb des Coach–Coachee–Systems, ist zu diesem Zeitpunkt alles noch beim Alten. Das klärende Gespräch mit dem Mitarbeiter wurde noch nicht terminiert, Grenzen gegenüber übergriffigen Kollegen sind noch nicht gezogen, die Arbeitsstelle ist noch nicht verlassen (u.v.m.).

„Wenn Sie Ihren Unverschämtheiten auch noch Beleidigungen hinzufügen wollen, sehe ich mich leider zu Maßnahmen gezwungen.“ (aus „Adel verpflichtet“)

Das Ende eines Coachings fokussiert auf die Formulierung von Maßnahmen, um das Erdachte im Leben Gestalt annehmen zu lassen. Bei Coaching-Maßnahmen geht es aber natürlich nicht nur um

Aktionismus. Die Maßnahme kann auch „abwarten", „loslassen", „aushalten" oder „etwas sein lassen" bedeuten (was im engeren Sinne natürlich auch aktives Tun ist). Es geht um Entscheidungen. Um die Entscheidung, wie die jeweilige Erkenntnis und das Ergebnis des Coachings im Heimatsystem und dem eigenen Leben wirksam werden soll.

Beispiel eines überraschenden Coaching-Ergebnisses:
„Mein nächster Schritt ist genauso wie die vorangegangenen Schritte. Ich finde, ich mache das alles prima und bin mit Beruf und Privatem sehr zufrieden. Ein tolles Ergebnis. Ich freu mich, dass ich herausgefunden habe, dass ich nichts anders machen will und zufrieden bin."
(Der Coaching-Auftrag: Reflexion beruflicher und privater Lebensfacetten; Identifikation möglicher veränderungswürdiger Felder und Klarheit über die Lebensbereiche, die keine Veränderung brauchen.)

Die Prozessphase „Maßnahmen" strukturiert und stabilisiert die erarbeiteten Inhalte. Diese Stabilität wirkt sowohl für die Detailumsetzung als auch im Falle eines eventuellen Scheiterns positiv nach. Sollten die Maßnahmen in den Augen des Klienten nicht zum erwünschten Ergebnis führen, so kann er mit seinen erarbeiteten Maßnahmen reflektierend zurückblicken.
Er kann dann überprüfen, ob (zumindest) „an alles gedacht" worden ist und ob zum Zeitpunkt der Entscheidung alle verfügbaren Informationen herangezogen wurden. Manchmal entstehende Schuldgefühle oder Selbstvorwürfe im Falle eines Misslingens können so vielleicht vom Klienten subjektiv „objektiviert" und reduziert werden.

Wie isst man einen Nilpferd?: Stück für Stück!
Maßnahmen und nächste Schritte tauchen schon während des Coaching-Gespräches immer wieder mal auf. Sie entstehen nicht erst in dieser letzten Phase. Die Ideen kommen und gehen oder

kommen und bleiben, und sie verändern sich. Manche klare Vorstellung während der gemeinsamen Arbeit wird in der Phase der Maßnahmenformulierung häufig nur noch auf den Punkt gebracht. „Bleiben Sie immer ergebnisoffen", sagt deshalb auch Michaela Stelzer in „Outplacement-Coaching (...)", worin sie über die Vielfalt sowohl klassischer als auch exotischer Entscheidungen und Maßnahmen ihrer Klienten berichtet (ab Seite 185).

Wenn Sie als Coach am Ende des Gesprächs auf die Planung einzelner kleiner und großer Schritte fokussieren, so wird die Umsetzung für den Coaching-Klienten bewältigbar. Er ißt das Nilpferd gedanklich „Stück für Stück" und resigniert nicht vor der übermächtig erscheinenden Aufgabe.

Er ißt das Nilpferd gedanklich „Stück für Stück" und resigniert nicht vor der übermächtig erscheinenden Aufgabe.

So, als würde er über einen breiten Bach gelangen wollen, ohne sich die Füße nass zu machen. Ganz bewusst setzt er dann jeden einzelnen Schritt bedacht auf einen Stein – einen nach dem anderen – bis er erfolgreich das andere Ufer erreicht hat.
Es hat sich schließlich auch bewährt, nicht aus einem fahrenden Auto zu springen. Auch Coaching-Klienten empfinden es sinnvoll und beruhigend, zunächst zu bremsen und an den Straßenrand zu fahren, bevor sie aussteigen. Und ein anderes Mal mag es auch schon genügen, ein paar „Gänge herunter zu schalten".
Und natürlich kann es auch Fälle geben, in denen der Leidensdruck so groß ist, dass Ihr Coaching-Klient sich entscheidet, sofort radikale Maßnahmen zu ergreifen. Alles umzuwerfen. Auszusteigen. Das System zu verlassen. Es kommt eben ganz darauf an, was es gerade braucht (...).

Wie auch immer der Einzelne zu seinen Entscheidungen gekommen ist: Das, „was getan werden muss", abschließend zu formulieren macht einen hilfreichen Unterschied für den Transfer in den Alltag des Gecoachten. Durch Maßnahmen findet eine nicht zu unterschätzende Aufmerksamkeitsfokussierung statt. Der Coaching-Klient entscheidet sich. Man könnte auch sagen: er *bekennt* sich zu etwas. Und mit diesem Entschluss und seiner Wahl für die nächsten Schritte stärkt er sein Selbstbewusstsein und seine Selbstverantwortung. So beschreibt es auch Katja Hautzinger: „(...) Ich wusste plötzlich ganz genau, dass die besprochenen Maßnahmen der für mich richtige Weg waren (…)“ (in: „Ist Coaching Magie und Zauberei?“, Kapitel „Coaching, wie wir es definieren.“, siehe Seite 59)

Was tut der Coaching-Klient innerhalb dieser Gesprächsphase nun ganz genau?

Er malt sich Details aus, legt Zeitpunkte und Aktionen fest, findet konkrete Formulierungen und bindet sich. Er beschließt nächste Schritte und beschreibt all das „ganz genau“. Vielleicht überlegt er anhand von Coaching-Fragen, wer ihm dabei helfen könnte und wer ihn unterstützen wird. Oder auch, wer oder was ihn davon abhalten und Steine in den Weg legen könnte. Durch zirkuläre Fragen beleuchtet er, ob seine Ideen im Team- oder Familiensystem anschlussfähig und integrierbar sind. Wie ein Coachee idealerweise Absprachen „mit sich selbst“ findet, lesen Sie bei Angela Herold in „Der Coaching-Spaziergang“ (siehe Seite 195).

Und auch hier, auf den letzten Metern im Coaching-Prozess, tut sich eine neue „alte“ Falle für den Berater auf: Und zwar dann, wenn der Klient an seinen nächsten Schritten feilt, Pläne priorisiert und erfolgversprechende Maßnahmen formuliert. Ein Coach sollte sich für diesen Moment wappnen und auf sorgenvolle Gedanken gefasst sein, wie beispielsweise: „Ohje. Jetzt übernimmt er sich.“ oder „Kündigung!? Das soll das Ergebnis sein?“ oder „Na, komm schon (…). Du hattest doch vorher schon Spitzenideen!“ o.ä.!

Das Ende des Gesprächs ist eine gefährliche und verführerische Phase, bei der nur zu leicht das „Ratgeber-Herz“ des Coaching-Anwenders aufgehen könnte. Entweder um dem Coachee mit Tipps und Ideen unter die Arme zu greifen oder um ihn vor „Schlimmerem“ zu bewahren.

Bitte nicht helfen – es ist so schon schwer genug!

Vielleicht denken Sie dann einfach an das alte Coaching-Mantra: Bitte nicht helfen – es ist so schon schwer genug! Jedenfalls sollten Sie als Coach in Ihrer Rolle als systemisch-konstruktivistischer Berater bleiben und nicht auf den letzten Metern die Verantwortlichkeiten von Coach und Klient vertauschen. Es bewährt sich, hier besonders konzentriert auf die Methoden- und Prozesskompetenz zu achten und konsequent beim „Fragen fragen“ zu bleiben.

Ob Ihr Klient dann anschließend tatsächlich genau das tut, was er sich als Maßnahme vorgestellt oder geplant hat, bleibt ungewiss. Vielleicht tut er auch nichts oder er setzt nur einen Teil davon um.

Vielleicht tut er auch genau das Gegenteil oder er entscheidet sich, wirklich drastische Änderungen in seinem Leben vorzunehmen. Auch das ist dann für ihn „gut so".
Grundsätzlich können Sie davon ausgehen, dass es weder ein Qualitätsmerkmal für Ihre Coaching-Kompetenzen noch für die formulierten Maßnahmen ist, ob ein geplanter Schritt vom Klienten tatsächlich umgesetzt wird oder nicht. Der Klient verlässt den Coaching-Raum und alles, was er anschließend wahrnimmt, kann seine Pläne verändern.

Ob Ihr Klient dann anschließend tatsächlich genau das tut, was er sich als Maßnahme vorgestellt oder geplant hat, bleibt ungewiss.

Der Coach muss und darf auch hier weiter darauf vertrauen, dass sein Klient eine funktionierende „Maßnahmen-Umsetzungskompetenz" besitzt. Und auf ein Neues (so wie im gesamten Coaching-Gespräch) ist die Haltung des Beraters als unabdingbare Voraussetzung auch hier stark gefragt. Auch der Blick auf die Zeit „nach dem Coaching" verlangt vom systemisch-konstruktivistischen Coach Wertschätzung und Vertrauen in und gegenüber der Selbstverantwortlichkeit des Hilfesuchenden.

Vom Mut seiner Klienten, weitreichende Entscheidungen zu fällen, erzählt Jörg Pribil sehr eindrucksvoll in „Zurück in die Zukunft oder Future Beaming in ein neues Leben" am Ende dieses Buches (beginnend auf Seite 203).

Wenn Sie das nun lesen und sich denken „Oh doch, mich interessiert brennend, welche Ziele sich mein Gesprächspartner setzt und ob er das Besprochene umsetzt!", dann möchten wir Sie an das Kapitel „Lösungsfokus" erinnern und daran, dass Coaching eine Option ist und nicht immer passt. Immer wenn eigene Interessen in die Coaching-Quere kommen, mahnen wir zur Vorsicht.

Maßnahmenkontrolle – oder: Die Geschichte von der Nachhaltigkeit.
Oft werden wir in unseren Lehrgängen gefragt: „Wie machen Sie das mit den Maßnahmen beim Folgecoaching? Fragen Sie nach, ob der Klient alles umgesetzt hat und wie es ihm damit ging? Interessieren Sie sich als Coach im Detail für die umgesetzten Maßnahmen?"

Stellen Sie sich vor, Sie treffen Ihren Coachee in einem anderen Zusammenhang wieder oder er bittet Sie um mehrere aneinandergereihte Coaching-Gespräche. Grundsätzlich empfehlen wir: Sprechen Sie ihn *nicht* auf früher besprochene Maßnahmen an!
Und trotzdem kommen wir immer mal wieder in die Situation, uns damit auseinanderzusetzen. Entweder, weil der Klient es sich wünscht, oder der Auftraggeber des Coachings, oder weil das Projekt eine solche Maßnahme vorsieht.

Lassen Sie uns deshalb noch einmal einen Blick auf die Coaching-Haltung werfen. Wir gehen davon aus, dass Coaching-Klienten für sich selbst verantwortlich sind und eine gute Selbststeuerungsfähigkeit besitzen. Sie können sich ihre Lösungen selbst erdenken und diese auch umsetzen. (Wie wir im Kapitel „Coaching, wie wir es definieren", Seite 47, genau beschreiben.)
Und hier schließt sich auch inhaltlich der Kreis dieses Buches. Es stellt sich wieder die Frage nach der inneren Haltung und dem eigenen Blick auf unsere Coaching-Klienten.

Wir behaupten, dass es eine andere Haltung braucht, wenn wir als Coach am Montag um 10.00 Uhr unseren Klienten anrufen, um ihn zu fragen, ob er seine Pläne am Wochenende in die Tat umgesetzt hat. Möglicherweise entsteht während dieses Telefonats eine Situation, bei der wir abschließend noch „Motivationsreden" halten. Wir versuchen, den Klienten an seine eigenen tollen Ideen „zu erinnern" und ihn vielleicht sogar anzuspornen, die fehlenden Maßnahmenbausteine *doch noch* umzusetzen. So eine „Telefon-Phantasie" erzeugt vor unseren inneren Augen automatisch Bilder amerikanischer Bootcamps und High-School-Trainer.

Und diese Art der Begleitung entspricht nicht unserem Rollenverständnis als Coach und auch nicht der systemisch-konstruktivistischen Haltung. Denn mit ihr gehen wir ja davon aus, dass die Welt und das Leben des Coachees nach dem Coaching-Gespräch weitergeht. Er denkt weiter und macht weitere (neue oder alte) Erfahrungen. Er bespricht sich vielleicht mit anderen Menschen und alle diese Eindrücke arbeiten in ihm und verknüpfen sich mit den im Coaching geplanten Maßnahmen. Unter Umständen kann es passieren, dass diese neuen Erlebnisse, Gespräche oder Informationen Einfluss nehmen und Bedeutung haben und er seine Pläne ändert (siehe Kasten „Die ‚böse Autopoiese' im Kapitel „Coaching, wie wir es definieren.", Seite 52).Wenn wir wirklich davon überzeugt sind, dass der Coachee die für sich „richtigen" Entscheidungen treffen kann, so distanzieren wir uns von der Oberlehrerhaften Kontrollfunktion. Deshalb empfehlen wir: Fragen Sie nicht nach den Maßnahmen bei einem Folgecoaching (oder einem anderweitigen Zusammentreffen).

Dies gilt nach unserer festen Überzeugung selbst dann, wenn gerade das „Nicht-in-Angriff-nehmen" oder „Dinge nicht zu Ende führen" das Hauptproblem und Thema im Coaching war.
Ähnlich betrachten wir eine Situation, in der ein Coachee aktiv nach Auffrischungs-Telefonaten, Kontroll-Anrufen oder Folgecoachings nachfragen sollte.

In Fällen wie diesen bewährt sich unserer Meinung nach folgendes Vorgehen: Nehmen Sie einen bequemen Platz auf der Metaebene ein und beobachten Sie von dort aus genau den Prozess. Vielleicht fragen Sie sich als Coach: *Was* möchte mein Klient mit einem solchen Sicherheitsnetz erreichen? Weshalb braucht er den (bildlich gesprochen) „Krückstock" (z.B. das Telefonat, den Erinnerungsanruf oder das Treffen), um seine Pläne umzusetzen? Und vielleicht fragen Sie ihn das auch ganz direkt (und holen sich so unter Umständen einen neuen Coaching-Auftrag ab).

Vielleicht bietet es sich an, ein Signal zu setzen: Wo und bei wem liegt die Verantwortung für die Erreichung der Ziele und die Umsetzung der einzelnen Maßnahmen? Wer hat die größte intrinsische Motivation an der Umsetzung der Maßnahmen?

Abschließend ergänzen wir diese Überlegungen mit einer weiteren Perspektive: Betrachtet man Coaching als ein (Kommunikations-) Instrument, so ist die Frage nach der Maßnahmenumsetzung besonders für Coaching-Anwender von Bedeutung. Denn nimmt man während und nach dem Coaching Bezug auf die Ziele und Maßnahmen, so könnte die Gefahr eines Rollenwechsels bestehen. Dann fangen Sie womöglich an „bei der Umsetzung zu helfen" und „kümmern sich mit um die Nachhaltigkeit des Erarbeiteten".

Sehnsucht nach Applaus?
Sollten Sie sich dazu durchringen, dazu lernen zu wollen und Feedback einzuholen, so erwarten Sie bitte keinen Applaus. Abgesehen davon, dass die Wege zur Hölle mit Erwartungshaltungen gepflastert sind, liefert die Wahrnehmung des Klienten während des Coachings oft kein Material für Rückmeldung. Er war auf sich konzentriert, hat streckenweise kognitive und/oder emotionale Schwerstarbeit geleistet und war von der eigenen Zukunft mit Haut und Haaren eingenommen. Wie sollte er sich da auf Ihre Kompetenzen konzentrieren können oder überhaupt mitbekommen, dass Sie (auch) arbeiten? Wundern Sie sich also keinesfalls über „lauwarme" Dankesworte oder „Es war sehr nett." oder „Es hat wirklich gut getan."
Ein weiterer Aspekt in diesem Zusammenhang ist die inhaltliche Verknüpfung von Problem und Lösung: Der Klient erlebt, dass er die Lösung selbst erarbeitet hat. Irgendwann hat er den „Kontakt" zu seinem Problem verloren und er hat dort losgelassen und sich anderem zugewandt. Dank seiner eigenen Denkleistung hat er sich eine „neue Zukunft" erschaffen. Es kann also sein, dass sich die selbstverständliche Haltung einstellt: Wenn ich es mir genau überlege, wusste ich das alles vorher schon. (Frei nach dem Motto: Nachher ist man immer schlauer!) Ob und was der Coach dazu beigesteuert hat, kann im Nachhinein häufig nicht erkannt werden.
Das Gute daran ist: Würde Ihr Klient während des Gesprächs Ihre Coaching-Kompetenzen monitoren oder bewerten, so würde er sich ständig auf der Metaebene herumtreiben. Dort hat er aber unserer Meinung nach bei der Lösungserarbeitung nichts verloren. Denn er soll sich ja *auf sich* konzentrieren!
Trotz dieser Umstände und vielleicht auch wenig attraktiven Argumente empfehlen wir klar: Holen Sie sich Feedback ab! Die Chance, vielleicht doch eine substantielle Rückmeldung zu Ihrer Arbeit zu bekommen, besteht definitiv! Und die sollten Sie nutzen.
Lernen geht vor! Sie haben ein Recht darauf.

Unter Umständen verlassen Sie dann unverhofft und ungewollt die Rolle des Coaches und bewegen sich hinein in die Rolle eines „Lebensberaters". Das hat unserer Meinung nach unvorhersehbare Einflüsse auf die Beziehung, auf das Arbeitsverhalten und vielleicht sogar auf die Ergebnisse. Ihr Klient fühlt sich u.U. genötigt, sein Um-Entscheiden zu rechtfertigen. Oder er beschäftigt sich mehr mit Ihrer Reaktion auf sein Um-Entscheiden und was Sie dazu sagen werden, als mit seinen eigenen Bedürfnissen. Alles ist möglich. Kurz: mit der Frage nach der Umsetzung der Maßnahmen erhält der abgeschlossene Prozess des Coaching-Gesprächs (wieder) ein offenes Ende.
Manchmal hören wir von Lehrgangsteilnehmern die Befürchtung, dass der Coaching-Klient das fehlende Nachfragen als Desinteresse verstehen könnte. Angehende Coaches sorgen sich darum, dass ihre Coachees sich von ihnen wenig wertgeschätzt fühlen könnten, wenn sie nicht nach der Umsetzung fragen.
Unsere gängige Antwort ist: Sprechen Sie dieses Thema eigeninitiativ auf der Metaebene mit Ihrem Klienten an. Das verhindert erfolgreich diese und ähnliche Überlegungen: sowohl bei Ihnen als auch bei Ihrem Coachee.

Der gelungene Abschluss

Bye, Bye Baby (Marilyn Monroe)

Einen gelungenen und runden Abschluss der gemeinsamen Arbeit gestaltet jeder Coach selbstverständlich entsprechend des Verlaufs und seines persönlichen Gefühls. Abschließend möchten wir jedoch ein Plädoyer für einen strukturierten „Schluss" halten, und das vor allem zum Wohle des Klienten (und Ihrer zukünftigen Klienten).

Durch ein langsam ausklingendes Gespräch findet der Coachee zurück und nimmt die gemeinsame Arbeit als anschlussfähig in seiner Realität wahr. In einer rückschauenden Abschlussphase des Gesprächs verbirgt sich auch die Möglichkeit, einen Impuls zu setzen und die Coaching-Arbeit zu bewerten. („Was war rückblickend im Coaching für Sie besonders entscheidend?") Hier können Sie

Ihre wertschätzende Aufmerksamkeit auf die Arbeit des Klienten lenken. Wertschätzung „zeigen" – in welcher Gestalt auch immer – gegenüber dem Mut zur Veränderung und der Selbstverantwortung, die der Klient übernommen hat.
Und als Prozessverantwortlicher haben auch Sie geleistet und gearbeitet. Sie haben an dieser Stelle die Gelegenheit, sich Feedback für Ihre Coaching-Kompetenz abzuholen und können daraus lernen und daran wachsen (siehe auch Kasten „Sehnsucht nach Applaus?", Seite 182). Ob Sie als Coaching-Profi oder als Führungskraft, Personalentwickler oder Projektleiter Ihre Coaching-Fertigkeiten verfeinern wollen: in den letzten Minuten vor der Verabschiedung macht sich der Raum für eigenes Lernen auf.

Und als Coaching-Anwender im eigenen Unternehmen wollen Sie sich wahrscheinlich nicht nur einen „Ruf als …. (z.B. Führungskraft)" erarbeiten, sondern Sie wollen auch einen „guten Ruf" haben. Jede Gelegenheit, um dazu zu lernen, kann deshalb nicht schaden. Wie Sie wissen, wird das System in jedem Fall und systemlogisch „gnadenlos" Geschichten und Mythen über Sie als Führungskraft, Personalentwickler oder Projektleiter kreieren. Feedback lohnt sich also!

Outplacement-Coaching. Merke: „Coaching ist immer ergebnisOFFEN!“

von Michaela Stelzer

Vor einiger Zeit habe ich als Outplacement-Coach in einem Großunternehmen angefangen, von Kündigung bedrohte Mitarbeiter in ihrer beruflichen Umbruchsituation zu begleiten und sie hin zu einer neuen „Beruf-ung“ außerhalb dieses Unternehmens zu führen. Nie hätte ich mir träumen lassen, dass dies eine meiner interessantesten und spannendsten Erfahrungen auf meinem Coaching-Weg werden würde. Denn abgesehen von meinem tatsächlichen „ersten Mal im Outplacement-Coaching“ erscheint mir jedes einzelne Coaching-Gespräch ein Stück weit wie „das erstes Mal“.

Bisher hatte ich für Auftrag- bzw. Arbeitgeber entweder „Expertenberatung“, wie z.B. Bewerbungs- oder Existenzgründungsberatung, angeboten oder einzelne Klienten in beruflichen oder persönlichen Veränderungssituationen gecoacht. Der Auftrag „Coaching in Outplacement-Projekten“ für einen Großkonzern war für mich neu und hatte einen ganz anderen Stellenwert und Kontext.
Das Ziel von Outplacement-Projekten ist in der Regel eine möglichst zeitnahe und zielorientierte Vermittlung der Coachees in

den Arbeitsmarkt. Das bedeutet für mich, dass ich als Coach oft mit unterschiedlichen Zielen und Erwartungen umgehen muss. Einerseits gibt es klare Rahmenbedingungen des Unternehmens, wie z.B. eine Vermittlungsquote von 75 % und den Wunsch nach repräsentativen Zielberufen der Coachees. Andererseits ist eine Wegbegleitung in Umbruchsituationen mit Hilfe von Coaching letztendlich immer ergebnisoffen und nicht selten voller Überraschungen.
Wenn am Ende eines Outplacement-Projekts von den Projektleitern Resumeé gezogen wird, dann werden nicht nur Parameter wie Vermittlungsquote und Abgangsverlauf geprüft, sondern auch die Coaches und ihre Ergebnisse werden genauer unter die Lupe genommen. Im oberen Drittel des Rankings finden sich dabei dann logischerweise diejenigen Coaches wieder, die die Mitarbeiter in „ordentliche“, für die Arbeitsmarktbehörden und den Auftraggeber repräsentative berufliche Cluster „hineingecoacht“ haben. Ganz oben auf der Prioritätenliste stehen beispielsweise Berufscluster wie: Finance, Sales, IT, PR und Marketing. Da machen sich berufliche Zielrichtungen wie Sales und Commercial Manager, IT Consultant, Strategy Manager, PR and Communication Manager, u.a. in der Abgangsstatistik natürlich immer gut.

Kurz gesagt hatten alle meine Coachees, das Unternehmen und ich dasselbe Ziel: nämlich eine neue erfüllende Aufgabe außerhalb des Unternehmens zu finden. Und doch war der Weg dorthin so unterschiedlich wie meine Klienten. Mit jedem neuen Coachee beschritt ich auch einen neuen Weg, neue und andere Coaching-Techniken einzusetzen und gemeinsam nach neuen, individuellen Lösungen zu suchen. Ich bekam durch diese Aufgabe jedes Mal richtig Lust auf ein weiteres neues Outplacement-Projekt, denn es war (und ist) jedes Mal wie ein neues, spannendes erstes Mal.

Mit jedem neuen Coachee beschritt ich auch einen neuen Weg.

Um es gleich vorwegzunehmen: Im Hinblick auf repräsentative Vermittlungsberufe bin ich ein etwas „exotischer“ Coach, da ich häufig relativ „exotische“ Ergebnisse produziere. Und das war schon seit meinem ersten Mal so.
Ja, die Zielberufe meiner Coachees sind bunt – oft jenseits der bekannten Cluster – aber immer im Sinne meiner Klienten! Die sind

nämlich glücklich mit ihrer neuen Herausforderung. Glücklich deswegen, weil sie nicht in einen (neuen) Beruf oder Arbeitsplatz gecoacht wurden, der für die Statistik repräsentativ ist, sondern weil sie ihre Berufung gefunden haben. Und das auch oft verbunden mit einem kompletten beruflichen Neustart.

Für meine Coachees eine ermutigende und, wie ich meine, die einzig richtige Erfahrung an diesem Wendepunkt in ihrem beruflichen Leben. Und je mehr ich diesen imaginären Stempel „Expertin für alles Ver-rückte“ auf der Stirn habe, desto mehr kommen „zufälligerweise“ solche Coachees zu mir, die so eine „ver-rückte“ Grundidee in sich haben.

Doch gerade mit diesen exotischen Zielberufen/-berufungen, die sich auf dem Coaching-Weg bei meinen Coachees nach und nach herauskristallisieren, tun sich unsere firmeninternen Statistiker bei der Projektauswertung etwas schwer: Wo bitte schön, also in welches Berufscluster, soll man denn z.B. meine tatsächlich erste Outplacement-Coaching-Klientin einordnen: „Cowgirl in den USA“ .
Und wozu gehören Klienten mit der Berufsbeschreibung „Eventmanagerin für ein Flirtcafe im Restaurant eines prominenten Fernsehkochs“, „Managerin einer Modeboutique für arabische Stammkundschaft“ oder „Tierheilpraktikerin für Rentiere in Norwegen“?

Und da es sich bei den Kollegen um gestandene Bayern handelt, bewirkt gerade das Cowgirl einen mittelschweren bayerischen Gefühlsausbruch: „Ja warum, Herrschaftsseiten, kann denn de net als Vorstandssekretärin weida arbeitn? Is dera bei uns schlecht ganga? Als Vorstandssekretärin, da hast du´s geschafft! Aber nein, da sind sie in der Midlife-Crisis, die emanzipierten Frauen und dann meinen sie, dass sie als Cowgirl nach Amerika gehen müssen! Ja, wo gibt's denn so etwas? Eine Vorstandssekretärin kann der bayerische Arbeitsmarkt gut gebrauchen – aber ein Cowgirl? Da haben wir rein gar nichts davon!“

Na, ganz so stimmt es nicht, liebe Kollegen. Wir haben eine Vermittlung in den Arbeitsmarkt mehr! Und das war der Auftrag! Gut, in diesem Fall profitiert eine amerikanische Farm davon, aber unsere Vermittlungsquote erhöht es trotzdem, nicht wahr?! „Oba wo dua i denn die hin? Deine Coachees kemman meistens in die Rubrik: „Sonstiges“!

Ja, ich atme einmal tief durch: So ist es! Wir beide – mein Coachee und ich – wir landen am Ende unter „Sonstiges“. Natürlich „produziere“ ich auch, rein aus der statistischen Brille heraus, gewünschte und auch statistisch interessante Ergebnisse: Da ist z.B. der jung dynamische Sales Manager, der zielsicher in meine Beratung kommt und mir mit leuchtenden Augen erzählt, dass der nächste logische Schritt auf seiner Karriereleiter „Regionalmanager Südostasien“ ist und er hätte schon einen ganz dicken Fisch an der Angel. Schön! Seine leuchtenden Augen sind für mich der beste Beweis, dass seine innere Berufung tatsächlich das ist, was er bereits für den Großkonzern getan hat. Unser gemeinsamer Weg wird also sein, ihn bis zum neuen Vertragsabschluss im gleichen Berufscluster zu begleiten und ihm, im Sinne einer Expertenberatung, bei der Erstellung seiner Bewerbungsunterlagen mit Rat und Tat zur Seite zu stehen. Weiter wählen wir gemeinsam geeignete Headhunter und Personalberatungen aus, die ihn bei der Jobsuche unterstützen und wir sichern (bzw. hinterfragen kritisch) mit Hilfe von gezielten Coaching-Fragen die berufliche Zielrichtung, bevor es dann heißt: „Ab nach Südostasien!“ und für mich: In der Statistik einmal nicht unter „Sonstiges“!

Doch zurück zum Cowgirl in den USA und all den anderen. Das finden Sie gar nicht so exotisch? Dann erzähle ich ihnen am besten, aus welchen beruflichen Ursprungsfeldern die Damen und Herren kamen und wie wir im Laufe des Coachings solch ungewöhnliche Berufsziele entdeckten.

Wenn Coachees zum ersten Mal zu mir in die Beratung kommen, haben diese 90 Minuten relativ feste Bestandteile: Wir lernen uns gegenseitig kennen, wir klären das Setting und die Rahmenbedingungen, wir sprechen über unsere gegenseitigen Erwartungen und schließen dann einen Kontrakt mit einer Zielvereinbarung.
Bei meinem allerersten Outplacement-Coaching berichtete die Klientin: „Ich war zwar jetzt 20 Jahre als Sekretärin tätig, zuletzt sogar auf Vorstandsebene, aber richtig glücklich war ich dabei

nie. Mein Vater hat mich damals zu diesem Großkonzern gebracht und dann hat es sich einfach so ergeben, dass ich mich von der Poststelle bis hin zur Vorstandssekretärin entwickelt habe.“
Um einen inhaltlichen Einstieg zu bekommen, nahm ich den Ball auf, den sie mir zugespielt hatte und bot als Anker eine Übung an: der „Kindheitsberufswunsch“.
Ich fragte also meine Coachee, ob sie sich noch daran erinnere, was sie als Kind mit 3–4 Jahren werden wollte? (In dieser Übung kann das dann beispielsweise der Beruf der Mutter „Lehrerin“ sein oder aber auch ein fiktiver „Beruf“, wie z.B. Prinzessin, ist legitim. Hintergrund hierbei ist die Annahme, dass Kinder in diesem Alter sehr genaue innere Bilder von ihren Fähigkeiten und Stärken haben, die sie auf diese Weise ausdrücken. Meine Coaching-Aufgabe ist es dann, durch gezielte Fragen die Stärken und Fähigkeiten in dem Bild der Prinzessin von damals herauszuarbeiten, um diese dann auf reale Berufsbilder zu übertragen.)

Dinge die leicht gehen, Antworten, die leicht kommen, sind in der Regel eine Spur auf dem Weg zur Lösung.

Im Fall der Vorstandssekretärin führte uns der Kindheitsberufswunsch tatsächlich auf die richtige Spur. Auf meine Frage, ob sie sich denn noch daran erinnern könnte, was sie als kleines Kind werden wollte, sprudelte es nach einer kurzen Überlegenszeit nur so aus ihr heraus (und das ließ mein Coach-Herz höher schlagen), denn: Dinge, die leicht gehen, Antworten, die leicht kommen, sind in der Regel eine Spur auf dem Weg zur Lösung.

Ja, erzählte meine Vorstandssekretärin, sie könne sich erinnern, dass sie einen Onkel hatte, der nach Amerika ausgewandert war und der bei seinen Besuchen immer von den Cowboys erzählte. Mit denen zog er, wenn er als Stallbursche auf einer Ranch frei hatte, auf seinem Pferd umher. Fasziniert lauschte sie damals diesen Geschichten und träumte fortan von einem Leben unter freiem Himmel auf dem Rücken ihres Pferdes (sie konnte dieses ganz genau beschreiben) in Amerika. Die Erwachsenen taten das damals ab, mit: „Mädchen, hör auf zu träumen und geh zu …(diesem Großkonzern)!“. Und so hat sie es dann auch gemacht. Nur Reiten, das hatte sie parallel dazu gelernt. Im Coaching nahmen wir dann dieses Bild auf und beleuchteten es über mehrere Sitzungen. *(Was wäre nötig, um diesen Traum Wirklichkeit werden zu lassen? Was hindert sie daran? Was ist das Risiko? Was ist die Chance? etc.)*

Und je mehr wir damit arbeiteten, desto mehr spürte die ehemalige Vorstandssekretärin, dass dies der Weg ihres Herzens ist: ihre Berufung. Als erstes recherchierte sie wichtige Informationen, wie z.B. Fakten zur Aufenthaltserlaubnis, Arbeitsmöglichkeiten, Ranches, die Cowboys/-girls suchen, (u.v.m.). Danach folgte ein erster USA-Aufenthalt, bei einem zweiten Aufenthalt absolvierte sie ein Praktikum auf einer Ranch. Kurz und gut: wir bereiteten zwei Jahre lang alles akribisch vor.
Und je länger die Vorbereitungen dauerten, desto sicherer wurde sich die Klientin. Es wurde die geringe Verdienstmöglichkeit im Vergleich zum Großkonzern immer unwichtiger, die Freiheit, die Natur und der innere Reichtum wogen plötzlich um so viel mehr. Und am Ende dieses Prozesses stand ein fester Arbeitsvertrag als Cowgirl auf einer Ranch in Arizona!

Ist das nicht spannend? An solchen Tagen lehne ich mich abends zurück und bin dankbar, dass ich selbst auch meine Berufung gefunden habe und ich lasse mich von dem Glück der Coachees in den Schlaf tragen. Ich war sehr zufrieden mit meinem „ersten Mal“. Und die Briefe mit Bildern von einer Frau hoch zu Pferd inmitten einer Kuhherde, die ich mittlerweile aus Arizona bekomme, und das Strahlen dieser Frau bestärken mich in meiner Philosophie: Merke: Coaching ist immer ergebnisoffen und so spannend wie beim „ersten Mal“! Und das ist gut so!

Merke: Coaching ist immer ergebnisoffen und so spannend wie beim „ersten Mal“!

Eine andere, aber ebenso bewegende Veränderungsgeschichte habe ich mit einer ehemaligen Betriebsrätin erlebt. Sie hatte in unserem Großkonzern jahrzehntelang mit strenger Frisur, strengem Kostüm und noch strengerem Gesichtsausdruck für die Rechte der Mitarbeiterschaft gekämpft. In Personaler-Kreisen war sie als knallharte Verhandlungspartnerin bekannt und gefürchtet. Aufgrund von Umstrukturierungen in ihrem Bereich wechselte sie freiwillig in die Transfergesellschaft, um über eine berufliche Neuorientierung nachzudenken – und das mit 50+!

Und nun raten Sie mal: Welcher Lebenstraum wurde für diese Betriebsrätin Wirklichkeit: Flirtcafe oder Heilpraktikerin für Rentiere?

Ich will es Ihnen verraten – Letzteres! Hier führte uns nicht der Kindheitsberufswunsch auf die richtige Spur, sondern die sogenannte „Wunderfrage“! (von Steve de Shazer)
„Stellen Sie sich vor, über Nacht passiert ein Wunder – wie sähe ihr berufliches Leben dann aus? Beschreiben Sie mir den ersten Tag in ihrem neuen beruflichen Leben: Sie liegen an diesem Morgen im Bett und öffnen die Augen… Wie fühlen sie sich? Wie riecht es? Was hören Sie? Was tun sie als erstes? Wem begegnen Sie? etc.…“

Auf diese Weise haben wir ein sehr detailliertes Bild von einer inneren Wunschvorstellung erarbeitet. Ich staunte nicht schlecht, als wir uns in dieser Coaching-Sitzung plötzlich bildlich in einem Rentierpark in Norwegen befanden. In diesem Bild flüsterte meine Klientin einem Rentier namens „Frekur“, das seit Tagen nicht mehr fressen wollte, heilsame Worte ins Ohr. Sie strich dem Rentier immer wieder über den Rücken (später stellte sich heraus, dass an dieser Stelle tatsächlich der Magenmeridian verlief) und nach einer Weile fing Klein-Frekur wieder an, zu fressen.
Wenn der Coachee Ihnen ein solch vordergründig ver-rücktes Bild liefert, dann wird Coaching interessant. Denn der Weg vom Ausgangsbild (Betriebsrätin) hin zum Zielbild Heilpraktikerin für Rentiere oder „Rentierflüsterin“ ist auf den ersten Blick ein außergewöhnlicher Weg (und oft auch für die Umwelt des Coachees nur schwer nachzuvollziehen). Deshalb sollten Sie bei jedem Coaching-Weg auch die Unterstützung aller Schnittstellen in der Umwelt mit im Blick haben. Doch meine Erfahrung zeigt: Je ver-rückter das Bild, desto mehr Potenzial und Energie kann auch darin stecken.
Die Betriebsrätin ist diesen außergewöhnlichen Weg mutig und tapfer gegangen: Schritt für Schritt absolvierte sie eine Ausbildung zum Tierheilpraktiker, machte einen Sprachkurs und dann ein Praktikum in einem Rentierpark in Norwegen. Mit dem Ergebnis, dass mein Coachee zu einer kleinen Berühmtheit im hohen Norden avancierte: Kürzlich titelte die norwegische Tageszeitung vor Ort „Die ver-rückte Deutsche ist wieder da! Ein herzliches Willkommen unserer Rentierflüsterin!“
Und wenn ich Ihnen die beiden Bewerbungsfotos nebeneinander lege – das als Betriebsrätin und das als Rentierflüsterin – dann werden sie denken, das sind zwei unterschiedliche Frauen! Die

eine sieht sehr professionell aus, aber auch streng, ein bisschen wie die Queen von England. Die andere hat einen Pferdeschwanz, Haarsträhnen hängen ins Gesicht, sie schmiegt ihren Kopf an ein Rentier und strahlt in die Kamera! (In Norwegen sind Bewerbungsfotos dieser Art gängig!)
Und das macht den Unterschied zwischen Beruf und Berufung! Und es zeigt sich wieder einmal: Coaching ist immer ergebnisoffen! Und vor allem: So individuell, dass es jedes Mal ein bisschen wie das „erste Mal" ist.

Zum Schluss will ich ihnen noch ein Beispiel erzählen, das mein persönliches Coach-Herz in all den Jahren am meisten berührt hat:
Da sitzt sie mir also gegenüber, die „toughe" Controllerin, die in ihrem bisherigen beruflichen Leben immer zur richtigen Zeit den nächsten Karriereschritt gemacht hat. Sie denkt und handelt stets ergebnisorientiert. Es gibt nur schwarz oder weiß. Und dass sie im Rahmen einer Transfergesellschaft eine neue berufliche Herausforderung finden soll, will sie gleich ab der ersten Sitzung mit mir sehr strukturiert und zielorientiert angehen. Alles klar: Auftrag erteilt – wir legen los.
Es geht hier also um eine glasklare Bewerbungsberatung. Das bedeutet: Wir definieren Zielfirmen, erstellen perfekte Unterlagen und trainieren Vorstellungsgespräche. Doch im Verlauf unserer Beratungen stelle ich fest: Zur Umsetzung unserer erarbeiteten Ergebnisse kommt es nicht. Meine Klientin erstellt zwar die Bewerbungen, verfeinert sie bis über Tage/Wochen hinweg zum höchst möglichen Perfektionsgrad und … schickt sie letztendlich doch nicht ab. Da wird der Coach in mir hellhörig und ich frage zunächst mich und dann auch die Klientin: „Was hindert sie daran, zu handeln?" Und nach einer Unmenge von Verstandesgründen (in dem einen Fall hatte die Post schon geschlossen, im anderen wäre schon zuviel Zeit verstrichen, bis die Bewerbung fertig war und da hätte sie unter 300 Mitbewerbern eh keine Chance mehr gehabt etc.) kam der wahre Grund an die Oberfläche: Sie und ihr Mann wünschten sich ein Baby und die Zeit in der Transfergesellschaft wäre günstig dafür.
Aha – da hatten wir es also: Wichtige Themen, die bei Klienten unterschwellig da sind, verlangen immer nach Ausdruck und su-

chen sich i.d.R. ihren Weg an die Oberfläche, sobald man dem Raum gibt. Mein bisher „heimlicher“ und nun offenkundiger Auftrag von Seiten des Coachees war also in diesem Fall: Babycoaching!
Das musste ich erst mit meiner Projektleiterin in Richtung Zielabweichung Großkonzern klären, denn dieses Ziel trägt definitiv nicht zur Erhöhung der Vermittlungsquote bei. Ich bekam zwar ein O.K. für diese ungewöhnliche Zielrichtung, allerdings mit dem klaren Hinweis: Einzelfall!
Selbstverständlich! Ich hatte nicht vor, im Rahmen von Outplacement zum Babycoach zu werden! Aber daran wird besonders deutlich: Merke: Coaching ist immer ergebnisoffen!

Und so beschritten mein Coachee und ich den Weg hin zu einer (selbstverständlich zielorientierten) Nachwuchsplanung. Schnell war klar, dass der Hauptauftrag von Seiten meiner Klientin darin bestand, mit ihr daran zu arbeiten, ihre Vorbehalte gegenüber einem Kind genauer anzuschauen. Neben ihrer Sehnsucht nach einem Kind waren vor allem auch offensichtliche Gegenargumente vorhanden. Wir hatten eine Plus-Minus-Liste (eher rationale Methode) erstellt und diese zeigte, dass ein Überwiegen der Minuspunkte sie (noch) an einem Kind hinderte. Wir nahmen uns Punkt für Punkt vor.
Hinderungsgründe waren: 1. Das Kind könnte die weißen Sitze des BMW Z 4 Cabrios beschmutzen. 2. Die Klientin befürchtete (systemische Gründe), dass sie ihre Mutter und den Bruder nicht mehr finanziell unterstützen könnte, weil durch das Kind das Geld dafür nicht reichen könnte. Wir erarbeiteten Schritt für Schritt Lösungen für die „Hindernisse“ und schufen so immer mehr positive innere Bilder und Verknüpfungen rund um das Thema Kind.

Diese Feinarbeit dauerte mehrere Monate und während dieser Zeit kollidierte meine „Mutter in Spe“ des öfteren mit ihrer alten Rolle der „toughen“ Controllerin. Als sie zu Beginn einer Coaching-Sitzung wieder einmal ihre Unzufriedenheit äußerte, dass alles so lange dauere und sie sich gar nicht mehr sicher sei, ob das der richtige Weg wäre, erzählte ich ihr eine Parabel:
Es gab einmal einen Stammeshäuptling der Cherokee-Indianer, der als gefragter Vortragsredner zu einer nachhaltigen Umwelt-

politik von Kontinent zu Kontinent reiste. Und als er eines Tages wieder einmal von einer langen Flugreise in seinem Heimatflughafen angekommen war, setzte er sich am Flughafen auf den erstbesten Stuhl und blieb einfach sitzen. Minuten, Stunden... Und als man ihn irgendwann fragte, auf was er hier denn eigentlich warten würde, antwortete er: „Auf meine Seele! Denn erst wenn sie auch angekommen ist, können wir nach Hause gehen!“

Und so ist es auch mit den inneren Zielbildern: Manchmal überholt uns unser Verstand und wir übersehen, dass unser Innerstes ebenfalls seine Zeit braucht, bis es in diesen neuen Bildern angekommen ist. Und gerade in dem Moment, als meiner Klientin zum ersten Mal ein von Herzen kommendes „JA!“ zu einem Kind über die Lippen kam, stand ihr ursprünglicher Traumjob in der Zeitung: Controllerin in einem Verlag für Frauenzeitschriften.

Auch das passiert häufig auf dem Coaching-Weg – solche Ereignisse dienen oft der Überprüfung der Wahrhaftigkeit des inneren Ziels. Dies haben wir dann auch gemacht, und die Entscheidungsmatrix bestätigte die Klientin in ihrem Ja zum Kind! Das Jobangebot hatte keine Energie mehr, um gegen das innere neue Ziel anzukommen.
Heute ist unser Coachingergebnis ein Jahr alt und strotzt nur so vor positiver Energie. Und wenn ich in die stolzen und weichen Augen der Mutter blicke, dann sehe ich eine Frau, die bei sich angekommen ist. Sie geht ganz im Muttersein auf und lässt mich – fast ungläubig – an die „toughe“ Controllerin denken, die ich vor 3 Jahren kennengelernt habe. Und mit einem Schmunzeln auf den Lippen sage ich dann zu mir selbst: Coaching ist einfach ein wundervolles Instrument!
Und als geistige Patin dieses kleinen Wunders kann ich Ihnen allen nur Mut machen und Ihnen sagen: Egal, vor welcher Umbruchsituation oder Frage Sie in ihrem Leben stehen, Coaching kann Sie dabei unterstützen, Ihre Antworten und Ihre inneren Bilder, die Sie in sich haben, sichtbar und begreifbar zu machen. Sowohl als Coach als auch als Coaching-Klient sollten Sie sich jedoch auch bewusst sein, dass Coaching ein sehr spannender Weg sein kann, voller Überraschungen und vor allem: ergebnisOFFEN! Und jedes Mal ein bisschen wie das „Erste Mal“!

Der Coaching-Spaziergang

von Angela Herold

In meiner Vorstellung war Coaching immer was für erfolgreiche Manager. Zielstrebige, karriereorientierte, gutverdienende Menschen, die sich dann, wenn's mal nicht so gut läuft, einen Coach nehmen. Um sich den Misserfolg von der Seele zu reden. Um sich dann vom Coach Schritt für Schritt sagen zu lassen, wie es wieder aufwärts geht mit ihnen. Coaching als eine Art „Balsam für die Seele" oder „Therapie light".
Man kann sich ausheulen und lässt sich dann von einem Coach wieder aufbauen, indem dieser eine klare Ausrichtung in die Zukunft zeichnet und rezeptartige Tipps gibt, wie die angehäuften Probleme überwunden werden können. Und dafür lässt sich der Coach gut bezahlen (…).

Diese Vorstellung wurde unfreiwillig über den Haufen geworfen, indem ich unverhofft selbst zum „Coaching-Klienten" wurde; und das sogar, ohne einen Coach aktiv aufzusuchen. Ich ging an einem Sonntagabend Anfang März mit einem Freund spazieren, da ich mich mit ihm über eine berufliche Herausforderung austauschen wollte, die mir im Kopf herumgeisterte. Seine Meinung dazu war mir wichtig und auch seine Tipps, wie ich die Herausforderung meistern könnte. Mein Freund befand sich zu diesem Zeitpunkt mitten in einer dreijährigen Coaching-Ausbildung und schlug ein Coaching-Experiment vor.

Anstatt eine Diskussion mit ihm zu führen, so wie ich mir das ursprünglich gedacht hatte, willigte ich also in ein Coaching-Gespräch ein. Und so begann ein einstündiger Spaziergang, der meine Vorstellung von Coaching völlig erneuern sollte.

So begann ein einstündiger Spaziergang, der meine Vorstellung von Coaching völlig erneuern sollte.

Die Herausforderung, vor der ich stand, war folgende: Mit Antritt einer neuen Stelle als Unternehmensberaterin wurde ich von meinem Vorgesetzten beauftragt, ein neues Beratungsprodukt zu entwickeln. Die Firma, für die ich arbeite, berät Krankenhäuser zu allen Fragen des klinischen Risikomanagements. Unsere Beratung zielt darauf ab, in Krankenhäusern Schwachstellen in der Patientenbehandlung und Patientensicherheit zu identifizieren. Dann werden Wege erarbeitet, wie diese Risiken minimiert werden können und somit auch die Wahrscheinlichkeit gesenkt werden kann, dass von Patienten Behandlungsfehlervorwürfe gegen das Krankenhaus erhoben werden.
Das Ziel des neuen Beratungsproduktes sollte sein, dem Kunden in selbst herbeigeführten Krisensituationen beizustehen. Ist also tatsächlich ein Behandlungsfehler verursacht und ein Patient geschädigt worden, dann sollten mit dem Behandlungsteam die Ursachen für das Schadenereignis identifiziert und Präventionsmaßnahmen abgeleitet werden, die eine Wiederholungwahrscheinlichkeit des Schadenereignisses reduzieren. Ebenso sollte die emotionale Betroffenheit des Teams, das die Krisensituation verursacht hat, aufgefangen und Ansätze gefunden werden, die Teamarbeit so auszurichten, dass die bereits unterlaufenen Fehler nicht zweimal gemacht werden.

Das Konzept für diese Beratungsleistung war zum Zeitpunkt des Spazierganges fertig auf Papier. Nun ging es darum, es in die Tat umzusetzen und darauf hinzuwirken, dass es sowohl innerhalb der Firma als auch nach außen beim Kunden bekannt wird. Ich war so überzeugt von dem Beratungsprodukt, dass ich darauf hin fieberte, es in der Realität zu überprüfen. Ich träumte bereits von der Anwendung dieser Arbeit beim Kunden vor Ort in verschiedensten Situationen. Doch bis jetzt existierte es eben nur auf dem Papier! Wie also konnte ich, natürlich möglichst schnell, dorthin kommen? Genau darauf wollte ich eine Antwort. Ich schilderte diese Ausgangslage meinem Freund zu Beginn des Spazierganges. Unser Experiment begann.

Coach: Was passiert in der Situation, von der Du möchtest, dass sie eintritt?
Ich: Ich will in der Situation sein, dass ein Kunde die Beratungsleistung anfordert.
Coach: Wie genau sieht das aus? Was siehst Du in der Situation?
Ich: Ein Kunde fordert die Beratungsleistung an!
Coach: Was genau geschieht in dieser Situation?

Etwas genervt antwortete ich, dass ich das doch gerade gesagt habe. Doch mein Freund ließ nicht locker und bat mich, jetzt wirklich ins Detail zu gehen und die Situation, wie sie sich in der Zukunft zutragen soll, haargenau so zu beschreiben, wie ich sie mir vorstelle.

Ich: Ich sitze an meinem Schreibtisch im Büro und ein Kunde ruft mich an. Er schildert mir, dass es in seiner Organisation einen Schadensfall gegeben habe und er über den Flyer meiner Firma von dem Beratungsangebot informiert wurde, für das er jetzt Bedarf hat.
Coach: Wozu ist das gut, dass die Situation so eintritt?
Ich: Dann weiß ich, dass bekannt geworden ist, dass es mein Produkt gibt.
Coach: Was hast Du davon?
Ich: Ich freue mich darüber.
Coach: Was hast Du noch davon?
Ich: Ich finde es gut, dass nun eine Gelegenheit auftaucht, die Anwendung des Beratungskonzeptes auf Tauglichkeit erstmalig zu erproben, um es dann ggf. anzupassen und zu verfeinern.
Coach: Was noch?
Ich: Mehr fällt mir dazu nicht ein. Ich wäre einfach glücklich, wenn sich die Situation wie gewünscht abzeichnet.
Coach: Was haben andere, z.B. die Firma, davon?
Ich: Wir könnten unser Beratungsspektrum ausbauen und gleichzeitig eine sehr spezifische Beratungsleistung anbieten, die kein anderer anbietet.

Coach: Was hat der Kunde davon?

Ich: Er erkennt, dass wir hier was Einzigartiges anbieten und er in seiner akuten Krisensituation auf konkrete, maßgeschneiderte Hilfe zurückgreifen kann.

Ich verstand den Sinn des Nachbohrens nicht. Ich wollte in diesem Coaching-Experiment doch Antworten bekommen und nicht die ganze Zeit Fragen beantworten. Ich merkte aber, dass mir im Reflektieren über dieses Zukunftsszenario zunehmend klarer wurde, welche Tragweite das Produkt potenziell bekommen kann und welchen Nutzen nicht nur der Kunde daraus ziehen kann, sondern auch ich selbst und die Firma, die dadurch ein Alleinstellungsmerkmal für sich verbuchen kann. Dies beschreiben zu können, würde von Vorteil sein, wenn es um das Vermarkten des Produktes ging. Die Fragen gingen unvermittelt weiter.

Coach: Wann genau soll denn die Situation eintreten?

Ich: Ich würde mir wünschen, dass sie sich so bis Anfang August verwirklicht.

Coach: OK, also im August klingelt Dein Telefon und ein Kunde sagt Dir, dass er in einem Schadensfall Deine Hilfe braucht, davon in einem Flyer gelesen hätte und das jetzt mit Dir besprechen wolle.

Ich: Genau.

Coach: Was geschah davor?

Ich: Was meinst Du mit davor?

Coach: Was geschah unmittelbar vor dem Anruf?

Ich: Woher soll ich das wissen?

Coach: Na was hast Du z.B. getan, dass der Kunde einen Flyer in den Händen halten konnte?

Ich: Ich habe einen Flyer entworfen.

Coach: Ja, aber das war viel früher, danach folgten noch andere Schritte, die zu dem Anruf geführt haben. Ein Flyer im Entwurf bewirkt keinen Kundenanruf. Überlege Dir, was geschah vor dem Anruf?

Ich: OK, der Kunde muss irgendwie zu dem fertigen Flyer, gekommen sein. Ich denke, er hat ihn von einem Mitarbeiter der Schadenabteilung unserer Firma, die seine Organisation betreut, erhalten.

Coach: OK, der Kunde erfuhr also über den Flyer von Deinem Produkt. Diesen hat er von der Schadenabteilung erhalten. Was geschah davor?

Ich: Ich habe dafür gesorgt, dass die Mitarbeiter der Schadenabteilung mit den Flyern ausgestattet werden und diese an die Kunden bei der Meldung von Schadensfällen weitergeben.

Coach: Wie genau hast Du dafür gesorgt?

Ich: Ich habe mir in der Schadenabteilung einen kurzen Termin geben lassen, um die Mitarbeiter über das neue Produkt in Kenntnis zu setzen. Bei dem Termin erhielten sie die Infos von mir und ich teilte die Flyer aus mit der Bitte um Weitergabe an die Kunden bei konkreten Anlässen.

Coach: Gut, die Mitarbeiter der Schadenabteilung wurden von Dir informiert, dass es Deine Beratungsleistung gibt, und dass Du sie bittest, im konkreten Fall den Kunden darüber mit Hilfe des Flyers in Kenntnis zu setzen. Was geschah davor?

Ich: Ich erhielt die Flyer aus der Druckerei.

Coach: Was geschah davor?

Ich: Ich gab den Druck von 500 Flyern in Auftrag.

Coach: Und was hast Du davor getan?

Ich: Ich holte mir die Druckvorlage von der Grafikdesignerin ab, die den Flyer druckfertig gestaltete.

Coach: Was brauchtest Du noch, um dies Wirklichkeit werden zu lassen?

Ich: Oh, ich glaube ich habe vergessen, mir die Druckvorlage von der Geschäftsführung genehmigen zu lassen. Das ist firmeninterne Vorgabe. Außerdem könnte es sein, dass ich der Grafikdesignerin keine Deadline gesetzt habe und sie sich noch gar nicht an die Endgestaltung ran gesetzt hat. Außerdem hatte ich vergessen, dass der Designentwurf mindestens 2–3x zwischen der Designerin und mir hin und her geht. Dies hätte ich bedenken müssen, bevor ich die Deadline gesetzt habe. Ach ja, der Erhalt der freigegebenen Druckvorlage hätte sich auch verzögern können, wenn ich nicht bedacht hätte, dass der zuständige Geschäftsführer Ende Juni im Urlaub ist.

Coach: Gut, Du hast also die Druckvorlage von Deinem Geschäftsführer zum Druck freigeben lassen. Du hast sichergestellt, dass er das noch vor seinem Urlaub tut. Davor hast du den fertigen Entwurf der Grafikdesignerin erhalten, nachdem Du ihr eine Deadline gesetzt hattest. Dazwischen habt ihr Euch ein paar mal über die Entwürfe ausgetauscht bis der fertige Flyer stand. Was hast Du davor getan?

Ich: Ich habe mir Zeit genommen, die Inhalte des Flyers zu produzieren.

Coach: Wie lange brauchtest Du dazu?

Ich: Ca. einen ganzen Tag.

Coach: Wie kam es dazu, dass Du Dir diesen bestimmten Tag dazu hergenommen hast?

Ich: Ich hatte mir in meinem Terminkalender einen Tag für diese Arbeit geblockt.

Coach: Wovon war es abhängig, dass Du die Flyer-Inhalte produzieren konntest?

Ich: Ich konnte mir inmitten der schon terminierten Projekte beim Kunden keinen Tag mehr freischaufeln.

Coach: Das heißt also, dass Du Dir frühzeitig einen Tag für kreative Arbeit in Deinem Kalender geblockt hattest. Was hast Du davor getan?

Ich: Ich fasste einen Entschluss, im ersten Schritt einen Flyer zur Bewerbung des Beratungsproduktes herzustellen.

Von Frage zu Frage wurde mir im Kopf klarer, dass ich gerade dabei war, alle notwendigen Handlungsschritte, die mein Ziel wahr werden lassen sollen, in eine logische und zeitliche Reihenfolge zu bringen. Wie auf einem Teppich, der sich automatisch vor mir ausrollt, wurde klar, welcher Weg zu gehen ist. Wie geschickt! Mit jeder weiteren Frage entdeckte ich die notwendigen Schritte und es wurde klar, welcher Schritt nicht vor einem früheren Schritt gemacht werden musste, da er sonst noch nicht den erwünschten Effekt erzielen würde. Ich wusste also bereits zu Beginn der Konzeption des Flyers, dass ich genug Zeit für Korrektur und Freigabe zur Drucklegung einplanen musste, deren Dauer aber nicht in meinen Händen lag.

Von Frage zu Frage wurde mir im Kopf klarer, dass ich gerade dabei war, alle notwendigen Handlungsschritte, die mein Ziel wahr werden lassen sollen, in eine logische und zeitliche Reihenfolge zu bringen.

Die Antworten in der Vergangenheitsform zu formulieren, war sehr ungewohnt. Anfangs glitt ich immer wieder in eine Schilderung in der Gegenwart oder auch im Konjunktiv ab. Ich formulierte Antworten wie „Ich werde dies tun..." oder „Ich hätte Fr. ... informieren können...". Mein „Coach" musste mich daran erinnern, so zu erzählen, als wäre es bereits geschehen. Das half mir, die Handlungen so aussehen zu lassen, als hätte ich sie schon hinter mir. Dies trug merklich dazu bei, dass die Hemmschwelle, in die Gänge zu kommen, gesenkt wurde, und ich konnte es kaum erwarten, gleich am nächsten Tag den ersten Schritt zu gehen. Den „Kreativ-Tag" für die inhaltliche Ausgestaltung des Flyers hatte ich mir sofort nach dem Spaziergang im Kalender geblockt, bevor wieder „wichtigere" Termine dazwischen kamen!

Sehr hilfreich waren die Fragen nach Abhängigkeiten (Wovon war das abhängig? Was brauchtest Du noch?). Somit wurde der Fokus auf Ereignisse gelegt, die ich nicht beeinflussen konnte, die ich aber sehr wohl in der Reihenfolge der Handlungen einplanen konnte. Anfangs war ich misstrauisch und konnte mit den Fragen nichts anfangen. Ich erwartete ja immer noch „Ratschläge" und dachte, der „Coach" will durch diese Fragen seine Neugier stillen. Oder ich dachte, er kennt doch die Antwort schon, und das ist jetzt ein Test, ob ich richtig antworte. Erst nach ein paar „Runden" verstand ich, dass es darum ging, dass mir die Fragen helfen, selbst auf die notwendigen Antworten zu kommen. Ich kapierte, dass es offene Fragen sind, deren Antwort ich selbst gestalten kann. Ich bin diejenige, die hier die Prozesse, die Schritte, die Handlungen festlegt und nun in eine sinnvolle Reihenfolge bringen kann, die meine „Zukunftsvision" Realität werden lassen. Dieses Gefühl war belebend. Ich war überrascht, wie leichtfertig mir dadurch die Ideen in den Kopf kamen. Der Spaziergang dauerte in etwa eine Stunde, und am Ende waren die notwendigen Handlungsschritte klar herausgearbeitet. Das Pferd war fertig von hinten aufgezäumt.

Sicherlich hätte ich mir den Handlungsplan, den ich nun hatte, auch auf „konventionelle" Art erarbeiten können. Ich hätte mir auf einer to-do-Liste alles notiert. Dabei hätte ich aber die Fallen übersehen oder wichtige Handlungen vergessen. In dieser Schnelle wäre ich jedenfalls nicht zum gleichen Ergebnis gekommen. Plötzlich sah das, was zu tun war, leicht und machbar aus und ich hatte die Gewissheit, dass die Vermarktung des Produktes sich neben meiner eigentlichen Tätigkeit noch erledigen ließ.

Diese Art des Coachings war für mich wie die Überbrückung einer Kluft. Ich sah die aktuelle Position und auch wohin ich wollte, doch dazwischen tat sich ein Leerraum auf, der aus eigenem Antrieb nicht überwindbar erschien. Ich sah Puzzleteile, einzelne Elemente, die Teil der Brücke sein konnten, aber sie fügten sich noch nicht zu einem gangbaren Weg zusammen, der zum ersehnten Ziel führt. Im Coaching wurde der Leerraum angefüllt, die Fragen halfen, alle Elemente ans Licht zu bringen, Ideen zu entwickeln, die notwendigen Bausteine heranzuschaffen und daraus den Weg zu pflastern. Struktur bildete sich aus und der Weg lag plötzlich klar und deutlich vor mir. Und das Beste daran war: Der Weg sah gar nicht schwer aus. Denn das, was sich darauf befand, hatte ich selbst konstruiert, ich hatte es im Coaching schon mal durchlebt und bewältigbar gemacht. Ich wurde bildlich vom Hocker gerissen und konnte es nicht erwarten, den Weg anzutreten und Schritt für Schritt die notwendigen Handlungen anzugehen, um ans Ziel zu gelangen.

Im Nachhinein kann ich sagen, dass für mich persönlich es dann ein gutes Coaching ist, wenn am Ende der vereinbarten Zeit das gesetzte Ziel erreicht ist und man mit neuem Schwung und Motivation Dinge anpackt, für die man vorher vielleicht keine Zeit gefunden hat oder die auf die lange Bank geschoben wurden.

Auch auf die Gefahr hin, dass die Effekte eines Coachings zu schön sind, um wahr zu sein, und hier der Eindruck entsteht, dass Coaching Wunder bewirke: Ende Juli, 3 ½ Monate nach diesem Spaziergang im März klingelte tatsächlich mein Telefon. Ich saß zufällig im Büro, um den Anruf entgegenzunehmen. Ein Kunde meldete sich. Er schildert mir, dass es in seiner Organisation einen Schadensfall gegeben habe und er über den Flyer meiner Firma von einem Beratungsangebot informiert wurde, für das er jetzt konkreten Bedarf sehe und ob ich ihm da weiter helfen könne (…).

„Zurück in die Zukunft" oder „Future Beaming in ein neues Leben"

von Jörg Pribil

Sicher kommt Ihnen folgende „Weisheit" bekannt vor: Wir Männer werden gemeinhin als die linearen Denker dargestellt, die „logisch Strukturierten", deren Gedankengänge gleich einem Volleyschuss im Fußball stets die kürzeste Verbindung zwischen zwei Punkten suchen.

Den Frauen hingegen spricht man geniales, zirkuläres Denken zu. Alle Aspekte und Eventualitäten werden sorgfältig überlegt, nochmals geprüft und erst dann – eventuell – für gut befunden. Wenn wir die genannten Überlegungen tatsächlich ungeprüft ins echte Leben übernehmen – so hat dies zu 100 % auf mich zugetroffen.

Geboren 1968 als erstes von drei Kindern in eine junge, von Ehrgeiz geleitete und den traditionellen Werten verbundene Lehrerfamilie, war mein Leben von Beginn an einfachen und klaren Regeln unterworfen: hier Leistung – dort Erfolg. Konkret hieß das, solange meine Schulnoten in Ordnung waren, hatte ich eine unbeschwerte Zeit. Solange mein Zimmer aufgeräumt war, war die Freizeitgestaltung in meinem Sinn gesichert. Solange ich mein Taschengeld fleißig ansparte, kamen auch immer wieder kleine finanzielle Zuwendungen der Erwachsenen dazu.

Die Regel lautete: WENN – DANN (...).

So lebte ich ein sicher gestaltetes Jugendlichen-Dasein, kam nie in Versuchung, vom rechten Weg abzukommen, denn die Konsequenzen für mich wären vorhersehbar verheerend gewesen – und das wollte ich wirklich nicht riskieren. Ich lebte also meine Kindheit und frühe Jugend, wie man es sich für die damalige Zeit vorstellte: Ich war sehr gut in der Schule, war im Turnverein in der Leistungs-Riege, später in der Schwimm-Mannschaft und fuhr auch mit 16 Jahren noch brav mit meinen Eltern in den Sommerurlaub. Wobei ich sagen kann, dass unsere Familienurlaube stets abenteuerlich und sehr unkonventionell verliefen (fuhren wir doch meist mit dem Wohnmobil in vorzugsweise touristenleere Ecken der Mittelmeerländer).

Mein Weltbild konnte also weiter bestehen bleiben: null und eins, ja und nein, plus und minus, schwarz und weiß.

Passend zu diesem rational logischen Familienmuster absolvierte ich eine Höhere Technische Bundeslehranstalt für Nachrichtentechnik: Mein Weltbild konnte also weiter bestehen bleiben: null und eins, ja und nein, plus und minus, schwarz und weiß, binäre Logik soweit das Auge blicken kann. Ich setzte noch das Tüpfelchen auf das vielzitierte „i" und ergänzte meine Ausbildung durch ein College-Programm für Computer- und Nachrichtentechnik in Ottawa/Kanada.

Und all das war gut und hilfreich für meine Orientierung im Heranwachsen: privat und beruflich.

Beruflich brachte mich mein perfektes, logisches Denken und meine strukturierte Arbeitsweise Schritt für Schritt in die höheren Etagen verschiedenster Weltkonzerne wie Hewlett-Packard oder Nokia, das finnische Paradeunternehmen, das 1996 vom „Nobody" zum Weltmarktführer der Telekommunikations-Branche aufstieg.

Privat gab es – wie konnte es anders sein – eine junge Frau: eine Lehrerin, die in meinem klar strukturierten Naturell eine gute Ergänzung zu ihrem emotional, sozial gesteuerten Denken sah. Wir verstanden uns von Anfang an ausgezeichnet, obwohl wir von Grund auf unterschiedliche Menschentypen waren – gerade deshalb ergänzen wir uns bis heute hervorragend. In den vielen Jahren unseres Zusammenseins – wir feierten heuer unser 25jähriges Kennenlernen – haben wir gelernt den anderen „sein zu lassen" und trotzdem das Gemeinsame zu entdecken, zu entwickeln und auszubauen.

Speziell der Beginn unserer Beziehung war eine lehrreiche Zeit. Ich lernte, dass „wenn – dann" nicht immer funktioniert. Ich erfuhr hautnah, was zirkuläres Denken wirklich heißt. Damit nicht

genug – die junge Lehrerin, die mittlerweile meine Frau war, beschloss, eine Ausbildung zur Systemischen Familientherapeutin zu absolvieren. Ganze sieben Jahre lang war ich konfrontiert mit Lernorgien zu Themen wie Kybernetik, Systemtheorie, Konstruktivismus.
Der Fußboden in unserer Wohnung war übersät mit Büchern von „Kapazundern" (= österr. Koryphäen) wie Maturana, Watzlawick, Simon, de Shazer, Foerster etc… Es gab in meinem Denken (sie wissen schon: wenn – dann …) nun zwei Möglichkeiten: Wenn ich schon ein Fachbuch aufhebe, dann sollte ich auch darin schmökern, oder wenn ich es nicht aufhebe, dann würde ich darüber stolpern. Ich entschied mich für erstere Variante und fühlte mich elend dabei. Ich verstand kein Wort von dem, was ich las bzw. machte es für mich keinen Sinn. Aber es gab mir nun Gelegenheit, mich fachlich fundiert darüber lustig zu machen. Ich war im Freundes- und Bekanntenkreis bereits berühmt für meine Witze über die unterschiedlichen Denkschulen bei Mann und Frau und konnte ganze Tischgesellschaften bestens unterhalten mit meinen Vergleichen und Geschichten von, meiner damaligen Meinung nach, unnötigen Aufwand des „umfassenden" systemischen Denkens. Wie Sie sicher aus eigener Erfahrung wissen, bedeutet, sich über etwas lustig machen, auch, dass man sich damit intensiv auseinandersetzt – so war es auch bei mir.

Natürlich brachte das „sich lustig machen" auch nicht die gewünschte Befriedigung, weil das Übergreifen der Begeisterung meiner Frau nur mehr schwer abzuwehren war. Außerdem sah ich ja ihre Erfolge in der beraterischen und psychotherapeutischen Arbeit – in Österreich aber auch international. Denn systemisches Denken macht nicht halt bei anderen Kulturen. Die Kürze und das Mitbedenken ganzer Systeme und damit verbunden eine spezielle Haltung schienen einen Teil ihres durchschlagenden Erfolges auszumachen. Meine Frau eröffnete zum Beispiel die österreichweit erste Abendberatungsstelle für Eltern von Kindern und Jugendlichen mit Lernschwierigkeiten und sozialen Auffälligkeiten. Sie arbeitete dabei bereits vor fast 20 Jahren mit „dem System" – Schule, Familie, Behörden, etc. – und hatte von Anfang an großen Erfolg dabei. Und mich machte diese Tatsache noch neugieriger auf das Thema.

Nachdem ich beruflich gerade – trotz meiner Jugend – die ersten Gehversuche als Führungskraft machen konnte und als Manager besonders gut sein wollte, begann ich, in meinem Führungsstil zu „wenn – dann“ „sowohl – als auch“ hinzuzufügen. Ich experimentierte mit zirkulären Fragen und versuchte bald, die Lösungskompetenz meines Gegenübers zu fördern. Als besondere Herausforderung aber auch gute Übungsmöglichkeit sah ich dabei das Führen von Mitarbeitern, die älter waren als ich – was damals keine Seltenheit war, war ich doch gerade Mitte Zwanzig. Dennoch merkte ich schnell die positive Entwicklung bei mir als Führungskraft – der Fachexperte in mir steckte gegen den lösungsorientiert arbeitenden Manager zurück. Noch heute bin ich mit manchen meiner ersten MitarbeiterInnen in Kontakt und spüre eine Verbundenheit, die auf Respekt und Wertschätzung basiert. Die Zeit war also reif. Ich wollte mehr: wissen, lernen, hören, diskutieren, fragen, auseinandersetzen, verstehen, ausprobieren und so weiter.

Ein Lehrgang für Systemisches Change-Management wurde zur rechten Zeit an einem Wiener Institut angeboten, und ich konnte meinen damaligen Vorgesetzten überzeugen, in meine berufliche Fortbildung zu investieren: sechs Monate lang verbrachte ich meine Wochenenden damit, dieselben Bücher wie Jahre zuvor meine Frau, zu lesen … Ich konnte es selbst noch kaum glauben. Ich vertiefte mich also in alle Einzelheiten der Systemischen Denktheorie, lernte den Unterschied zwischen Aristoteles' und Sokrates' Weltbild und erkannte, dass man sich tatsächlich immer nur selber verändern kann und niemals einen anderen Menschen. Zudem hatte ich den Luxus, während der Woche das Gelesene und Gelernte umsetzen zu können.

Ich erkannte, dass man sich tatsächlich immer nur selber verändern kann und niemals einen anderen Menschen.

Innerlich kämpfte ich dabei oft mit meiner enormen Ungeduld, denn meinem Empfinden nach brauchten zirkuläre Fragen meist viel Zeit. Doch eines Tages „erschien“ mir der Erfinder der Wunderfrage: Steve de Shazer war als Referent in Wien. Ich durfte sogar seine persönliche Bekanntschaft machen. Was für eine Persönlichkeit. Was für eine Gelassenheit und Klarheit in seinen Erklärungen. Begeisterung über seine lösungsfokussierte Kurztherapie ließ mich konsequent mein erworbenes Wissen anwenden. Ich hatte den Eindruck, seine Arbeitsweise kam meiner Geschwindigkeit

entgegen. Meine Ungeduld brachte nun enorme Effizienz. Beinahe täglich war ich zu dieser Zeit dem neidvollen Blick meiner Frau ausgesetzt – die ebenso ein „de Shazer Fan" und Anhängerin seiner lösungsorientierten Kurztherapie ist, ihn aber leider nie persönlich kennenlernen konnte. Steve de Shazer verstarb leider viel zu früh am 11. September 2005.
Beflügelt von den positiven Rückmeldungen meiner MitarbeiterInnen in verschiedensten Unternehmen und Teams beschloss ich, auch noch einen Lehrgang für Systemisches Coaching anzuhängen, um in der Arbeit mit Einzelpersonen sicherer zu werden. Gesagt, getan. Mittlerweile um gut zehn Jahre an Erfahrung reicher, freute ich mich erneut auf ein intensives Lernabenteuer.

Ich fand mich also wieder in einer bunten Gruppe von verschiedensten Persönlichkeiten, die zusammengekommen waren, um wie ich in ihrem Leben einen bedeutenden Schritt vorwärts zu kommen. Ich war fasziniert von den unterschiedlichen Charakteren, die aus den verschiedensten Bereichen und mit den unterschiedlichsten Lebensgeschichten und Erfahrungen zusammengekommen waren, um gemeinsam einen Schritt in Richtung Systemisches Coaching zu machen. Da war zum Beispiel Franz, ein erfahrener Manager, der ähnlich wie ich eine ansehnliche Vergangenheit in verschiedensten Führungspositionen in globalen High-Tech-Unternehmen vorweisen konnte. Oder Theo: Gründer und Miteigentümer einer höchst erfolgreichen österreichischen Softwareschmiede aus dem Burgenland, der neben seinem enormen Fachwissen durch seine bodenständige Bescheidenheit immer ein angenehmer Übungspartner war. Hermann wiederum hat jahrzehntelange Erfahrung in der Bankenwirtschaft als Abteilungsleiter einer der größten österreichischen Banken. Sabine hatte als Leiterin der Personalabteilung verschiedener Unternehmen ein großes Maß an Erfahrung im Umgang mit MitarbeiterInnen und in der Personalentwicklung, trotzdem – oder vielleicht gerade deswegen – war sie auf der Suche nach weiterführenden Ansätzen, um Menschen zu begleiten und zu führen. Im Vergleich dazu war Beate als Diplomingenieurin mit Erfahrung in Produktentwicklung und Prozessmanagement ein klarer Gegenpol und eine Neueinsteigerin in die Welt des systemisch-konstruktivistischen Denkens. Dann war da noch Katja – unser

„Küken“. Mit jungen 20 Jahren und mitten im Studium genoss sie den Luxus des ergänzenden Coachinglehrganges. Ihre völlige Unbedarftheit bezüglich Konzernstrukturen oder unternehmerischer Grenzen machten ihre Beiträge stets zu einer erfrischenden Abwechslung. Dazu kam ihre unbekümmerte und fröhliche Art, die uns stets an Humor als Ressource erinnerte.
Last – but not least – Werner: ein linearer Denker par excellence. Wie ich absolvierte auch Werner eine technische Ausbildung, blieb aber im Gegensatz zu mir seinem Fach vollinhaltlich treu und machte seinen beruflichen Weg als erfolgreicher Softwareentwickler und technisches Genie gepaart mit unendlicher Geduld und Gutmütigkeit. Genau diese Kombination machte ihn für seine Vorgesetzten zum perfekten Garanten dafür, dass letztendlich alle Projekte und Anfragen zeitgerecht und qualitativ einwandfrei zum Kunden gelangten. Werner beschrieb oft in Erzählungen, wie sehr er darunter litt, dass meist er es war, der im Notfall die Kohlen aus dem Feuer holen musste. War bei einem Kunden über Nacht ein Systemupdate fällig – Werner war der Mann, der ran musste. Musste eine umfangreiche technische Ausschreibung in kürzester Frist bearbeitet werden – Werner opferte seine Freizeit. Kurz: Werner konnte schwer „nein“ sagen und war stets zur Stelle, wenn Not am Mann war. Doch es war eine schwere Last für ihn.
Seine Ehrlichkeit und Offenheit waren entwaffnend und gleichzeitig sehr vertrauenerweckend. Er hatte eine gewisse Naivität und ein Urvertrauen in das Gute. Gleichzeitig war er blitzgescheit und ein schneller Denker. In gewisser Weise sah ich in ihm mich selbst vor fünfzehn Jahren, gleichzeitig war seine Geduld ein krasser Gegensatz zu meiner Ungeduld.
In zahlreichen Gruppenarbeiten fanden wir immer gut zueinander, und ich hatte das Gefühl, dass die Übungscoachings uns Schritt für Schritt weitergeführt hatten.
In einer unserer ersten gemeinsamen Übungen versuchte ich lehrbuchmäßig anhand des relationalen Modells herauszufinden, wo Werner sein „Problem“ sah. Ich stellte also gezielte Fragen nach Selbstbeschreibung, Identität und natürlich dem inneren und äußeren Rahmen in seiner jeweiligen Situation. Schnell war klar, dass Werner hauptsächlich mit den Rahmenbedingungen in seiner beruflichen Stellung unzufrieden war. Gleichzeitig war aber auch erkennbar, dass er selbst seine Identität in Form seiner ihm

im Unternehmen zugedachten Rolle des Öfteren in Frage stellte. Dennoch konnten wir die Übung mit einem für Werner zufriedenstellenden Ergebnis beenden. Wobei es fast wie in einem „Blind-Coaching" war, denn Werner wollte mir nicht genau erläutern, was die nächsten Schritte in seinem Lösungsbild sein würden. Ich war mehr als gespannt, ob ich beim nächsten Peergroup-Treffen nähere Details von ihm erfahren würde.

Egal mit wem aus der Coaching-Gruppe ich jeweils in die Team-Übungen ging, der Ablauf war immer gleich: Ich war meist der Erste, der für die Unterredungen ins Freie gehen wollte, um Luft zu schnappen und die Natur in einem herrlichen nahegelegenen Park zu genießen. Darüber hinaus war ich mit meinen Übungspartnern auch meist recht zügig bei einer Lösung angelangt – der Wunderfrage und Steve de Shazer sei Dank! Nun ja, im Winter mag es auch an den recht eisigen Temperaturen gelegen haben, dass wir oft schnell fertig waren …

Es war eines der letzten Module unserer Ausbildung, als ich wieder einmal mit Werner gemeinsam ein Übungs-Coaching machen sollte. Der Übungsinhalt war, verschiedene „Coaching-Werkzeuge" auszuprobieren – je nach Situation und wie es für den Coachee passend sein würde.

Ich arbeitete mit Werner also an seiner mir bereits bekannten beruflichen Situation und der für ihn offenen Frage, für welchen Weg er sich entscheiden sollte. Ich wusste eigentlich immer noch nicht genau, welche möglichen Szenarien für ihn existierten, aber ich war entschlossen, ihm weiter die passenden Fragen zu stellen, um ihn seinem Ziel näher zu bringen. Eine Methode, die mir geeignet schien und die ich im Selbstcoaching oft gerne für mich anwende, ist das sogenannte „Future-Beaming". Der Coachee wird dabei aufgefordert, seine konkreten Lösungsbilder verbal zu skizzieren und zu beschreiben, wie denn die Umstände im jeweiligen Fall aussehen würden – und zwar zu konkreten Zeitpunkten in der Zukunft. Also: Nehmen wir an, Du entscheidest Dich für A, wie konkret sieht dein Joballtag/Familienleben/Freundeskreis etc. in sechs Monaten aus? Und wie in 2 Jahren? Und wie in 5 Jahren? Die Zeitpunkte sollten dabei natürlich so gewählt werden, dass es für den Coachee noch realistisch vorstellbar ist – sie sind somit natürlich immens von der jeweiligen Person abhängig und dem Vorstellungsvermögen derselben.

Eine Methode, die mir geeignet schien ist das sogenannte „Future-Beaming".

In gleicher Weise verfährt der Coach mit dem Coachee mit allen zur Diskussion stehenden Lösungsmöglichkeiten. Somit bekommt der Coachee einen vollständigen Überblick über alle für ihn denkbaren Lösungsansätze und deren mögliche Auswirkungen kurz- mittel- und langfristig und kann bewusst wählen, was ihm passender erscheint.
Im konkreten Fall wusste Werner sofort Bescheid, wie wir die Übung angehen wollten: Es war ein herrlicher Sonnentag, und wir entschwanden aus dem Gebäude hinunter auf die Wiese, wo wir uns gemütlich Platz machten. Wir hatten uns mit Kaffee und Keksen versorgt, und Werner rauchte erst noch seine heiß ersehnte Entspannungszigarette, während ich mich auf das bevorstehende Gespräch gedanklich einstimmte. Nach den obligaten „Aufwärmfragen“, einer erfolgreichen „Problembeschreibung“ und „Auftragsklärung“ richtete ich meine Fragen Richtung „Lösungsbeschreibung“ und forderte Werner auf, mittels „Future-Beaming“ sich in seine Zukunft zu versetzen und die jeweiligen Lösungen gedanklich zu erleben und zu beschreiben. Nachdem Werner, so wie auch ich, zu den visuellen Typen gehört, die gerne Sachverhalte aufzeichnen oder in Skizzen festhalten, bot ich ihm an, seine Überlegungen doch in einer kleinen Tabelle zusammenzufassen. Ich hatte das ebenso in meinen Selbstcoachings gemacht: die Lösungsvarianten vertikal am Blatt notiert, dann die Zeitpunkte dazu in horizontaler Linie – für alle Tabellenexperten leicht vorstellbar – aufgetragen ergibt ein wunderbares Bewertungsraster.
Weiters ermunterte ich Werner, dann seine subjektive Beurteilung der jeweiligen Situation zum jeweiligen Zeitpunkt mit kurzen Worten zu beschreiben, oder alternativ mit Schulnoten (1 = super bis 5 = unerträglich) zu versehen und in der Tabelle einzutragen. Das war – wie sich herausstellen sollte – eine ausgezeichnet geeignete Aufgabe für Werner. Er machte sich eifrig an die Arbeit, und ich verfolgte seine Überlegungen und Aufzeichnungen, die er teilweise kommentierte, teilweise aber auch nur mit eigenartigen Mimiken begleitet ausführte. Werner machte es sich sichtlich nicht leicht. Er schrieb nieder, überlegte, korrigierte, blickte mich manchmal fragend an und notierte wieder und wieder. Trotz mehrmaligen Vergewisserns, ob ich denn noch behilflich sein könnte, kämpfte sich Werner tapfer durch die Übung, und nach etwa einer dreiviertel Stunde kehrten wir – mit leeren Kaffeetas-

sen – beide lachend und zufrieden in den Seminarraum zurück. Werner wirkte irgendwie erleichtert, aber er wollte mir immer noch nicht sagen, zu welcher Erkenntnis er letztlich gelangt war.
In der obligaten Feedback-Runde erklärte er, wie passend das gewählte Instrument des „Future Beaming“ für ihn gewesen sei und dass es ihn geradewegs zu einer guten Lösung gebracht hatte. Auch die begleitenden Aufzeichnungen auf einem losen Notizblatt, das er fein säuberlich zusammengefaltet bei sich hatte, befand Werner für nützlich. Ich war natürlich sehr zufrieden, gleichzeitig aber auch neugierig; wusste ich doch immer noch nicht, wie genau Werners Überlegungen ausgegangen waren bzw. welche Lösung er für sich offensichtlich gefunden hatte.
Wir beendeten den Seminartag mit gutem Gefühl und verabschiedeten uns wie gewohnt für einige Wochen bis zum nächsten Modul. Schließlich kamen wir alle aus den verschiedensten Städten und sahen uns meist nur zu den Peergroup-Treffen unmittelbar vor den jeweiligen Seminaren.
Das nächste Zusammentreffen der Gruppe war also rund einen Monat später, und wie immer besetzten wir einen Tisch im typischen Touristen-Cafe, das schon zu unserem Stammlokal geworden war. Die gängigste Frage aller Fragen zum Wiedersehen *„Wie geht´s?“* stellte ich natürlich auch diesmal wieder allen meinen Mitstreitern – auch Werner war schon da. Seine Antwort diesmal allerdings hatte zur Folge, dass ich unbewusst und irgendwie perplex unmittelbar auf dem hinter mir stehenden Stuhl Platz nehmen musste. *„Ich habe meinen Job gekündigt und mache eine Weltreise“*, sagte Werner mit einer Gleichgültigkeit, als ob er gerade vom täglichen Stau auf der Wiener Stadtautobahn berichten würde. *„Du machst was?“*, fragte ich ihn. Er wiederholte lächelnd seinen Plan und meinte lapidar: *„Und danke für das tolle Coaching mit dem Future-Beaming, Jörg. Das hat mir die Augen geöffnet und zur endgültigen Entscheidung geführt.“* Ich war nicht ganz sicher, ob ich lachen oder weinen sollte. Jedenfalls hatte ich so eine Offenbarung nicht erwartet und war natürlich sofort mit Fragen an mich selbst beschäftigt, wie zum Beispiel: Hoffentlich hat er sich das gut überlegt? Er hatte. Werner erzählte mir in der folgenden guten Stunde seinen detaillierten Reiseplan. Er wusste bereits genau, wann er losfahren wollte und wo seine ersten Stationen sein würden, bzw. wen er wann und wo besuchen und treffen würde. Gute drei Monate hatte

er bereits fast tagesgenau geplant und weitere drei Monate gab er sich noch für weitere Destinationen und Planungen. *„Und natürlich werde ich Dich via Email über die gesamte Reise auf dem Laufenden halten"*, versprach Werner.
Ich war fassungslos und glücklich zugleich. Ich empfand ehrliche und tiefe Freude für Werner, denn es war klar, dass er alles wohl überlegt hatte und die Für und Wider behutsam abgewogen hatte. Die Kündigung seines Jobs und diese Reise schienen tatsächlich optimal in seine derzeitige Lebenssituation zu passen. Er hatte nichts zu verlieren und wollte viel an Erfahrung und Eindrücken gewinnen. Und der Zeitpunkt war für ihn perfekt.
Ich konnte seine Überlegungen wirklich gut nachvollziehen, hatte ich doch auch einige Zeit im Ausland verbracht – zum Studium und in verschiedensten beruflichen Position war ich weltweit im Einsatz. Da war sie wieder, die Ähnlichkeit, die ich immer wieder in Werners Persönlichkeit und mir selber feststellen konnte.
Einige Wochen später und nach Abschluss unseres Lehrgangs war es soweit. Werner packte seine Sachen für den ersten langen Reiseabschnitt und versicherte mir erneut per E-Mail, wie begeistert und überzeugt er von seinem Vorhaben war. Schon wenige Tage darauf kam der erste Reisebericht aus Frankreich. Werner hatte dort Freunde besucht und stimmte sich erstmal in Europa auf die wirklich großen kommenden Abenteuer ein. Seine Beschreibungen klangen begeistert und gelöst, und er war offensichtlich „angekommen", obwohl er sein gewohntes Leben gerade erst verlassen hatte.
Es war – wie man sich vorstellen kann – auch für mich als Coach eine unglaublich wertvolle Erfahrung, einen Coachee in so einem schwierigen Entscheidungsprozess zu begleiten und sich von der in diesem Fall drastischen Änderung im Leben eines Menschen nicht verunsichern zu lassen. Schließlich ermöglichen wir als Coach dem Coachee lediglich verschiedenartige Sichtweisen auf seine Situation, sodass er in der Folge sein Problem oder seinen Konflikt selbst rasch lösen kann. In diesem Fall hat das mehr als eindrucksvoll funktioniert. Seither hatte ich noch weitere spannende Coaching-Fälle, in denen die Coachees zum Teil ähnlich drastische Änderungen in ihrem Leben beschlossen haben, und mit jedem Mal des Miterlebens bekomme ich mehr Routine im „Mitfreuen". Schließlich lautet einer meiner festen Grundsätze: Der Mut zur Entscheidung ist das Tor zum Erfolg.

Nachwort

„Der Worte sind genug gewechselt." (J.W. Goethe)

Das ist unser heutiges Wissen zum Thema Coaching. Wenn Sie anderes erlebt haben und anderes wissen, seien Sie bitte nicht irritiert. Wir haben die Inhalte nach unserem bestem Wissen und Gewissen zusammengestellt.
Wir sind von allem, was wir hier schreiben, fest überzeugt.
Und: Wir können all das, was Sie hier lesen, nicht beweisen.

„Sicher is', daß nix sicher is', drum bin i' vorsichtshalber mißtrauisch." (Karl Valentin)

Sollten wir morgen alles anders beschreiben, dann passiert dies, weil es uns morgen tatsächlich anders erscheint. Bitte verstehen Sie uns dann nicht falsch. Unserer heutigen Überzeugung nach wird nämlich das Gestern nicht falsch, nur weil wir heute etwas anders tun als gestern. Die Dinge passen, solange sie passen. Und wenn sie nicht mehr passen, sollte man sie ändern. Oder anders: Nur weil eine Ehe nach 25 Jahren zu Ende ist, heißt das nicht, dass die vergangenen 25 Jahre falsch, schlecht oder vergeudete Zeit gewesen wären. Es passt (nur leider) manchmal nicht mehr.

Was passt, setzt sich schlicht durch. Das Grundprinzip des Lebens heißt „Survival of the fit!“ und nicht „Survival of the fittest.“[1]

Unser heutiges Verständnis von Coaching hat sich in den Jahren geformt und entwickelt, und ist für uns passend und stimmig geworden.
Und das wünschen wir Ihnen auch: eine stetige Weiterentwicklung und viele schöne „erste Male“.

Literatur

Wuketits, F.M.: Darwin und der Darwinismus. München, 2005
Wheatly, M.J., Kellner-Rogers, M.: A simpler way. San Francicso, 1999

1) Selbst Charles Darwin wird häufig missverstanden (zitiert): ihm ging es um „Passung“ in der Evolution und nicht darum, dass der Stärkste sich durchsetze (vgl. Wuketits 2005 und Wheatley 2004, S. 16).

Das Autorenduo

Oliver Bartels und **Dr. Kerstin Wundsam** arbeiten seit vielen Jahren als gefragte systemische *Berater und Coaches* in Unternehmen, Behörden und NGOs.

Ihre erfolgreichen *Trainings und Lehrgänge* stehen für modernes, anwendungsorientiertes Coaching sowie systemisches Leadership. Die Konzeption und Durchführung ihrer Seminare orientiert sich stets an der Praxis. Beide vertreten ein zeitgemäßes, fundiertes und zugleich pragmatisches Coaching- und Beratungsverständnis. Kurz: Sie liefern die Verbindung aus lösungsorientierter Systemtheorie und praxisorientierter Arbeit.

Oliver Bartels, ehemaliger Personalleiter und Jurist, ist Co-Autor von zwei Sachbüchern und hat zahlreiche Fachartikel zu den Themen Coaching und systemisches Leadership veröffentlicht. Dr. Kerstin Wundsam war viele Jahre als Ärztin tätig und lehrt an Hochschulen zu den Themen Führung, Kommunikation und soziale Kompetenzen.

Beide arbeiteten als Fachexperten in gänzlich unterschiedlichen Feldern und haben sowohl die Möglichkeiten als auch Grenzen von Expertenberatung in der Praxis erlebt. Unabhängig voneinander erkannten sie, dass immer, wenn *etwas anderes* als Fachwissen gefragt ist, kein Weg an systemischer Beratung vorbei führt.
Heute ist ihre gemeinsame Mission, das Potenzial von Coaching zugänglich, anschlussfähig und nutzbar zu machen. Ihr Anspruch ist: Coaching als eine Art moderne Philosophie erlebbar zu machen und zu zeigen, was es heute ist und kann.

„Wir widmen dieses Buch all denjenigen, die jeden Tag aufs Neue Verantwortung für sich und ihr Leben übernehmen."

Oliver Bartels
bartels@mem-buch.de
+49 173 7382902

Dr. Kerstin Wundsam
wundsam@mem-buch.de
+49 163 4960757

www.mem-buch.de

Beate C. Ernstberger, Dipl.-Betriebswirtin (BA)
Personalentwicklerin, Systemischer Coach und Wirtschaftsmediatorin eines internationalen Konzerns, Stuttgart. Langjährige Erfahrung im Personal- & Bildungswesen. Überzeugt, dass Menschen selbst der Motor ihrer Weiterentwicklung sind und Coaching der entsprechende Impulsgeber ist: „Coaching ist wie ein Spiegel, der die eigenen Potenziale reflektiert und zur Entfaltung bringt". Beate.Ernstberger@web.de

Seite 77

Matthias Hansen, Dipl. Wirtschaftsinformatiker und MSc. in Coaching and Development
Leadership Coach und Geschäftsführer der WhoCoaches GmbH, München. Ehemals Principal Consultant bei Price Waterhouse. Als Führungskraft wollte er mehr für die Entwicklung seiner Mitarbeiter tun – und fing bei sich selbst an. „Coaching erzeugt Selbstbewusstheit, Selbstverantwortung und Selbstvertrauen." mh@mhbc.eu +49 176 20049855 www.whocoaches.me

Seite 15

Katja Hautzinger, Mag.
Manager Bank Relations, Österr. Kreditkartengesellschaft, Wien. Diplom für Interne Organisationentwicklung & Prozessberatung. Nutzt Coaching-Techniken im Vertrieb und Kundenkontakt. Begeisterte Coaching-Klientin. „Coaching ist für mich: Ideen und Gedanken an die Oberfläche zu bringen und den Klienten zu unterstützen, diese zu strukturieren. Ein Zaubermittel für jedermann. Erfolg garantiert!" katja.hautzinger@gmx.at

Seite 59

Angela Herold, Dipl.-Psych.
Risiko-Beraterin bei der Gesellschaft für Risiko-Beratung mbH, Detmold. Lässt sich selbst gerne zu beruflichen und privaten Themen coachen. Nutzt Coaching-Fragen in Beratungssituationen, in denen Kunden den für sich passenden Weg zur Risikobewältigung im eigenen Arbeitsumfeld suchen. „Coaching hilft, aus einer groben Vorstellung ein detailliertes Bild werden zu lassen." aherold@grb.de +49 171 2269823 www.grb.de

Seite 195

Manuela Kallinowsky, Dipl.-Sozialwirtin

Vice President Corporate Human Ressources bei der Diehl Stiftung & Co. KG, Nürnberg. Arbeitete in der Personalbetreuung eines internationalen Automobilzulieferers und als Business Partner und HR Director in der Primondo- bzw. Quelle-Gruppe, deren Insolvenz und Abwicklung sie begleitete. „Konstruktivismus und systemisches Beraten sind mein Fundament der Personalarbeit." manuela.kallinowsky@gmx.net

Seite 117

Veronika Merighi

Ressourcenmanagerin im Bereich Marketing eines international tätigen Telekommunikationsunternehmens, Wien. Spezialisiert auf Einzelcoachings für Beruf & Privatleben. (Gründungs-)Mitglied des unternehmensinternen Coachingpools. Durch HR-nahe Tätigkeiten gelangte systemisches Coaching immer stärker in ihren Fokus: „Coaching ist für mich Klarheit – die Dinge auf den Punkt bringen!" veronika.merighi@gmx.at +43 664 6620668

Seite 155

Christian Neumann

Personalabteilungsleiter eines dt. Handelsunternehmens. Als Personalentwickler, Trainer & Kommunikationsexperte war systemisches Coaching der logische nächste Schritt, um Menschen und Teams in Organisationen bei der Weiterentwicklung zu unterstützen. „Coaching ist für mich die prozessual gesteuerte und begleitete Entwicklung zu mehr Selbstverantwortung und das Erweitern von Handlungsoptionen." Neumann_Christian@gmx.de

Seite 39

Brigitte Ott-Göbel, Dipl.-Betriebswirtin (BA)

Beraterin, Trainerin und Coach (selbstständig seit 2008), Stuttgart. Zuvor 25 Jahre in der Automobilindustrie im internationalen Vertrieb tätig. Asienexpertin, Coaching von Führungskräften, Begleitung von Veränderungsprozessen. „Coaching ist für mich, Menschen beim Entfalten ihrer Potenziale zu unterstützen". info@ott-goebel-consulting.com +49 711 34215953 www.ott-goebel-consulting.com

Seite 87

Jörg Pribil

Seite 203

Gründer & Eigentümer HIGH PERFORMANCE Change, Coaching, Training. Fokus auf Einzelcoachings von Executives, Wien. Wirkte 15 Jahre in Top Executive Positionen der Telco-Branche, u.a. HP, Dt. Telekom, Nokia & Apple. Die „Wunderfrage" (Steve de Shazer) hat seinen Groschen zum Fallen gebracht. „Coaching ist in jeder Lebenslage hilfreich. Es gibt immer offene Fragen zu klären!" joerg.pribil@highperformance.at www.highperformance.at

Marco Rasper, Dipl.-Päd.

Seite 29

Personalentwickler & Coach in einem familiengeführten Einzelhandelsunternehmen, Posthausen. Erste Coaching-Erfahrung während der Implementierung eines Führungs- und Managementkonzepts. Studium: Personalwesen und Erwachsenenbildung. „Coaching bedeutet für mich, Menschen in Verantwortung für ihr eigenes Tun zu bringen. Weil die Dinge nur das sind, was jemand aus ihnen macht." marco.rasper@dodenhof.de +49 4297 36115

Peter Schmieder, Prof. Dipl. Theol. Univ.

Seite 9

Professor für „Human Skills" und MBA-Studiengangsleiter an der HS Deggendorf. Gründer und GF der School of Skills. Seit 2002 Mediator, Interimsmanager, Trainer, Coach, Keynotespeaker. Bei Restrukturierungen und Sanierungen in Unternehmen ist Coaching für die wichtigste Ressource „Mensch" unerlässlich. „Coaching lehrt Führungskräften die Führung der wichtigsten Person: sich selbst." www.school-of-skills.de

Michaela Stelzer, Dipl.-Päd.

Seite 185

Leitungsfunktion im Bereich Outplacement eines DAX-Unternehmens, München. Coach, Trainerin, Personal- & Organisationsentwicklerin: Seit 1995 begleitet sie Menschen in Umbruchsituationen auf Basis der Themenzentrierten Interaktion (Ausbildungsschwerpunkt: TZI in der Wirtschaft nach Ruth Cohn). „Wenn Menschen sich ent-wickeln wollen, ist Coaching für mich ein wunderbarer Entwicklungshelfer!" MichaelaStelzer@gmx.de

Sylvia de Vries, Dipl. Psych.

Seniorpartnerin von TeamThink, Hamburg. Systemische Beraterin und Coach, Schwerpunkt „Führung". Erste Coaching-Erfahrungen 2001 als interne Führungskräfteentwicklerin und Coach der Signal Iduna Gruppe. „Systemisches Coaching bedeutet für mich die konsequent tolerante Haltung gegenüber Verschiedenartigkeiten aller Art." s.devries@teamthink.de +49 40 43099973 www.teamthink.de

Seite 95

Lucia Wagner, Betriebswirtin MScBA

Systemischer Coach, Personalberaterin und Erwachsenenbildung (seit 2003), Bern. 5 Jahre GF einer Schweizer Filiale eines globalen Personaldienstleisters. 7 Jahre HR-Managerin in multinationalen Konzernen. Ehem. Dipl.-Physiotherapeutin. Körperarbeit plus HRM führten zum systemischen Coaching. „Coaching ersetzt viele ausgeklügelte HRM-Instrumente und Talentmanagementprozesse." lucia.wagner@bluewin.ch +41 79 6480217

Seite 69

Thomas Weiß, M.A.

Geschäftsführer der Coaching-Agentur „WeissWeiter", Deggendorf. Lehrbeauftragter der HS Deggendorf und Landshut. Seit 2008 freiberuflicher Trainer und Coach. Entdeckte Coaching auf der Suche nach einer professionellen Methode, sich und andere Menschen weiterzuentwickeln: „Coaching ist der Weg, die vielen Möglichkeiten zu entdecken, denen häufig der berühmte Balken vor dem Kopf den Blick verstellt." www.weiss-weiter.de

Seite 127

Ute Zander, Dipl.-Psych.

Senior Partnerin der Firma TeamThink in Hamburg und München, arbeitet seit 1999 als Coach. Sie unterstützt Menschen dabei, gerade in schwierigen Situationen neue Energien aufzutanken, Lösungen zu erkennen, die vorher nicht erkennbar waren, wichtige Ziele zu formulieren und endlich umzusetzen. „Chancen nutzen – eigene Freiräume erkennen!" U.Zander@teamthink.de +49 160 90910857 www.teamthink.de

Seite 169

Literatur

Berg, I.K., De Jong, P.: Lösungen (er-)finden. Das Werkstattbuch der lösungsorientierten Kurztherapie. Dortmund, 2003

Binswanger, M.: Tretmühlen des Glücks. Verlag Herder Freiburg im Breisgau, 2006

de Shazer, S.: Worte waren ursprünglich Zauber. Heidelberg, 2009

Fischer-Epe, M.: Coaching: Miteinander Ziele erreichen. Hamburg, 2010

Lindner, E.: Coachingwahn: Wie wir uns hemmungslos optimieren lassen. Berlin, 2011

Maturana, H.R., Francisco, V.J. in: Maturana, H.: Erkennen. Die Organisation und Verkörperung von Wirklichkeit. Braunschweig, 1982

Rauen, C.: Coaching. Innovative Konzepte im Vergleich. Göttingen, 2003

von Foerster, H., Pörksen, B.: Wahrheit ist die Erfindung eines Lügners. Gespräche für Skeptiker. Heidelberg, 2008

Varga von Kibed, M., Sparrer, I.: Ganz im Gegenteil: Tetralemmaarbeit und andere Grundformen Systemischer Strukturaufstellungen – für Querdenker und solche, die es werden wollen. Heidelberg, 2005

Wheatly, M.J., Kellner-Rogers, M.: A simpler way. San Francicso, 1999

Wollnik, M. in: Götz, K.: Theoretische Zumutungen. Vom Nutzen der systemischen Theorie für die Managementpraxis. Heidelberg, 1998

Wuketits, F.M.: Darwin und der Darwinismus. München, 2005

Andreas F. Philipp

Die Kunst ganzheitlichen Führens

Ein Praxishandbuch für den Leader-Alltag

1. Auflage 2010
ISBN 978-3-902155-12-2
246 Seiten, kt., farbig
EUR 34,90

„Die Kunst ganzheitlichen Führens" ist ein wissenschaftlich fundierter, aber bewusst für den Praktiker geschriebener Leitfaden, mit dem Sie das Wissen erwerben, das moderne Leader heutzutage zur Führung von Menschen und Teams in komplexen Organisationen brauchen.
Erarbeiten Sie sich mit diesem Buch, wie Sie

- Schritt für Schritt Ihren 9-fachen Pfad ganzheitlicher Führung beschreiten
- Moderne, effiziente Instrumente und Tools einsetzen, um umfassend zufriedenstellende Ergebnisse zu erzielen
- Noch wirksamer in Führung gehen

Anhand einer Fülle von Übungen, Fragen und Beispielen begleitet Sie der Autor auf Ihrem 9-fachen Pfad ganzheitlicher Führung. Dieser setzt bei der Führung der eigenen Person an und schafft damit die unabdingbare Basis zur Führung anderer.
Das vorliegende Praxisbuch ist Ihnen dabei behilflich, sich kontinuierlich selbst zu erneuern und Ihren ganz persönlichen Führungsstil zu leben – es wird ein unverzichtbarer Begleiter auf Ihrem Führungsweg sein.

„Man darf Führungskräfte durchaus fordern. Andreas Philipps neunfacher Pfad ganzheitlichen Führens tut dies bewusst. Schließlich geht es darum, auch den geistigen Umsatz des Lesers zu steigern. So gesehen: Hohe persönliche Rendite ist zu erwarten."

Leadership-Magazin

„Endlich mal ein Managementansatz, der sehr in die Tiefe geht und dennoch so einfach ist, dass man ihn praktisch anwenden kann."

Urs Baumann, Partner und Verwaltungsratspräsident der Lantal Textiles AG